AF500009

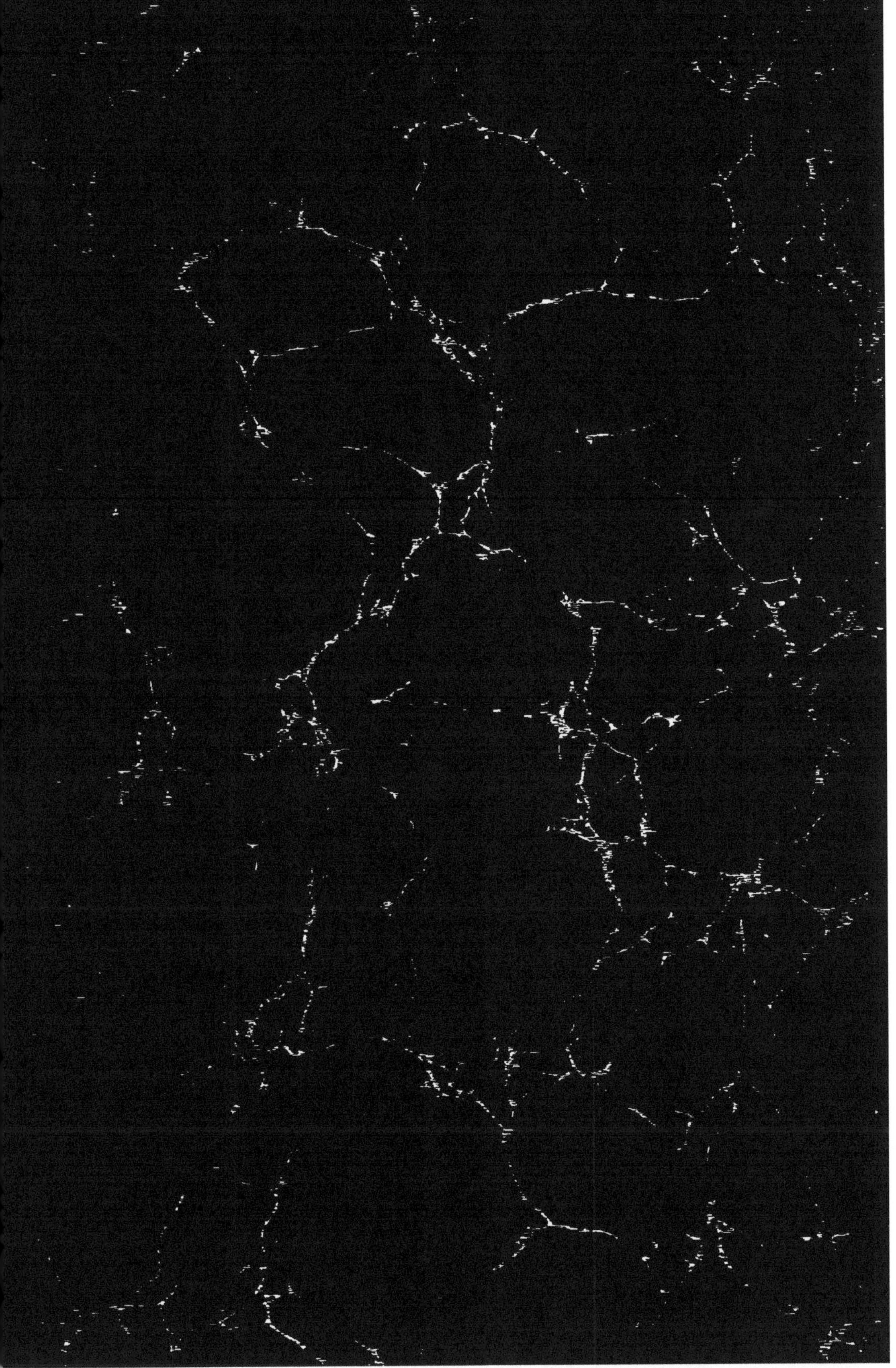

Al mio caro dilettissimo amico, che amerò sempre e non dimenticherò nè anche all'ora della mia morte, per la sua gran bontà.

PHILIPPE II

ET

DON CARLOS

PHILIPPE II

ET

DON CARLOS

DEVANT L'HISTOIRE

PAR

D. JOSÉ GÜELL Y RENTÉ

Docteur en Droit,

Ex-Député aux Cortès constituantes de 1854

OUVRAGE ORNÉ DE XI PORTRAITS A L'EAU FORTE

Par A. MURATON

D'APRÈS LES ORIGINAUX DU MUSÉE DE MADRID

ET DE L'ESCURIAL

PARIS

CALMANN LÉVY, ÉDITEUR

ANCIENNE MAISON MICHEL LÉVY FRÈRES

RUE AUBER, 3, ET BOULEVARD DES ITALIENS, 15

A LA LIBRAIRIE NOUVELLE

—

1878

Ma douce et noble Amie,

Salluste dit : « Quiconque aspire à se distinguer parmi les êtres vivants, doit déployer tous ses efforts pour ne point passer sa vie silencieusement, et puisque notre existence est de courte durée, nous devons faire en sorte de perpétuer notre mémoire. »

Heureux celui qui, en écrivant, peut perpétuer la sienne !

Ce livre, quoiqu'il ne soit ni très correct dans sa forme, ni curieux par son originalité, parce que c'est le résumé critique et l'étude des travaux d'autres penseurs, ce livre contient l'indépendante appréciation des faits, exposés par un esprit qui désire être impartial et juste.

Peut-être il ne me distinguera pas entre les vivants, mais je te le dédie à toi, la bien-aimée de mon cœur.

Paris, le 6 septembre 1877.

JOSÉ GÜELL Y RENTÉ.

AVIS AU LECTEUR

Philippe II et don Carlos, tel est le titre sous lequel deux historiens bien connus, MM. Gachard et Charles de Moüy se sont occupés du drame sanglant qui se joua en Espagne, entre le père et le fils. L'un et l'autre, à des points de vue différents, ont raconté la naissance triste, l'éducation abandonnée du jeune Prince, ses illusions déçues, ses fiancées devenant les femmes de son père, son mariage traité d'impossible ; l'un et l'autre ont donné, avec des couleurs différentes, le portrait du fils de l'inflexible monarque espagnol, aigri par la douleur physique, ulcéré par la douleur morale, emporté par la fougue d'une nature ardente et trahi dans ses affections les plus chères, se jetant, tête baissée, dans les bras de ceux que son père considérait comme les ennemis mortels de la monarchie espagnole et de la foi catholique, dont il s'était fait la représentation incarnée. Gachard et de Moüy ont parallèlement dépeint le caractère de Philippe II, comme père, comme roi d'Espagne, comme monarque rêvant la monarchie universelle, tant par des conquêtes que par des mariages, cherchant à réunir sous un même sceptre l'Espagne, le Portugal, l'Italie, les Pays-Bas, l'Angleterre par son mariage avec la reine Elisabeth, la France par une alliance matrimoniale qui lui assurerait l'influence des Guise. L'un et l'autre nous ont fait pénétrer dans l'âme de roi : l'un, pour foncer la couleur de ses sombres projets, nous montrer sa politique astucieuse et condamner le père dénaturé qui avait calculé le sacrifice de son fils ; l'autre, pour atténuer et adoucir par des raisons de conservation pieuse, ce que la mort du Prince inspirait d'horreur. L'un et l'autre s'appuient, en tout et pour tout, sur des données historiques; les témoignages accusent dans celui-là, dans celui-ci, ils atténuent le sentiment de répulsion qui se soulève dans le cœur de l'homme, à la vue du sang-froid paternel de ce monarque signant la sentence de mort de son fils.

Le fait matériel de la lutte entre Philippe II et don Carlos, du fils en désaccord avec son père sur la ligne politique à suivre pour le gouvernement des peuples, est le même dans le livre que don José Güell y Renté publie aujourd'hui. En ajoutant au titre des écrivains qui l'ont devancé ces mots : *devant l'histoire*, notre auteur a-t-il fait une œuvre nouvelle? Non, sans doute, quant à l'exposé des événements. Il a peut-être moins insisté sur leur développement historique ; Gachard et de Moüy lui laissaient, sous ce rapport, peu de chose à faire. Pourquoi donc revenir sur des faits bien connus? Pour en tirer des conséquences qui ont échappé aux premiers historiens. Quiconque lira d'abord les deux volumes de Gachard et le volume de Charles de Moüy, trouvera, dans le premier, un travail historique d'une érudition complète; dans le second, un exposé plus rapide et une appréciation différente. Il faut s'être pénétré de leur lecture pour se convaincre que don José Güell y Renté a mieux que chacun d'eux condensé les faits, et tiré de leur comparaison des conséquences instructives. Il est arrivé par là à mieux nous faire connaître le caractère de don Carlos, dont l'éducation n'avait pas été entourée de la tendresse, ni de l'affection paternelle; il a insisté sur l'humeur acariâtre d'une nature bonne et douce au fond, mais violente et rancunière, se souvenant du bien, mais ne pouvant oublier le mal ; opiniâtreté qui lui valut les inimitiés irréconciliables du cardinal Espinosa, du duc d'Albe, du prince d'Eboli. Cette trinité ennemie qui le poursuit partout, répand dans la cour et dans la ville de Madrid les plus astucieuses calomnies, calomnies qui rendent ce fils coupable aux yeux de son père, et le font livrer, pour le salut de son âme, à l'Inquisition et à la mort.

Mieux que ses devanciers, don José Güell y Renté nous initie à la triste politique de Philippe, relativement au mariage de don Carlos. Fiancé à Elisabeth de Valois, le jeune prince voit cette princesse devenir la femme de son père ; l'empereur Maximilien recherche sa main pour l'archiduchesse Anne, Anne devient encore la femme de Philippe II. La politique du monarque espagnol négocie, suivant ses intérêts, le mariage de son fils, tantôt avec Jeanne de Portugal et tantôt avec Marie Stuart, et suivant que les ennemis du prince l'emportent auprès du Roi, don Carlos ne pourra, d'une part, jamais se marier, parce qu'il est inhabile ; de l'autre, ce prince ne cesse, suivant les mêmes personnages, de remplir, la nuit, les rues de Madrid de ses scandales amoureux. Cette duplicité, notre auteur la fait énergiquement ressortir.

Un autre point qui devient des plus sensibles,

c'est le rôle de l'Inquisition dans tout ce drame et son influence sur l'esprit de Philippe II. Le Président du Conseil suprême du Saint-Office n'était autre que le cardinal Espinosa, un des plus ardents ennemis de don Carlos, le lecteur verra pourquoi. Les idées généreuses du jeune Prince étaient diamétralement opposées aux sentiments ascétiques du monarque qui s'était fait, à cette époque, le représentant de l'idée religieuse et l'incarnation du catholicisme devant la chrétienté. Aussi don José Güell fait-il ressortir ce trait, dans les lettres que le Roi d'Espagne écrit pour expliquer au monde l'emprisonnement de son fils. La conscience du père s'indignait et se révoltait à la seule idée que son fils, celui qui devait être son successeur, pactisait avec les hérétiques des Flandres, et pourrait un jour troubler la quiétude et détruire l'uniformité de l'Eglise catholique, dont il était, lui, Philippe II, le plus solide soutien et le plus ferme défenseur. La conviction que le salut de la chrétienté exigeait la disparition d'un prince librepenseur ressort, avec la dernière évidence, de la lecture de l'ouvrage de don José Güell, comme il en résulte également que l'Inquisition fit passer cette conviction dans l'âme du père de don Carlos.

Que ce Prince fût coupable à l'égard de son père, personne ne songe à le nier, pas plus don José

Güell que Charles de Moüy, que Gachard. Chacun d'eux approuve, plus ou moins, la rigueur du père, tenant dans ses mains les fils de la conspiration du Prince avec Montigny, par les aveux de son confesseur, par les confidences de don Juan d'Autriche ; mais nul ne blâme avec plus d'énergie la manière astucieuse par laquelle on procéda à son arrestation, on expliqua son emprisonnement, l'on trompa l'Europe sur les motifs de sa détention et sur son genre de mort. Le lecteur trouvera, dans ce livre, des réflexions et des pages énergiques sur la conduite de tous les personnages de ce drame, depuis le roi Philippe jusqu'au confesseur, Fray Diego de Chaves, jusqu'au médecin Olivarès.

Don José Güell a tiré, pour résoudre le problème historique de la mort de don Carlos, toutes les inductions servant à prouver sa thèse, il a discuté une à une les assertions de Gachard et de Charles de Moüy, les unes pour, les autres contre, et il conclut à l'assassinat du fils par le père. Alors il ne croit pas son œuvre achevée et, pour corroborer, par d'autres faits analogues, les raisonnements qui l'ont conduit à condamner Philippe II et sa politique, il cherche des arguments dans les actes de ce monarque. Rien n'est plus intéressant que les pages où il apprécie la conduite du Roi dans l'affaire du Pastelero de Madrigal, dans le procès de Florès de

Montmorency, dans la cause de Lanuza, le justicier d'Aragon, dans les persécutions d'Antonio Perez et de la princesse d'Eboli, dans l'assassinat du prince d'Orange. Il adjoint, sous forme d'appendice, ces grands événements du règne de Philippe II, afin de nous convaincre que c'est le même absolutisme, le même procédé politique toujours mis en œuvre, pour l'emprisonnement arbitraire, la dissimulation la plus rusée dans la procédure, la prescription de la sentence de mort, avant même l'interrogation du prétendu coupable.

Puis, non content d'avoir ainsi apporté des preuves irréfragables pour établir la culpabilité du monarque espagnol, et de l'avoir traduit au tribunal de l'opinion publique, il nous le montre, par les extraits formant le second appendice, il nous le montre, dis-je, sévèrement apprécié par les écrivains nationaux ou étrangers qui ont écrit, directement ou indirectement, l'histoire de son règne. Il soumet à toute l'attention des hommes impartiaux la mesure que prescrivit Philippe II dans le codicille de son testament, en ordonnant de brûler les papiers qu'on pourrait trouver dans les tiroirs de ses bureaux. Philippe II aurait-il dicté un ordre pareil, si ces écrits avaient dû proclamer ses vertus et honorer sa mémoire ?

Cette esquisse rapide du livre de don José Güell

y Renté, cette indication des points les plus saillants engageront le lecteur, nous n'en doutons pas, à lire attentivement cet ouvrage. Si l'ordonnance de cette composition historique ne le satisfait pas entièrement pour l'observation des règles du genre, il n'y trouvera pas moins un exposé clair et net du problème posé, des appréciations justes, des inductions raisonnées et une conclusion sévère, mais franche et loyale, sur le caractère et la conduite de Philippe II, tant pour le gouvernement général de ses royaumes que pour la direction de ses affaires particulières et privées, et surtout à l'égard de son fils, l'infortuné don Carlos. L'intérêt qui naîtra de la lecture de ces pages fera ressortir l'importance de ce travail, aux yeux de tous ceux qui voudront désormais voir, sous leur vrai jour, les événements du règne de ce Roi et porter un jugement impartial sur ce monarque. En outre, nous sommes convaincus que personne ne pourra réellement bien connaître l'histoire de l'Espagne, au temps du successeur de Charles-Quint, s'il ne lit préalablement le livre de don José Güell y Renté.

J. G. Magnabal.

PRÉFACE

La mort du prince don Carlos, fils du roi Philippe II d'Espagne, est un événement de telle nature ; il y a dans son exécution un si grand fonds d'astuce, d'hypocrisie et de méchanceté que, voyant la nuit dont elle est entourée et la cruauté avec laquelle ce crime a été commis, je veux, par les faits, les relations et les lettres copiées dans des manuscrits de l'époque, soit trouvés par moi, soit publiés par d'autres ; par la comparaison des opinions différentes qu'ont émises des narrateurs contemporains, et par les réflexions que tout ce travail m'a suggérées, je veux, dis-je, jeter sur cet épisode tragique la lumière nécessaire pour faire disparaître à jamais les doutes, répandus jusqu'à nos jours, sur cet incroyable événement.

Les paroles du roi D. Philippe II, ses lettres, ses actes d'alors et les actes postérieurs, où il se conduisit de la même manière, deviennent sa propre accusation. La conduite de Ruy Gomez et d'Espinosa, ses instigateurs et ses complices, et les procédés de son médecin Olivarès suffisent pour établir une preuve complète.

Les coupables ne peuvent comparaître au tribunal de l'histoire, pour répondre devant leurs juges, ni être déterrés, comme le fut le pape Fermoso.

Sans faire lever les cadavres de ces complices, les actes les accusent, et la justice humaine, sans haine et sans vengeance, rendra tôt ou tard son jugement irréfragable, jugement qui s'exécutera à travers les siècles.

Vainement l'astuce et le pouvoir de la force tyrannique voudront ensevelir, dans une obscurité profonde, les actions atroces et leurs victimes. Si Dieu permet des châtiments terribles pour l'exemple des hommes, il ne laisse pas sans défense les martyrs et les innocents. Ces derniers reçoivent à la fin leur récompense, au tribunal de l'histoire et dans la miséricorde divine. Les méchants ont beau trouver toujours des gens comme eux, qui font chorus avec eux, qui les défendent et les applaudissent.

Les crimes restent matériellement perpétrés dans les époques où ils se commettent, souvent aussi les coupables restent impunis ; mais non pour la raison, pour la philosophie et l'histoire, qui étudient, comparent, prouvent et finalement devinent le tableau exact où se sont groupés les faits. Souvent même ils le complètent, pour qu'il serve d'exemple aux générations futures, à la manière de ces grands artistes restaurateurs qui savent ressusciter les œuvres presque détruites des maîtres illustres.

Le travail est difficile : souvent la passion, la connaissance imparfaite du pays, des mœurs, du caractère des acteurs, de leurs mobiles et de leurs intérêts, le manque d'usage du monde, le peu de pratique du cœur humain, tout cela fait tomber parfois dans des équivoques très-grandes les écrivains les plus savants.

Joignez à cela le respect pour des écrits que le temps n'a pas détruits, pour des monuments érigés par le pouvoir, monuments qui ne sont pas toujours l'expression de la vérité et ne rendent pas témoignage des faits, parce qu'ils sont parfois élevés, au moment même des événements, par ceux qui y trouvent leur intérêt, et que dès lors ils prouvent peu. Quelquefois ils sont postérieurs à ces événements, et alors ils témoignent avec plus d'exactitude, parce qu'ils représentent la vérité discutée et épurée.

Mais ce qui regarde les monuments ne peut s'appliquer aux relations d'une époque, écrites sous l'impression du fait lui-même et sous l'influence de préjugés différents, ou sous le sentiment de crainte qu'inspire celui qui commande, sentiment qui a une force telle, dans les gouvernements absolus, qu'il n'est pas possible que la vérité puisse se faire jour.

Quand on condamne à mort, comme le faisait Philippe II, celui qui importait du dehors ou lisait un des livres qu'il avait prohibés, ainsi qu'il résulte de documents que je citerai dans le cours de ce récit, ce prince ne devait-il pas appliquer, avec plus de décision, cette peine à ceux qui auraient osé contrarier une de ses pensées, à celui qui aurait surtout osé découvrir au monde une action aussi atroce que celle de la mort violente et préméditée de son fils, Carlos.

Les faits auxquels il fit donner de la publicité, appartenant à des causes inconnues et privées, trompent d'ordinaire les philosophes et les historiens les plus capables. Voilà pourquoi il est nécessaire, en écrivant l'histoire, de le faire avec froideur, sans se laisser séduire par les hypocrisies du passé, sans passion, ni comme homme de parti, mais comme un juge intègre, et comme un mathématicien qui résoud ses problèmes avec une exactitude parfaite. Il faut autant de logique à l'historien qui veut retracer les événements anciens que de calcul à l'algébriste, pour ses opérations les plus difficiles.

Il faut en même temps être possédé d'un grand esprit de défiance de soi-même et ne se fier absolument à aucune apparence.

Il ne faut pas se laisser éblouir par les qualités extérieures, mais aller chercher, au cœur même des faits, les causes qui les ont motivés.

Il ne faut pas se laisser attendrir par les pleurs du crocodile, mais savoir s'en servir pour découvrir l'animal rusé qui espère attirer la victime par ce moyen séducteur et la dévorer.

Dans tous les actes de Philippe II, il ne faut pas se livrer innocemment à leur considération. Il est nécessaire de les lire avec crainte, de les étudier avec défiance, de les comparer les uns aux autres pour arriver ainsi à la vérité. Connaissant le personnage, il sera facile de la découvrir, non par ses dires et ses aveux, mais par son mobile et par les résultats.

C'est dans cette idée que je vais écrire les pages que je veux consacrer à la mort de don Carlos, à ce grand acte de méchanceté de Philippe II. Dieu veuille que je puisse porter la conviction dans l'âme de ceux qui ont, dans l'avenir, un intérêt à connaître quel fut cet événement, unique par sa forme et sa perpétration, dans l'histoire d'Espagne. Cette nation a des rois magnanimes, d'une vertu solide, distingués par leur esprit religieux, leur sagesse, leur prudence et leur justice. La couronne de Castille brille d'un éclat que rien ne peut ternir; voilà pourquoi je ne viendrai pas, moi, encenser la main du père cruel qui prépara la mort d'un fils, portrait vivant de ses ancêtres, et qui aurait été peut-être l'héritier des idées et des œuvres de son père, d'un fils qui, sacrifié par Philippe II, comme mauvais chrétien, ainsi qu'il voulut le montrer aux yeux du monde, fut défendu contre cette accusation par les honneurs que Rome lui rendit; d'un fils que les paroles de ce roi et de ses ministres absolvent du crime de lèse majesté, seul crime pouvant expliquer son empoisonnement et sa mort.

« Ce n'est pas seulement, dit Gachard, un des

meilleurs historiens de notre époque, la soudaineté, l'éclat de la catastrophe qui frappent l'imagination; c'est aussi et surtout, l'obscurité, le mystère qui planent sur les causes auxquelles elle doit être attribuée.

« Les historiens espagnols contemporains savent peu de chose du drame dont l'intérieur du palais de Madrid avait été témoin, et ils ne dirent pas même tout ce qui était parvenu à leur connaissance : ils écrivaient sous le contrôle d'une double censure qui n'aurait point souffert que la moindre atteinte fût portée à la mémoire de Philippe II. »

Telles sont les paroles qu'écrit dans sa préface le consciencieux historien belge. Si cette condition a existé, comment pourrait-on trouver un document, une preuve complète pour confirmer clairement la manière dont le crime a été commis, manière que l'imagination la plus pauvre, la logique la plus vulgaire soupçonnent et voient presque, sans que l'esprit ait besoin de se livrer à de grandes inductions.

Jamais on ne pourra donc obtenir une relation digne de foi de cet acte cruel ; on ne peut rétablir les preuves livrées aux flammes. Mais les inductions, d'après ce qu'ont écrit les ministres de Philippe II et les ambassadeurs étrangers, d'après la conduite des geôliers et des médecins, et d'après le mode ténébreux qui commença et qui termina la catastrophe, ces inductions, dis-je, suffisent pour que ceux qui sont accoutumés à rendre justice, prononcent sans crainte de se tromper.

Pourquoi détruire, tout entière, la correspondance de Philippe II avec Catherine d'Autriche, sa tante et l'aïeule de don Carlos? Pourquoi avoir fait disparaître de la Torre-de-Tombo, à Lisbonne, la correspondance de doña Catherine, avec Philippe II? Pourquoi avoir détruit toutes les pièces du procès de don Carlos, toutes celles qui pouvaient se rapporter à sa prison et à sa mort?

Puisque ce roi les détruisit lui-même ou les fit détruire, c'est qu'elles ne fournissaient pas la preuve d'une vertu, mais qu'elles accusaient un crime.

La victime est défendue par son martyre et sa mort.

La conduite de Philippe II le montre comme un père sans entrailles; si on la considère comme celle d'un chrétien, elle n'a pas de défense; comme celle d'un politique, elle est infernale.

S'il était possible de le livrer à un jury formé d'hommes justes, il serait condamné, comme le plus pervers des criminels, à la peine la plus forte, non-seulement pour le crime qui ne laisse pas d'être un parricide, mais pour la manière de le perpétrer.

Son histoire est remplie de faits extraordinaires; l'Escurial révèlera aux siècles futurs que c'est là que mourut le monarque taciturne. Mais ni ses prières, ni le monument élevé en l'honneur du saint qui mourut brûlé sur le gril, ne le sauveront ni du jugement de l'histoire, ni des peines éternelles, malgré ces lignes que lui consacre son historien Cabrera: « Il fut juste, comme Josias; jaloux de la gloire de Dieu, comme David; pénitent et défenseur de la religion, comme son père Charles-Quint. Il égale Salomon par l'édification d'un grand temple; Constantin le Grand, par la faveur qu'il accorde à l'Église; Ézéchias, par la richesse; Assuérus, par la majesté; l'empereur Nerva, par la gravité; Trajan, par la justice; Antonin, par la piété; Philippe de Macédoine, par la prudence; Quintus Fabius Maximus, par sa lenteur d'action et l'égalité de sa vie; Alphonse le Sage, onzième roi de Castille, par son estime des savants; l'empereur Gordien, par sa vénération des magistrats; le roi de France Louis XI, par sa savante dissimulation; saint Louis, par la destruction des bandes de son royaume; Ferdinand, roi de Naples, par sa disposition à tout entendre également ; Jules César, par l'expédition continuelle des affaires ; l'empereur Alexis, par l'érection de colléges ; le roi Juan II de Portugal, par la vertu d'être maître de soi et de ses affaires ; Ferdinand le Catholique, son bisaïeul, par sa connaissance de la raison d'État ; Théodore le Grand, par sa dévotion ; Moïse, par la douceur de sa mort. »

Voici, en échange, le portrait qu'en trace le grand Quintana :

« Je vis s'élever une ombre dont l'aspect — me fit en même temps tressaillir de haine et d'horreur ; l'insatiable et inquiet souci, — le soupçon perfide, la noire haine — de ce front pâle et odieux — me rendirent toujours le trône abominable ; — la traître hypocrisie, — se consumant dans la soif du sang et du pouvoir, — brillait dans ses yeux de vipère. — Le visage amaigri et les traits misérables — étaient les signes de son vil caractère ; — une pauvre et blanche barbe les couvrait ; — telle une herbe vénéneuse pousse au milieu des sables. »

PHILIPPE II.

Imp. Vve A. Cadart, Paris.

CHAPITRE I

PRESCOTT et Gachard sont les deux historiens étrangers qui se sont occupés, avec le plus de profondeur et de philosophie, du règne de Philippe II et de la mort de son fils don Carlos.

M. Charles de Moüy a voulu être plus investigateur que les deux historiens ci-dessus sur ce même sujet, et pour excuser Philippe II, il présente des faits, se livre en sa faveur à des réflexions qui deviennent la plus grave accusation. Je regrette, pour ma part, qu'un écrivain qui commence d'une manière si brillante, que l'Académie française a couronné d'un laurier si mérité, n'ait pas trouvé, dans sa recherche de documents, la lettre de Philippe II au cardinal Pacheco. Son honnêteté et son impartialité en auraient fait usage pour porter un jugement exact, et il aurait émis une opinion décisive sur un fait qui ne présente déjà plus d'équivoque aux yeux des historiens.

M. de Moüy, j'en suis sûr, qui a traité cet événement avec tant de succès et d'éclat, réimprimant son œuvre, se livrera à d'autres réflexions qui se rapprocheront davantage de la vérité et qui seront plus justes.

Indépendamment de leurs propres travaux matériels dans les archives étrangères, ces historiens ont été secondés dans la recherche des documents par les hommes les plus éclairés de l'Espagne et, entre autres, par le savant et modeste don Miguel Garcia, archiviste de Simancas. Il est impossible d'oublier sa bonté, à plus forte raison ne peuvent ne pas s'en souvenir ceux qui, comme moi, ont passé des journées à côté de lui, en étudiant le nombre infini de manuscrits confiés à ses soins.

Rien n'est admirable comme la connaissance que possède ce bibliophile, des immenses liasses des archives de Simancas qu'il a lui-même mises, presque toutes, en ordre, et la sûreté avec laquelle il va les chercher, pour les donner à la personne qui vient dans ce dépôt, munie de l'autorisation royale, exigée, depuis quelques années, pour étudier les papiers qu'elles renferment.

Gachard, dans son ouvrage, consacre un souvenir à cet homme distingué ; pour moi, je ne peux m'empêcher de lui payer ici un tribut de reconnaissance, non pas tant pour les services qu'il m'a rendus dans la question qui m'occupe en ce moment, que dans d'autres, en me fournissant une infinité de faits d'une nouveauté et d'un intérêt des plus grands.

M. Gachard a cherché, avec un zèle incroyable, tous les documents qui pouvaient avoir quelque rapport, par action ou par paroles, avec la mort de don Carlos, et cela, non-seulement à Madrid, mais encore dans les archives de toutes les nations avec lesquelles l'Espagne était alors en relations diplomatiques.

Il est impossible de déployer un plus grand zèle, d'être animé d'un plus vif désir, d'être doué de plus de science pour réunir les preuves d'un fait aussi obscur et aussi difficile à éclaircir. A qui une pareille obscurité peut-elle nuire? Au persécuté ou au persécuteur qui a détruit toutes les preuves? Au bourreau ou à la victime?

Le mort n'avait d'autre défense que ses actions, son martyre et la manière dont il fut sacrifié : tout a disparu; la seule chose qui resta de l'infortuné don Carlos, ce fut son cadavre que la science n'alla pas reconnaître; cadavre revêtu d'une tunique de franciscain et enveloppé dans un manteau de dominicain. Et qui sait encore si ce cadavre resta longtemps dans la bière? Qui sait si les restes qui furent plus tard transportés à l'Escurial, par ordre du roi lui-même, furent bien ceux de son malheureux fils? Celui qui faisait disparaître toutes les preuves n'était-il pas capable de faire disparaître la victime elle-même?

Pour former mon jugement sur l'affaire de don

Carlos je n'ai eu besoin d'autres données que de celles que j'ai trouvées réunies dans la chronique manuscrite d'un couvent de la Castille ; chronique des plus précieuses que je conserve ; chronique écrite, au moment des événements, par des religieux du couvent de l'Abrojo, où Philippe II se retira, pour passer un mois dans le plus complet isolement. Après la mort de doña Maria de Portugal, ces religieux connurent et fréquentèrent le roi, ce n'est pas douteux, et ils savaient parfaitement à quoi s'en tenir sur tout ce qui regardait ce monarque.

La réunion de toutes ces données et leur conservation, comme celles d'autres histoires, dans la bibliothèque du couvent, afin d'éclairer d'autres prieurs et de suppléer à leur expérience pour les faits de la vie contemporaine, est un travail digne d'éloges. On y voit tout ce qui se passait sous les yeux des chefs de ces congrégations religieuses qui ont disparu de l'Espagne, en emportant, dans leur destruction, la physionomie particulière du pays, les magnifiques foyers de science et de charité. Avec elles a disparu le mystère de la foi profonde qui s'abritait sous les voûtes somptueuses de leurs couvents, et dans ces cloîtres sombres où le christianisme protégeait ses athlètes, frénétiques et intransigeants, mais homogènes dans leur idée ; athlètes toujours prêts à saisir l'épée ou la torche, pour maintenir intact le christianisme et son unité religieuse, semée d'aberrations, de fanatismes et d'idolâtries aussi barbares que celles des nations les plus arriérées du monde.

MARIE DE PORTUGAL

Imp. Vve A. Cadart, Paris.

C'est avec les faits recueillis par ces religieux et les inductions qu'une logique des plus sévères m'a suggérées que je vais entreprendre mon étude sur la mort de don Carlos. Avant tout, j'ai médité avec le plus grand soin non-seulement les documents nationaux, mais encore les histoires de Prescott, de Gachard, de Charles de Moüy, écrivains qui se sont livrés à un travail précieux, méritant la plus grande considération de la part du gouvernement espagnol et des récompenses dignes de penseurs aussi profonds.

Le 15 novembre 1543, Philippe II s'unit, à Salamanque, avec l'Infante doña Maria, fille de Juan III et de Catherine d'Autriche, sœur de Charles-Quint. Philippe II avait seize ans et demi. Doña Maria avait presque le même âge.

Le 8 juillet 1545, à minuit, la princesse doña Maria mit au monde, après deux jours de douleurs, l'infortuné enfant, don Carlos, que la mort de sa mère semblait condamner au malheur qui marqua le commencement et la fin de sa vie. La princesse doña Maria n'avait, à sa mort, que dix-huit ans.

Pour pleurer ce malheur, Philippe II se retira à l'Abrojo, petit couvent, à deux lieues de Valladolid, près d'une propriété fermée, située sur les bords du fleuve, et où il allait quelquefois chasser. Le couvent est détruit aujourd'hui; ses terres sont vendues à des particuliers ; mais l'Abrojo était encore en 1868 une propriété des rois d'Espagne. C'est de ce monastère que Philippe II ordonna les préparatifs pour le baptême de son fils, qu'il désigna, comme parrain, don Alejo de Meneses, majordome de la princesse, et, comme marraine, sa première dame d'honneur.

Ce baptême eut lieu le 2 août 1545, dans l'église du Saint Rosaire de Valladolid. Siliceo, évêque de Carthagène, qui avait été déjà chargé de l'éducation de Philippe II, fut celui qui versa l'eau du baptême.

Philippe II n'avait été marié que deux ans avec la noble princesse doña Maria de Portugal dont il éprouva la perte avec le plus vif regret, selon toutes les apparences. Voilà pourquoi il fit le baptême de son enfant sans aucun éclat, sans la moindre ostentation, bien qu'il eût déjà ordonné des préparatifs pour de grandes fêtes.

L'enfance du jeune prince ne reçut pas les témoignages de douceur et de tendresse de son père austère, qui était continuellement absent d'Espagne. Celle qui éleva le jeune don Carlos, ce fut doña Jeanne, fille de Charles-Quint, régente du royaume, et, en l'absence du roi, D. Honorato Juan, un des philosophes les plus considérables de son temps et qui se fit plus tard religieux, fut chargé de son éducation. Philippe II avait signé sa nomination le 3 juillet 1554, avant son départ pour l'Angleterre, où il allait épouser Marie Tudor.

Alphonse d'Ulloa, dans sa vie de Charles-Quint, le cite comme un des hommes les plus illustres de l'Espagne, et Diego Garciano, dans sa préface à l'histoire de Thucydide, ajoute que c'était un homme doué des plus grandes vertus, et d'une science des plus pures. C'était un excellent catholique et un grand philosophe.

Il existe en Espagne une coutume, quand il s'agit de la Maison Royale, qui consiste à nommer au prince qui vient de naître : grands majordomes, écuyers, gentilshommes, gouverneurs, médecins et maîtres de toute espèce. Aussi ce même jour, 3 juillet 1554, Philippe II nomma-t-il, outre le savant Honorato Juan, et comme si ce n'était pas assez, le frère Juan Muñatones, qui devait faire repasser le latin au prince ; Don Pedro de Castro, évêque de Salamanque, pour lui enseigner la théologie ; le docteur Escudero, le docteur Miguel Terza et D. Francisco Minciaca, pour lui apprendre les lois. Or, D. Carlos n'avait encore que neuf ans. Tant de savants ne devaient-ils pas le rendre fou !

Don Antonio de Rojas fut nommé surintendant de la maison, et remplacé, à sa mort, par D. Garcia de Tolède, frère du duc d'Albe, qui fut fait alors grand majordome et gouverneur.

Le second gouverneur fut D. Hernando Suarez, corregidor de Grenade, conseiller du roi ; Luis Quijada, fut nommé premier écuyer ; D. Diego de Acuña, D. Gomez de Sandoval, comte de Lerme, D. Rodrigo de Mendoza, reçurent le titre de gentilshommes de la chambre.

Francisco Osorio devient son aumônier et Ortega de Bribiesca, le chef de la garde-robe.

Entouré de tout ce personnel, quel prince ne devrait-il pas devenir un savant? Quelles mauvaises habitudes pouvait prendre cet enfant, au milieu de tant de chevaliers, sans aucun doute les plus expérimentés et les plus vertueux de la Cour?

Dès sa jeunesse, le prince se montra paresseux pour les travaux de l'esprit, d'un caractère emporté, irascible, prodigue, brave et méprisant les bouffons.

On le taxe de cruauté, qualité qu'il put hériter de son père, et qu'il n'aurait, quoi qu'il eût fait, jamais égalé. Je ne m'arrête pas aux contes ridicules de la couleuvre, à laquelle il coupa la tête avec les dents, pour l'avoir mordu ; ni à la fable du lièvre auquel il coupa le cou, un jour qu'il était à la chasse, comme le rapporte Tiepolo. Ce sont là autant d'histoires qui ont pu parvenir, mal racontées, aux oreilles de cet écrivain. Le fait dont je m'occupe est très-sérieux, il mérite que tous les détails y soient traités avec gravité et par un examen des plus minutieux. J'éprouve cependant le besoin de répondre aux récits de Tiepolo et à ceux que ses narrations intéressent, par un conte des plus populaires en Espagne.

Dans la tour de l'*Or*, située sur les bords du Guadalquivir, un enfant jouait avec un petit corbeau. Sans y faire attention, il avala, en respirant, une des plumes de l'oiseau, ce qui provoqua une toux des plus violentes. Des passants accoururent aux cris de l'enfant ; on appela un médecin pour extraire la plume, de peur d'étouffement. Une heure après, on racontait aux pieds de la Giralda de Séville, à une distance de quelques mètres seulement, et au grand étonnement de tous ceux qui entendaient la nouvelle, que dans la tour de l'Or, un enfant avait avalé un corbeau. Cette histoire est, sans aucun doute du genre de celles de la couleuvre à laquelle le prince don Carlos coupa la tête avec les dents, de celles du lièvre qu'il décapita vivant. Ces faits seraient-ils certains qu'ils ne peuvent servir de preuve pour établir ce que deviendra plus tard un homme. J'ai connu des personnes qui, dans leur jeunesse, ont commis de plus grands actes de cruauté, et qui n'en sont pas moins devenus des modèles d'affection et de tendresse. Badoaro, ambassadeur de Venise, raconte, sur ce même sujet, que le prince brûlait les lièvres vivants et que d'un coup de dent, il enleva la tête à une couleuvre; et il raconte ces faits, sans être venu en Espagne et sur le rapport de ce qu'il a entendu dire, aux Pays-Bas, de la Cour de Philippe II. Quel crédit peut-on accorder à un homme, serait-ce un ambassadeur de Venise, qui parle, en Flandres, de ce qui se passait en Espagne (1). Le Vénitien Paolo Tiepolo dit qu'il mordait le sein des nourrices, et Badoaro renchérit plus tard, en ajoutant qu'il mordait les têtes des couleuvres.

En 1555, l'empereur Charles Quint disait à D. Antonio de Rojas : « Je suis heureux de savoir que mon petit-fils ne refuse pas l'étude et qu'il est si

(1) Gachard, *Don Carlos et Philippe II*, p. 29.

bien corrigé et discipliné ; je vous charge de veiller surtout à ce qu'il soit retenu et modéré, et qu'il ne soit pas aussi libre qu'il l'a été jusqu'ici ; il l'a été trop ; vous voyez ce qui peut en résulter, principalement à l'âge qu'il a ; éloignez-le, autant qu'il se pourra, du contact des femmes. »

En 1555 et 1556, Philippe II écrivait de Hampton-Court à D. Honorato Juan et à D. Antonio de Rojas sa satisfaction de savoir que D. Carlos ne refusait pas le travail. « Je suis heureux de connaître le compte particulier que vous me donnez du prince et des études de l'Infant. » Il leur écrivait encore, de Bruxelles, le 2 mai 1556. « Je suis heureux des nouvelles que vous me donnez sur les études du prince, mon fils; il n'en est pas qui puissent me procurer un plus grand contentement. »

En 1558, D. Garcia de Tolède écrivait à l'Empereur : « Il ne fait pas autant de progrès que je le voudrais... mes paroles, ni la discipline, quoiqu'il les écoute beaucoup, ne produisent pas l'effet qu'elles devraient... »

En opposition à cette lettre et à la date du 13 mars 1558, l'aumônier Osorio écrivait à Philippe II, devenu roi par l'abdication de son père Charles Quint. « Le prince gagne, chaque jour, en chrétienneté, en bonté, en vertu et en intelligence, tout ce que l'on peut désirer. »

De sorte que D. Honorato Juan et D. Garcia de Tolède étaient inquiets sur les études et l'éducation du prince, en même temps que l'aumônier adressait à son père et à l'Empereur les meilleures nouvelles sur ses études et sur sa conduite. Et cela au moment où les accès des fièvres tierces commençaient à le faire souffrir, au moment où ces accès produisaient, sans aucun doute, chez le prince, l'abattement et le défaut d'amour pour le travail.

« S. A. se porte bien, écrivait à cette époque (1558) Honorato Juan... je regrette qu'elle ne profite pas autant que je le désire ; la cause d'où cela procède, je pense, V. M. l'apprendra un jour de S. A... Je regrette de toute mon âme que les progrès de S. A. ne répondent pas à ce qu'il fut dès le commencement et dès les premières années. » Honorato Juan écrivait ces lignes le 30 octobre 1558 et il demandait à S. M. le Roi de vouloir bien excuser sa hardiesse et de faire déchirer la lettre une fois lue.

Si l'historien devait deviner, les lettres de l'aumônier à l'empereur et au roi, père de don Carlos, suffiraient pour faire connaître d'où venaient les motifs du changement de conduite chez le prince.

Un flatteur et un homme tel qu'Osorio ne pouvait rien moins qu'affaiblir le caractère de don Carlos et apporter des retards dans les travaux d'Honorato Juan et de Garcia de Tolède. L'observation que cet aumônier communique au roi, comme preuve de l'esprit du prince, à l'occasion de l'accouchement de doña Béatrix de Tolède, fille du duc d'Albe, en donne un témoignage suffisant. « Quand le prince m'envoya, écrit-il, féliciter le marquis d'Astorga sur la naissance de son petit-fils, il me chargea de lui dire : « que tant que don Alvaro Osorio, son fils, avait été en disgrâce, doña Beatrix n'avait pas été enceinte, ce qui était immédiatement arrivé dès qu'il était rentré en grâce et revenu chez lui. » De sorte que si l'on cherche la cause qui neutralisait l'éducation de don Carlos, on la trouve facilement dans Osorio.

Lorsque Charles-Quint revint, après son abdication à Bruxelles, en octobre 1556, le prince don Carlos avait onze ans. L'envoyé vénitien Badoaro rapporte que Charles-Quint éprouvait un grand plaisir à raconter ses campagnes à l'enfant, et il ajoute qu'au moment où Charles-Quint lui parla de la fuite d'Inspruck, le prince lui avait répondu : « Moi, je n'aurais jamais fui. » Ce qu'il y a de certain, c'est qu'on ne peut citer ni une lettre ni une parole de l'empereur se plaignant, à cette époque, de son petit-fils.

Tiepolo, le même qui raconte la décapitation de la couleuvre, donnant le portrait de don Carlos à cet âge de onze ans, dit : « Qu'il était ami de la vérité, religieux, plein de compassion pour les pauvres ; que ses aumônes étaient toujours grandes, et qu'il était splendide, lorsqu'il voulait faire du bien à quelqu'un. »

Pour juger de la noblesse et de la générosité de cette âme, il n'y a qu'à lire la pièce qu'il donna, le 12 août 1557, au docteur Suarès, pauvre chevalier, alcade de cour, qui avait trois filles. Voici le contenu de cette pièce : « Je dis que par cette cédule signée de mon nom et scellée de mon sceau, moi, prince don Carlos, je vous donnerai à vous, docteur Suarès, mon grandissime ami, *dix mille ducats*, quand je le pourrai, pour le mariage de vos filles. »

En échange, au moment où le prince montrait, à cette époque, de si belles dispositions et un si bon cœur, on l'emmenait pour les lui changer et les mettre au goût de ses détracteurs, on l'emmenait, dis-je, à Valladolid, le 21 mai 1559. Là, on lui présentait, tout à coup et sans préparation aucune, un enfant inconnu, fils naturel de Charles-Quint, qui devenait une altesse et un frère de la régente, doña Juana, et à qui on accordait les honneurs d'un infant. Quelque bon que fût le caractère du prince, cet acte ne dut pas laisser de le surprendre. Nous qui avons vécu près des rois et des princes, nous savons le prix et l'importance qu'il accordent à leurs positions, à leurs prérogatives, et le zèle avec lequel ils les défendent.

Don Carlos devait aussi assister au cortége de trente pénitents, pour l'auto-da-fé qu'on allait offrir à ses yeux. Au nombre des pénitents, se trouvaient le maître Perez, Sotelo, le bachelier Herrezuelo, des religieuses, jeunes et belles, accusées de luthéranisme, Cazalla et quelques-uns de ses frères, enfin les restes enlevés à la tombe de doña Leonor de Vivero, mère des Cazalla, qui devaient être brûlés avec eux, en grande pompe, sur la grande place de Valladolid.

Le premier qui fut exécuté ce jour-là, ce fut le señor Cazalla, à qui on donna le garrote, au lieu de le brûler vif, puis on livra ses ossements aux flammes. Le bachelier Herrezuelo se laissa brûler vivant, regarda ses juges avec mépris, et ne laissa pas échapper la moindre plainte, en entrant dans le bûcher. Durant dix heures, ce fut un spectacle de cris, de larmes, de malédictions, de gémissements, et de tortures des plus inouïes.

Je voudrais bien savoir si un des ambassadeurs qui accusent de cruel le caractère de don Carlos a écrit qu'on l'avait vu sourire, durant cet horrible et criminel spectacle. Ils reconnaissent qu'il fut sombre, et ils attribuent cet état de son âme à la jalousie que lui fit éprouver la présentation inattendue de don Juan d'Autriche, dont il n'avait pas la moindre connaissance.

Qu'y aurait-il d'étonnant qu'à la secousse que dut produire le spectacle de quinze horribles exécutions, il se soit opéré dans l'âme d'un jeune prince de onze ans, une de ces commotions qui laissent la vie plongée dans un mélancolique désespoir ? Quelque accoutumées que les personnes de sa suite le fussent à de pareilles barbaries, peut-on trouver quelqu'un d'assez ignorant pour oser dire que les figures d'Herrezuelo et des autres condamnés au bûcher durent être agréables au prince ?

Celui qui sera assez insensé pour croire que les cris et les gémissements peuvent adoucir le cœur d'un jeune homme de onze ans, pour lui inspirer de la joie et le rendre bon, celui-là aura beau me répéter que pareilles scènes étaient dans l'esprit du temps, et qu'un auto-da-fé était l'équivalent d'un combat de taureaux au dix-neuvième siècle, je lui répondrai qu'il est un extravagant.

En outre, quelle bonté d'âme et quelle douceur de sentiment pouvait-on exiger d'un prince qui, depuis onze ans, vivait à la merci des étrangers : qu'un personnage, tel qu'Osorio, remplissait de vanité ; à qui les quatre professeurs, que nous avons déjà cités, voulaient infuser une indigestion de science ; d'un prince à qui on formait le cœur par des auto-da-fé ; que son père avait abandonné, tantôt pour la guerre, tantôt pour son mariage avec Marie Tudor, sans la mort de laquelle il ne serait peut-être jamais revenu en Espagne. Cette situation le roi la reconnaissait lui-même, lorsqu'il écrivait « que sa présence dans ses royaumes était devenue d'une extrême nécessité, tant par son absence depuis de si longues années, que par suite des événements qui avaient eu lieu, depuis la mort de l'Empereur, et pour d'autres affaires des plus importantes et des plus inévitables qui se présentaient. De sorte que, pour remplir mes obligations, parvenir à pourvoir et à remédier à beaucoup de choses nécessaires, il m'a paru bon de ne pas différer davantage. »

Ainsi, l'infortuné don Carlos vivait seul, sans amour de famille ; or, l'homme le plus ignorant ne sait-il pas, en effet, s'il a vécu quelques temps auprès des personnes royales, que le temps manque au au père et à la mère, pour s'occuper de leurs enfants, à plus forte raison à ceux qui ne sont que leurs parents ; et la Régente du royaume, quelque bonne qu'elle fût, n'était que la tante du jeune prince.

JEANNE D'AUTRICHE.

Imp. Vve A. Cadart, Paris.

CHAPITRE II

Le roi, Philippe II, arriva en Espagne, le 6 septembre 1559, et le huit octobre de la même année, il offrit à son fils le spectacle d'un nouvel auto-da-fé. Les victimes de ce sacrifice furent don Carlos de Sesa, un frère de Cazalla et Juan Sanchez. Ce nouveau bûcher ne manqua pas de produire dans l'âme de don Carlos le même effet que le premier.

Les inquisiteurs avaient réservé un certain nombre de condamnés, pour donner à don Philippe un spectacle agréable à son cœur et précieux à ses yeux.

La cérémonie fut fixée au dimanche huit octobre. Elle eut lieu, comme la précédente, sur la grande place de Valladolid.

C'était le premier auto-da-fé auquel Philippe assistait : les plus grands préparatifs furent faits, afin de l'environner d'une solennité et d'un apparat extraordinaires; on imagina notamment de construire, pour les condamnés, un échafaud disposé de façon qu'ils pussent être vus de toutes les parties de la grande place et des rues qui y aboutissaient. Aujourd'hui que les sentiments d'humanité et de tolérance ont pénétré dans les masses, aussi bien que dans les classes supérieures de la société, on a de la peine à comprendre l'affluence de curieux qu'attira, des divers points de la Castille, ce spectacle abominable; des témoins oculaires n'en évaluent pas le nombre à moins de deux cent mille.

Le roi s'y rendit, accompagné de la princesse, sa sœur, de don Carlos, du prince de Parme, Alexandre Farnèse, et d'une suite nombreuse où l'on remarquait les ambassadeurs de France, plusieurs évêques, le connétable et l'amiral de Castille, les ducs de Najéra et d'Arcos, le marquis de Denia et d'Astorga, les comtes d'Urueña, de Benavente, de Buendia, etc.

Le sermon fut prêché par don Juan Manuel, évêque de Zamora; ensuite il fut donné lecture, selon l'usage, de la sentence des condamnés. Cela fait, le cardinal archevêque de Séville, don Fernando de Valdès, inquisiteur général, se leva et tira son épée, en signe de la volonté qu'il avait de s'en servir pour la défense du Saint-Office. L'archevêque alors adressa au roi les paroles suivantes: « Les décrets apostoliques et les saints canons ayant ordonné que les rois jurent de favoriser la sainte foi catholique et la religion chrétienne, Votre Majesté jure-t-elle, par la sainte Croix, qu'elle donnera tout l'appui nécessaire au Saint-Office de l'inquisition et à ses ministres, contre les hérétiques et apostats, contre ceux qui les soutiendront et favoriseront, et contre quiconque, directement ou indirectement, mettrait obstacle à l'action du Saint-Office ; qu'elle forcera tous les sujets, naturels de ses royaumes, à obéir et se conformer aux constitutions et lettres apostoliques, données et publiées pour la défense de la sainte foi catholique, contre les hérétiques et contre ceux qui les croient, reçoivent ou favorisent ? » A quoi le roi répondit : « Je le jure ! (1) »

Les condamnés étaient au nombre de dix-huit. Parmi eux figuraient : don Carlos de Sesse, d'une famille illustre d'Italie, et dont la femme, doña Isabel de Castille, descendait du roi don Pedro ; doña Isabel de Castille elle-même et doña Catalina, sa mère ; fray Domingo de Rojas, religieux dominicain, de la famille des marquis de Poza ; Pedro Cazalla, curé de Pedrosa, dans l'évêché de Zamora ; Domingo Sanchez, prêtre des environs de Logroño et huit religieuses du couvent de Belen, de l'ordre de Citeaux, à Valladolid.

Sesse, Rojas et un serviteur de Pedro Cazalla, ayant persévéré dans leurs erreurs, furent brûlés vifs. On jeta aussi dans le feu l'effigie et les os d'une béate de Valladolid, nommée Juana Sanchez qui

(1) Cabrera, *Felipe II*, liv. V. chap. III.
Adolfo de Castro, *Historia de los protestantes españoles*, pp. 176 et 177.

s'était donné la mort en se frappant de plusieurs coups de ciseaux à la gorge. Cinq des religieuses et quatre autres des condamnés se confessèrent afin d'échapper au bûcher : ils subirent la peine du *garotte*. Enfin les autres religieuses, avec doña Isabel et doña Catalina de Castille furent ramenées en prison, pour y rester détenues à perpétuité. « C'était grande pitié à veoir, » dit Vandenesse, auteur d'un journal des Voyages de Charles-Quint et de Philippe II, et qui était présent.

Lorsque l'on conduisait don Carlos de Sesse au *quemadero*, il dit au roi, en passant devant lui : « Comment, vous, qui êtes un si grand gentilhomme, pouvez-vous permettre qu'on me livre aux flammes? » Philippe lui répondit froidement : « Si mon fils était aussi mauvais que vous, j'apporterais moi-même le bois pour le brûler. » Paroles horribles et qui montrent jusqu'à quel point ce monarque poussait le fanatisme (1).

A cette époque Philippe II donna la Toison d'or à son fils.

A la suite du traité de Cateau-Cambresis, en 1558, les maisons de France et d'Autriche s'engagèrent au mariage d'Elisabeth, fille de Henri II, avec le prince don Carlos, qui avait alors quatorze ans. Philippe II pensa de son côté à son mariage avec Élisabeth d'Angleterre, qui se refusa d'une manière des plus réservées aux désirs de Philippe, par l'expérience de

(1) Gachard, *Don Carlos et Philippe II*, p. 46, 47, 48.

ce qui s'était passé avec Marie Tudor. Le roi d'Espagne ne négligea rien de ce qu'il était possible de faire pour réaliser cette union, mais il ne put jamais y réussir.

Dès que Philippe II vit l'impossibilité de s'unir à Élisabeth d'Angleterre, il résolut de se marier avec la jeune Elisabeth de Valois, déjà promise à don Carlos. Ce mariage fut décidé en 1559, et le 24 juin, le duc d'Albe se mariait par procuration, à Notre-Dame de Paris, au nom de Philippe II, avec la fille de Henri II.

Le roi se trouvait dans les Pays-Bas et la jeune princesse demeura à Paris, jusqu'au moment où Fray Mendoza, archevêque de Burgos, vint la chercher. Le duc de l'Infantado et la comtesse d'Ureña devaient les rejoindre à Pampelune, pour conduire la nouvelle reine à Madrid.

Elisabeth arriva à Bayonne, vers la fin de novembre 1559; elle fut accompagnée jusqu'à cette ville par le roi de Navarre, par le cardinal de Bourbon et par la comtesse d'Aremberg.

Le 31 janvier 1560, on célébra le mariage, dans le palais du duc de l'Infantado, à Guadalajara. Il y avait deux mois que la reine était en Espagne, mais la célébration fut retardée par la mort de François II, survenue le 5 décembre 1559.

Le prince don Carlos fut témoin du mariage. Ce fut en proie à la fièvre qu'il assista à la cérémonie où son père s'unissait à la princesse Elisabeth qui lui avait été promise, et avec laquelle il avait échangé, ainsi qu'avec sa famille, les compliments d'usage, préliminaires d'une union si célèbre par l'origine politique à laquelle elle se rattachait, et qui n'était rien moins que le traité de Cateau-Cambrésis.

Pour le rendre déjà victime, on commença à répandre de faux bruits d'impuissance, de manque de sens et d'autres qualités analogues. S'il lui en manquait quelqu'une, il avait à l'excès les qualités de très susceptible, de très reconnaissant, de très généreux et de très brave.

Si les auto-da-fé émurent son cœur, combien ne dut-il pas être plus blessé de voir cette jeune princesse, dont on lui avait fait concevoir l'illusion qu'elle serait sa femme, se marier avec son père qui, sans égard aucun, le faisait assister au mariage ? Ce prince eût-il été idiot, ce coup dut être des plus cruels pour son cœur.

Elisabeth avait quinze ans, presque le même âge que don Carlos. Philippe II en avait trente-trois. Sa figure était le portrait de son âme ; sa pâleur était la pâleur d'un mort. Son front était large, ses tempes plates ; ses yeux bleus et sans brillant ; son nez long ; sa bouche pincée ; sa lèvre supérieure mince ; la lèvre inférieure forte ; ses joues amaigries et osseuses ; ses cheveux courts ; sa barbe claire et aux poils durs ; ses épaules fortes ; ses bras, ses mains, ses jambes et ses pieds maigres et secs ; tels étaient les traits et le portrait de cet époux, deux fois veuf, devant qui Elisabeth de Valois, une jeune fille de quinze ans, se trouva avec une contemplative tristesse.

ISABELLE DE VALOIS.

Imp. Vve A. Cadart Paris.

— Que regardez-vous, lui demanda le roi d'un ton sévère, regardez-vous si j'ai des cheveux blancs?

Hélas ! ce que faisait la jeune fille c'était la comparaison instinctive entre le père et le fils. Leti racontant, dans son histoire de Philippe II, que la reine parut comme saisie d'un sentiment de mélancolique passion, en présence du jeune prince, ne fait que dire ce qui était possible et naturel.

Aucun portrait de don Carlos ne le représente comme horrible et désagréable et, quoiqu'on dise tel père, tel fils, don Carlos était meilleur que Philippe II, parce que, malgré la pâleur de la fièvre, sur sa figure se peignait la race de sa mère d'où il descendait, avec quelques traits de la physionomie de son père. Il est regrettable qu'un écrivain tel que Charles de Moüy ait affirmé dans la note de la page 47 de son livre « *Don Carlos et Philippe II* » qu'il n'a lu cette idée dans aucun écrivain de son temps, et qu'une dépêche d'un secrétaire de Philippe II, assure, trois ans plus tard, qu'il n'était pas encore formé. » Quel écrivain de ce temps aurait osé indiquer même la moindre idée du sentiment de la reine, sans avoir payé de sa vie une pareille hardiesse? Que devait dire un serviteur de Philippe II?

La jeune reine était douce et délicate, noble et d'un cœur magnifique. Douée de ces qualités, et comprenant déjà, à quatorze ans, ce dont il était question, elle accepta pour son futur époux, le prince don Carlos. A quinze ans, une demoiselle française se sent assez de dignité pour se montrer surprise de voir substituer, dans l'acte de son mariage, le père au fils, alors que ce père, bien que n'ayant guère plus d'une trentaine d'années, ressemblait à un vieillard.

L'évêque de Limoges écrivait à François II, dans une lettre en date du 15 février 1560 : « Après ce qui s'était passé au congrès de Cateau-Cambresis, cette première entrevue excitait quelque curiosité ; la fille de Catherine de Médicis, montra au prince des Asturies, un visage plein de bienveillance et où se peignait l'intérêt quelle prenait à sa situation ; car le pauvre prince était tout exténué. Don Carlos fut touché de l'accueil de la reine, dès ce moment, il conçut pour elle des sentiments de respect et de déférence qui ne se démentirent jamais depuis. »

Et il n'y a là rien d'étrange à ce que la princesse, sans cesser d'être vertueuse, ait ressenti quelque intérêt pour la situation du prince et qu'elle l'ait dès lors toujours aimé ; et que d'un autre côté le prince, éprouvant pour elle le respect le plus profond, lui ait envoyé des présents, et soit mort en conservant toujours pour elle la même affection.

S'engager à prouver que cette princesse était heureuse sous les voûtes sombres de l'Escurial, avec cet époux taciturne ; au spectacle des luttes entre le père et le fils ; dans cette cour de moines, au milieu de ces auto-da-fé ; c'est vouloir dénaturer l'humanité.

M. de Moüy, après la note que j'ai citée, dit dans une page de son livre parfaitement écrite : « Don

Carlos vit en elle une amie compatissante qui s'était attachée à lui, précisément à cause de ses infirmités et de sa faiblesse, et dont la sensibilité féminine, émue en sa présence d'une pitié affectueuse, avait un accent plus pénétrant que celui des hommes les plus doux, et trouvait en soi-même le secret d'une exquise délicatesse. Lui, qui avait toujours ignoré l'amour d'une mère, il fut séduit par la bonté d'une femme qui unissait en elle, à ses yeux, la majesté et le rang d'une mère, avec l'âge et la grâce d'une sœur. Il lui voua un de ces sentiments étranges que les situations exceptionnelles font naître dans le cœur de l'homme, sentiment à la fois filial et fraternel, austère et attendri, auquel venait se joindre cette gratitude infinie des êtres débiles pour ceux qui s'intéressent à leurs douleurs. »

L'ambassadeur de France ne s'y était point mépris; il exposait à Catherine de Médicis la sympathie réciproque de don Carlos et de la reine avec une parfaite assurance; ce n'était un mystère pour personne; toute la cour la connaissait comme lui; le prince ne craignait point de faire à sa belle-mère de petits présents (1), qui exprimaient sa reconnais-

(1) Entre otros fueron... Una sortija de un rubi que S. A. mando dar à la reina nuestra señora (Collection de documents inédits pour l'histoire d'Espagne. T. XXVII, p. 87).

Una arca y un retablo que S. A. mando dar à la reina nuestra señora (ib. p. 89).

Diò, S. A. dos alhombras de oro y seda à la reina nuestra señora (ib. p. 92).

sance et dont elle se parait avec joie, et personne n'avait supposé qu'il y eût entre eux d'autre sentiment qu'une de ces affections, pures entre toutes, honorées des hommes et bénies de Dieu (1).

Cette page d'un écrivain étranger prouve que ni la figure, ni le caractère de don Carlos n'étaient à dédaigner, et que cet infortuné prince avait tout le talent et tout le cœur nécessaires pour répondre aux bontés de la reine Elisabeth, reine qui n'était pas des plus heureuses avec le mari que lui avaient imposé la vanité, l'ambition et la politique.

En Madrid se diò à la reina nuestra señora un sombrero de paja con un crancerin de oro tirado que hizo un tirador de oro portuguès, el cual sombrero llevaba una medalla hecha un Jesus de diamantes y por titulo del Jesus un rubi y esmeralda encima del titulo, con unos niños que le tenian esmaltados de blanco, y en la misma medalla puesta una espiga de oro tirado (ib. p. 95).

(1) Charles de Moüy, *Don Carlos et Philippe II*, pp. 49 et 50.

CHAPITRE III

Le prince don Carlos avait quatorze ans et sept mois, quand Philippe II fit tout disposer pour qu'on lui prêtât serment, comme prince des Asturies, dans la cathédrale de Tolède, le 22 février 1560 (1).

Tout ce qu'il y avait de plus intéressant à la cour assista à cette solennité. Par cet acte, Philippe II démontrait que son fils réunissait toute la capacité et

(1) Tisnacq écrit à la duchesse de Parme, le 31 décembre 1563, que de la part de S. M. don Philippe, il avait été proposé aux Cortès d'admettre le serment du prince don Carlos par procuration. Saint-Sulpice en dit autant à Catherine de Médicis, le 17 décembre 1563. Soranzo, ambassadeur de Venise, confirme le fait, le 29 décembre. De sorte qu'à cette époque le roi était sûr que son fils avait toutes les qualités nécessaires pour régner.

toutes les conditions requises pour régner. Sans cela, les Cortès, alors réunies, ne seraient pas allées de Guadalajara à Tolède pour lui rendre hommage ; il ne lui aurait fait prêter serment de fidélité ni par la princesse doña Juana, ni par le prince de Parme, Alexandre Farnèse, amiral de Castille, ni par don Juan d'Autriche, ni enfin par tous les grands et tous les dignitaires de la Cour.

Dans cette cérémonie, le duc d'Albe, soit par excentricité, soit par orgueil, négligea de baiser la main du prince, alors que tous les autres le faisaient. Le prince le regarda avec mécontentement, et d'un œil menaçant. Le duc lui adressa des excuses, mais don Carlos les reçut avec une froideur et une dureté telles, que le roi dut intervenir pour que don Carlos donnât satisfaction au duc qu'il avait offensé. La rancune que le duc d'Albe lui garda dès ce moment devint fatale au prince ; elle le fut d'autant plus que le duc sut conserver un assez grand empire sur lui-même pour la dissimuler.

Comme on prêtait alors serment à l'héritier de la monarchie, à celui qui devait être roi, on déploya dans cette cérémonie un luxe inusité. Après les personnages de la Cour, venaient le prince don Carlos, monté sur un cheval blanc, richement vêtu, orné de perles et de diamants. Il avait à sa droite don Juan d'Autriche ; suivait la princesse doña Juana, dans une litière, puis le roi Philippe II ; il était accompagné de quatre rois d'armes, de quatre hallebardiers et de massiers ; près du roi et le précédant

DUC D'ALBE.

Imp. Vve A. Cadart, Paris.

marchait le comte d'Oropesa, avec l'estoc dégaîné sur l'épaule.

Le roi s'avançait à cheval, revêtu d'un manteau de velours noir avec des franges de martre et des boutons de diamant; il portait un costume jaune, bordé de petits cordons vert et jaune. La reine Elisabeth n'assista pas à la cérémonie, parce qu'elle était malade de la petite vérole.

Cette prestation de serment démontrait à l'Espagne et au monde que Philippe II, qui ne faisait rien sans y avoir beaucoup réfléchi, considérait son fils don Carlos comme doué de toute l'aptitude nécessaire pour régner. De sorte que tout ce qui s'est raconté sur l'imbécillité du prince et sur son incapacité, pour la succession au trône, tombe devant ce fait seul.

Cabrera prétend qu'à cette époque : « le roi ne pouvait modérer l'inclination de don Carlos, chez qui l'emportait toujours la nature, livrée à la liberté, aux désordres et à l'indiscipline. » Soit pour cette cause, soit pour tout autre motif que je ne peux croire un motif de santé, ce qui est certain, c'est que Philippe II éloigna son fils de la Cour et l'envoya à Alcala de Henarès.

Dans cette ville, il reçut, le 19 avril 1562, une forte blessure à la tête, en courant dans un escalier du monastère de San-Francisco, suivant Herrera et tous les écrivains du temps ; en poursuivant une jeune fille, suivant le récit d'Antonio Perez. Don Carlos descendait donc un escalier ; et, cinq marches avant d'arriver en bas, il fit un faux pas, donna de la tête contre une porte et tomba à terre évanoui.

Les docteurs Chacon, Vega et Olivarès, reconnurent la blessure. Bientôt se joignirent à eux le médecin Juan Gutierrez, un docteur portugais et Pedro Torrès. Ce dernier guérit une seconde fois don Carlos ; le médecin Torrès vint aussi de Valladolid, où arriva plus tard le célèbre André Vesale.

Pour donner une idée exacte de cette blessure et de la manière d'assister les personnes royales dans leurs maladies, à la cour d'Espagne, tant alors qu'aujourd'hui, je vais copier les rapports des docteurs Chacon et Olivarès sur la maladie du prince. Celui d'Olivarès se trouve dans les *Documents inédits ;* celui de Chacon, dans l'*Historia de la Medecina española.*

« Dans la ville d'Alcala de Henarès, le dimanche dix-neuvième jour d'avril de 1562, cinquante-deux jours juste après qu'avaient cessé la fièvre quarte dont il avait été soigné dans ladite ville, ce jour-là, le prince Notre Seigneur, après avoir mangé, sur l'heure de midi et demi, Son Altesse descendait par un escalier fort sombre et de marches très mauvaises ; cinq degrés avant d'avoir fini de descendre, il posa le pied droit dans le vide, tourna sur tout son corps, tomba, donna de la tête un grand coup contre une porte fermée, et il resta, la tête en bas, les pieds en l'air. Il se brisa le crâne à la partie postérieure de la tête, du côté gauche, près de la jointure qu'on appelle lamdoides... On m'appela et je découvris la blessure, en présence de don Garcia de Tolède, son gouverneur et son grand majordorme ; de Luis Quijada, grand écuyer de Son Altesse, et des docteurs Vega et Olivarès, médecins de sa chambre. Je vis une blessure de la largeur d'un ongle du doigt du pouce et dont la circonférence portait une forte contusion. Le péricrâne découvert, on vit qu'il était un peu contusionné.

« Après avoir fait ce qu'il fallait et mis l'appareil convenable, je commençai à fermer la blessure. Son Altesse se plaignait et souffrait beaucoup ; ce que voyant, Luis Quijada, dans la crainte de ne pas me voir faire ce qui était nécessaire, pour ne pas causer trop de douleur à son Altesse, me dit : « Ne soignez pas Son Altesse comme un prince, mais comme un simple particulier. » Les docteurs lui répondirent que c'était là ce qu'on faisait.

« Le malade commença à transpirer et la sueur dura plus d'une heure et demie, cause qui fit différer la saignée ; il fut saigné au bras droit. On lui tira huit onces de sang, et il commença à avoir un peu de fièvre.

« Le pansement achevé, don Garcia de Tolède expédia don Diego de Acuña, gentilhomme de la chambre de Son Altesse, pour rendre compte de ce qui se passait à Sa Majesté, qui ordonna au docteur D. Gutierrez, son médecin de chambre et son protomédecin général, de partir immédiatement pour Alcala et d'emmener avec lui le docteur portugais et Pedro de Torrès, chirurgien de Sa Majesté. Ces derniers arrivèrent en effet, à Alcala, le lundi suivant au matin. Je voulais soigner Son Altesse, mais elle me dit : « Licencié, il me ferait plaisir de me voir soigner par le docteur portugais, n'en concevez aucun chagrin. » Voyant dans cela un compliment de la part d'un si grand prince, je lui répondis que ce serait pour moi une faveur des plus grandes s'il plaisait ainsi à Son Altesse... Et c'est ainsi que fut soignée Son Altesse, en présence des personnes susnommées et de ceux avec qui nous nous trouvions à Alcala, à huit heures du matin.......

« Il y avait vingt mois que Son Altesse avait la fièvre quarte... il parut nécessaire de réitérer la saignée et cela se fit ainsi... on lui tira huit onces environ de sang. Ce jour-là, Son Altesse mangea quelques cerises sèches, un peu de bouillon, une cuisse de poulet, et finit son dîner avec un peu de marmelade... Il soupa de quelques cerises sèches, d'un peu de bouillon et d'un peu de conserves. Cet ordre s'observa jusqu'après le septième jour... Le quatrième, la fièvre augmenta, quoique fort peu, et nous vîmes, à la partie gauche du cou, quelques petites tumeurs, avec un peu de douleur.

« Nous remarquâmes aussi un peu de tuméfaction à la jambe gauche, ce que Son Altesse éprouvait quelquefois dans la fièvre quarte... Le septième jour, la blessure allait de mieux en mieux... Le dixième jour après la chute, et à l'heure du pansement, la blessure n'était pas en aussi bon état qu'auparavant; nous la trouvâmes, en effet, un peu malpropre et d'une couleur moins bonne... La moitié du onzième jour passé, Son Altesse ressentit un petit frisson, et, pensant que c'était l'effet du temps, parce qu'il faisait très frais ces jours-là, elle n'appela aucun médecin; au contraire, elle chercha à s'endormir, mais elle ne le put. C'est pour cela que don Garcia de Tolède fit appeler le docteur Olivarès, à deux heures de la nuit. Le docteur vit immédiatement Son Altesse, la trouva avec une bonne fièvre, et lui dit, pour ne pas lui causer de frayeur, que ce n'était rien; que ce n'était qu'un peu de dérangement... La fièvre, le douzième jour, pour une blessure à la tête, c'est mauvais signe. Cette fièvre était devenue si forte qu'il fut convenu de ne pas laisser dormir le malade jusqu'au matin.

« Alors on appela tous les médecins et tous les chirurgiens, qui arrivèrent le jeudi, dernier jour d'avril... Il sembla à tous que cet état du prince pouvait venir de l'une des deux causes, ou d'une lésion interne, ou de ce que le péricrâne s'était pourri et que quelque matière était restée enfermée sans pouvoir sortir... A la vue de ces accidents, je proposai dans la consultation, puisque le cas présentait tant de doute, de mander le bachelier Torrès, chirurgien et mon maître, qui résidait à Valladolid, homme très instruit et d'une grande expérience. Cet avis plut à tous, et don Garcia de Tolède fit immédiatement partir un courrier, lequel remplit sa mission avec tant de diligence que, le 6 mai, le bachelier Torrès était avec nous.

« On alla jusqu'à découvrir la boîte osseuse; on fit l'ouverture en forme de T et on en retira avec une grande facilité le péricrâne qui était déjà pourri, soit par suite de la contusion qu'il avait subie, soit par la quantité de matière qui s'était imbue sans avoir d'issue pour sortir. Quand au neuvième jour, l'orifice fut bouché, sans fermer la blessure, par le docteur portugais. L'ouverture faite, on ne put voir si la boîte osseuse était endommagée, par le grand flux de sang qui se répandit ; aussi ne fit-on plus qu'arrêter ce flux et le soigner.

« Immédiatement on expédia un courrier à Sa Majesté ; on lui rendit compte de tout ce qui s'était passé et de l'ouverture qu'on avait faite au crâne, sans en aviser Sa Majesté, à cause du danger qui avait paru à tous, si l'on y avait mis du retard. Le roi, apprenant cette nouvelle, partit de Madrid, le vendredi premier mai, avant le jour, et arriva à Alcala, avant le pansement de Son Altesse, qui fut pansée immédiatement, en présence de Sa Majesté et du docteur André Vesale, homme des plus savants.

« A partir du vendredi, la tête commença à enfler, par suite d'un violent érésipèle, mêlé de sang épais, érésipèle qui se développa d'abord dans la partie gauche du visage, l'oreille et l'œil ; puis dans la droite, de sorte que l'enflure gagna tout le visage et descendit jusqu'au cou, à la poitrine et aux bras...

« Le feu de cet érésipèle fut si grand et la fièvre si intense que le délire survint, et que Son Altesse resta dans cet état, cinq jours et cinq nuits, état qui nous donna de grands soucis...

« Le docteur Vesale et le docteur portugais furent d'avis que le mal était intérieur et qu'il n'y avait d'autre remède que de pénétrer dans la boîte osseuse jusqu'à la membrane... Les autres médecins furent d'une opinion contraire.

« Vesale ne laissa pas d'avoir de nombreuses raisons pour soutenir son sentiment.

« Le mercredi, 6 mai, vint le bachelier Torrès, qui fut d'avis de procéder à l'opération du trépan... Le samedi, à quatre heures du matin, fin du vingtième jour, on était encore dans le doute sur la lésion du crâne ; on proposa donc la trépanation, surtout en voyant le peu d'inconvénient qui en résulterait, parce que Son Altesse était si abattue qu'elle ne pouvait comprendre ce qu'on lui faisait, et qu'on ne pouvait lui causer aucune espèce de douleur. Vu aussi que la majorité était de cet avis et la propension de Sa Majesté et des grands qui étaient présents, à ce qu'on procédât à cette opération ; vu encore le danger que courait Son Altesse, et le peu d'espoir que les signes que nous voyions donnaient de sa santé, nous tombâmes d'accord pour la trépanation.

« Cette opération se fit le samedi, à neuf heures du matin, trois heures avant d'entrer dans le vingt et unième jour ; le docteur portugais commença à poser le trépan, et après quelques tours, le duc d'Albe m'ordonna de le prendre ; je continuai et, quelques instants après, je trouvai le crâne blanc et solide ; la porosité de l'os laissa filtrer quelques gouttes de sang très rouge ; là-dessus, j'arrêtai le trépan. On vit alors, à l'œil nu, que la boîte osseuse n'était pas endommagée, pas plus que la partie interne correspondant à cet endroit...

« Les yeux du prince s'enflèrent aussi à tel point que l'on comprit qu'ils finiraient par suppurer. Voyant que la blessure allait si mal, on nous avait plusieurs fois proposé de soigner Son Altesse avec les onguents du Pinterete, maure du royaume de Valence. Il y en a de deux qualités : l'un est blanc et a une vertu répercussive; l'autre est noir, et sa vertu est si caustique qu'il est nécessaire de le tempérer par le blanc. Nous nous étions opposés le plus possible à l'usage de ces onguents, d'abord parce que nous n'en connaissions pas la composition et qu'il n'y avait pas de raison d'employer, pour un si grand prince et dans un cas si grave, des remèdes dont on ne savait ni ne connaissait la composition et les effets. Ensuite, parce qu'il ne nous paraissait pas conforme à la raison de faire toujours emploi des mêmes médicaments, dans tous les temps, pour tous les âges et pour toutes les complexions.

« Mais voyant la foi que beaucoup de personnes avaient dans ces onguents, et l'opinion générale du vulgaire, qui nous accusaient tous, parce que nous n'en faisions pas usage... Nous fîmes venir le maure, qui arriva le samedi, dans la nuit du neuf mai... Le dimanche suivant, il vit soigner Son Altesse avec ses onguents... la blessure allait de pire en pire...

Nous fûmes d'accord pour envoyer promener et maure et onguents... Ce dernier partit pour Madrid, où il soigna Hernando de Vegaz, qu'il envoya dans l'autre monde, avec ses onguents...

« Le samedi, vingt-unième jour après la chute, et le neuf mai, l'état de Son Altesse fut tel que, chez elle, il ne s'offrit aucun signe qui ne fût mortel. Toute notre unique confiance reposait dans la miséricorde de Dieu et dans l'âge de Son Altesse, qui n'avait pas dix-sept ans. Son pouls naturel n'était pas non plus très fort, nous l'avions remarqué. Ce samedi, le soir, toute la ville vint en procession au palais. On portait le corps du bienheureux San Diego, dont la vie et les miracles sont si connus. On le plaça dans la pièce du prince, on l'approcha de lui le plus possible ; mais ce jour-là Son Altesse était si hors d'elle, elle avait les yeux si enflés et si fermés, qu'elle se serait rendu peu de compte de ce qui se passait.

« Ce que voyant et sur les paroles du docteur Mena, médecin de sa chambre, qui lui avoua que, sans aucun doute, Son Altesse mourrait, Sa Majesté partit d'Alcala, entre dix et onze heures de la nuit, au milieu d'une obscurité profonde et d'une tempête des plus violentes. Le roi se rendit à San Geronimo de Madrid, en proie à la douleur que nous pûmes tous comprendre, et nous laissa nous-mêmes dans le plus grand souci et la plus grande peine du monde...

« Ce même samedi, on appliqua de nouveau six ventouses sèches sur les épaules du prince ; à la nuit, on le saigna d'un coup de lancette au nez et, à dix heures du soir, on lui mit encore cinq ventouses.

« Dieu voulut que, grâce à ces remèdes, Son Altesse dormit cinq heures, en différentes fois. Au matin, le pouls avait plus de vigueur et le délire n'était pas si fort. Pour l'informer de cette amélioration, le duc d'Albe expédia à Sa Majesté, le dimanche matin, au point du jour, l'alguazil Malagulla. Ce courrier arriva à Madrid au moment où l'on promenait Notre-Dame d'Atocha en procession, et à cette procession assistait la majesté de la Reine, la Sérénissime doña Juana ; et le messager leur transmit là la bonne nouvelle...

« Dans la nuit du dimanche, le prince dormit également cinq heures, ainsi que le lundi et le mardi. La plaie, nous l'avons déjà dit, malgré toutes ces améliorations, allait de mal en pire, avec les onguents du maure.....

« Ce jour-là, le mercredi treize mai, Sa Majesté revint à Alcala ; Son Altesse avait recouvré tout son jugement et était à moitié endormie... On la pansa avec de la charpie sur le crâne, on lava la blessure avec de l'eau de rose, on l'oignit avec du beurre, et on y appliqua dessus un emplâtre de bétoine.

« Le jeudi, quatorze mai et le soir, on pansa la blessure de la même manière que le jour précédent, on la trouva avec une certaine matière et mieux... Le vendredi suivant, à deux heures et demie, la blessure contenait encore assez de matière, les lèvres en étaient médiocrement colorées, fortes et plus rapprochées.

A partir de ce jour, on pansa Son Altesse avec de la poudre d'iroé, à fleur du crâne, on appliqua sur les lèvres de la blessure leur digestif, et par-dessus un emplâtre de bétoine.

« Le mercredi, vingt mai, la fièvre était faible, de sorte que, de jour en jour, l'amélioration se prononçait clairement.....

« Le samedi, trente mai, Sa Majesté revint à Alcala et en partit le dimanche suivant, après le dîner, pour Aranjuez.

« Le mardi, seize juin, Sa Majesté revint à Alcala, vers minuit. Le mercredi suivant, le prince se leva, à huit heures du matin, et passa dans la chambre de son père, qui le reçut et l'embrassa avec une vive joie ; puis ils rentrèrent ensemble dans la chambre du prince.

« Le lundi, jour de saint Pierre, le prince sortit pour aller entendre la messe à saint Jean-François, dans la chapelle du bienheureux San Diego. On lui montra le corps du saint, qui était resté hors du tombeau, depuis le jour où on l'avait porté au palais, jusqu'au trente du mois de juin.

« Dès ce moment, Son Altesse sortait, tous les soirs, pour se promener dans la campagne, après le coucher du soleil.

« Le dimanche, cinq juillet, il alla entendre la messe à San Bernardo. Son maître Honorato Juan dit une nouvelle messe que présidait don Pedro Ponce de Léon, évêque de Placencia.

« Le jeudi, neuf juillet, les médecins et les chirurgiens partirent, et il ne resta plus que les médecins de la chambre, Vega, Olivarès, et moi.

« Le vendredi, dix-sept juillet, la blessure était entièrement fermée; Son Altesse partit d'Alcala, alla coucher à Barajas, où elle resta tout le samedi, d'où elle partit, un peu avant la nuit, et elle entra dans Madrid, vers dix heures du soir.

« Depuis l'heure de la chute jusqu'à la fin de la cure, quand on quitta le parc, il s'écoula quatre-vingt-treize jours, moins trois heures.

« Durant cette maladie, le prince témoigna d'une grande dévotion et d'un profond attachement à la la religion. En effet, outre que, comme prince très-chrétien, il se confessa et reçut le Très-Saint-Sacrement, toutes les fois qu'on sonna pour son âme, il accorda une si grande importance à l'honneur et au service de Dieu, que ni le mal, quelque violent qu'il fût, ni aucune autre chose ne purent le détourner et les lui faire négliger. La plus grande partie de la journée, il l'appliquait à réciter des prières, à adresser des oraisons à Dieu, à Notre-Dame, à adorer les reliques que Sa Majesté lui avait apportées ; il promettait, si Notre-Seigneur lui accordait la santé, d'aller personnellement visiter de nombreuses localités où sa divine Majesté et la très-sainte Reine du ciel ont coutume d'étaler leurs merveilles, telles que Notre-Dame-du-Montserrat, Notre-Dame-de-Guadeloupe, le crucifix de Burgos et d'autres asiles de dévotion. Il offrit quatre pesos d'or et sept d'argent.

« La première chose que Son Altesse vit, en ouvrant les yeux, ce fut une image de Notre-Dame, placée sur un autel, en face de son lit. Il lui fit une prière le plus dévotement possible. Il fut si observateur des choses de Dieu que, s'entretenant, un jour, et un jour de grande souffrance, avec son confesseur, le prince lui demanda le Saint-Sacrement, et, comme le confesseur lui répondait que Son Altesse l'avait déjà reçu ; c'est il y a huit jours, lui répondit-il. Et, effectivement, il y avait huit jours.

« Sa dévotion fut si grande que, d'après ce que raconte Son Altesse elle-même, dans la nuit du samedi, neuf mai, le bienheureux saint Fr. Diego lui apparut avec ses habits de saint François et une croix de roseau attachée avec un ruban vert dans les mains. Le prince, pensant que c'était saint François lui-même, lui aurait dit : Comment n'avez-vous pas les plaies ? Il ne se souvient pas de ce que l'apparition lui répondit, mais il se rappelle bien qu'elle le consola et lui affirma qu'il ne mourrait pas de cette maladie.

« Le duc d'Albe, qui était là par ordre de Sa Majesté, ne le quitta ni une heure, ni un instant en temps nécessaire ; il voyait toujours ce qu'il faisait ; il passait toutes les nuits à veiller, tout habillé, assis dans un fauteuil.

« Dans cette maladie du prince, notre seigneur, il y eut plus de *cinquante consultations, et quatorze d'entre elles eurent lieu en présence de Sa Majesté.* Ces dernières se tinrent de telle manière qu'aucune d'elles ne dura moins de deux heures, et quelques-unes durèrent plus de quatre. Sa Majesté y assista avec une humanité et une attention remarquables; elle demandait à chacun de ceux qui parlaient de lui expliquer les termes de la Faculté qu'elle ne comprenait pas. Les réunions se faisaient de la manière suivante : Sa Majesté s'asseyait dans un fauteuil à dossier et parfois sans dossier ; tous les grands et les seigneurs se tenaient derrière ; le duc d'Albe et don Garcia de Tolède, aux côtés ; les médecins et chirurgiens nous étions placés en demi cercle. Don Garcia nommait celui qui devait parler, et ce dernier exprimait son opinion, en se fondant sur les autorités et les raisons qu'il connaissait.

« Cette chute de Son Altesse avait été pronostiquée, il y avait longtemps, de cette manière : Le prince d'Espagne, Carlos, courra un grand danger, en tombant dans un escalier, ou de cheval, mais ce sera moins de cheval.....

« Cette relation a été terminée dans la ville et capitale de Madrid, le jour de saint Jacques, le vingt-cinq juillet mil cinq cent soixante-deux. »

Dans la relation attribuée au docteur Olivarès, (1) il y a un passage que ne contient pas celle de Daza, probablement, parce qu'il jugea à propos de l'en retrancher, lorsqu'il publia sa *Practica y teoria de cirujia.* Nous croyons devoir en donner la traduction : « Le vulgaire a pris occasion de cette apparition de Fray Diego, pour s'imaginer que le rétablissement du prince fut l'effet d'un miracle. Certes, cela eût

(1) Gachard, *Don Carlos et Philippe II,* pp. 76 et 77.

pu être, puisqu'il était aussi facile au bienheureux Diego de supplier Dieu de rendre la santé au prince que de lui apparaître et de le consoler, comme il le fit, selon le témoignage de Son Altesse. Néanmoins, à mon avis, il n'y eut pas de miracle, dans l'acception propre du mot ; car le prince fut guéri par les remèdes naturels et ordinaires, dont on use pour toutes personnes atteintes de la même maladie, même en des cas plus graves. Je crois bien, et je tiens même pour certain que nous fûmes aidés de la faveur particulière de Dieu, principalement par l'intercession de la très sacrée Vierge, sa mère, par les oraisons, prières, processions, disciplines, jeûnes, qui se firent pour Son Altesse, dans toute l'Espagne, et même au dehors, par l'intercession de beaucoup de justes qu'il y avait entre un si grand nombre de gens, et de plus, comme la piété autorise à le croire, par les mérites du bienheureux Fray Diego, pour qui Son Altesse avait, depuis longtemps, une dévotion particulière. Mais, comme il est dit, ce fut selon l'ordre naturel des choses, puisque le prince se rétablit par les remèdes qu'on lui donna ; et l'on appelle proprement des miracles les choses qui excèdent toutes les forces naturelles, etc. »

Il est à remarquer que, dans son testament, don Carlos garde le silence sur l'apparition de Fray Diego, et que la relation officielle, envoyée par le roi à ses ambassadeurs, ne dit mot de cette apparition, pas plus que du transport du corps de Fray Diego au palais.

Le neuf mai, toute espérance de lui sauver la vie semblait perdue, quand on fit venir le corps du bienheureux Fray Diego, de l'ordre des Frères mineurs de saint François. D'après les relations, le corps était momifié. Selon Ferreras, on le mit dans le lit du prince; et, selon Colmenarès, on lui appliqua les reliques. Ce qu'il y a de certain, c'est que les médecins, après avoir perdu toute espérance, le saignèrent de nouveau, lui donnèrent d'autres médicaments et que, le dix mai, il s'opéra une crise.

Trois jours après, la fièvre avait complètement disparu.

Pendant toute la maladie de don Carlos, la reine Elisabeth fut fortement affligée; quand le prince se trouva guéri, la ville de Tolède lui envoya une députation pour la féliciter, et elle la reçut en ces termes: « Ayuntamiento et corrégidor de la très noble cité de Tolède, j'ai appris les processions et les prières que vous avez faites pour la santé du sérénissime prince, et que vous vous êtes réjouis de ce que Notre-Seigneur a bien voulu la lui accorder; en cela, vous vous comportez comme de fidèles serviteurs et vassaux du roi, mon seigneur, et vous pouvez voir le contentement que Sa Majesté et moi nous éprouvons de cet heureux événement. Nous vous sommes reconnaissants de la visite que nous ont faite de votre part don Juan de Arellano et Pedro de Berria. Moi, la reine (1). »

(1) Lettre de la reine à la cité de Tolède, Madrid, cinq juin 1562. Archives de Simancas. Est. Leg. 141.

PRINCE DON CARLOS.

Imp. Vve A. Cadart, Paris.

CHAPITRE IV

Après trois mois de maladie, don Carlos rentra à Madrid, le 18 juillet; il avait alors dix-huit ans. Leti nous dit qu'il avait une belle tête et les yeux pleins d'esprit. « Il n'est pas, ajoute-t-il, très beau de figure, quoiqu'il soit blanc et blond. » Mais il suffit de voir son portrait par Sanchez Coello pour comprendre que ni les uns ni les autres ne saisissaient ce qu'il était. Il suppléait à ce qui lui manquait peut-être de beauté corporelle par un excès d'activité. Il montait bien à cheval et passait plusieurs heures à manier l'épée.

Sa santé délicate l'empêchait d'assister aux fêtes et aux tournois qu'on célébrait dans ces temps, et auxquelles ses parents et ses amis prenaient part.

Tant qu'il vécut, il fut véritablement d'une santé

fort délicate ; mais, quelque mauvaise qu'elle fût, jamais elle ne le rendit inhabile. En effet, même durant sa maladie, à Alcala, il fit vœu de ne jamais s'approcher d'autre femme que de sa femme légitime, et, s'il ne guérissait pas, de ne s'approcher d'aucune. Nous ne savons pas s'il les tint fidèlement, ces vœux, parce qu'il existe certaines anecdotes sur des enfants naturels de ce prince.

Je ne veux pas en faire mention ici, malgré les reçus, déposés aux archives de Simancas, de onze mille réaux, remis à une personne secrète, comme le portent ses comptes du mois d'avril 1567.

Ni comme on peut l'inférer de l'esprit de sa lettre autographe, et des sommes qu'il laissa, par son testament, pour la jeune personne qui était dans un couvent, sous sa protection sans doute. Elle s'appelait Mariana Garcetas, et, dans l'année 1564, elle se trouvait au monastère de Saint Jean de la Pénitence. Don Carlos lui laissait, par son testament de cette époque, deux mille ducats, si elle entrait en religion, et trois mille, si elle se mariait, indépendamment des deux mille ducats qu'elle a reçus du Roi.

La réclusion de cette jeune femme au couvent, le fait d'avoir reçu deux mille ducats du roi et le legs du prince, me prouvent clairement que Philippe II l'avait fait enfermer, à cause des relations qu'elle avait eues avec son fils. Comment, en effet, le comprendre autrement, et à quel titre don Carlos aurait-il laissé ce legs à Mariana Garcetas ? Pourquoi cette référence au don de son père ? Ce que démontrent ces deux libéralités, c'est l'accord du père et du fils pour retenir la jeune fille enfermée, ou tout au moins la puissance de Philippe II, en l'enfermant, et le bon cœur du fils qui, ne pouvant lutter contre la puissance de son père, laissait à Mariana Garcetas deux mille ducats, si elle entrait en religion et trois mille, si elle se mariait. Et don Carlos prenait ces dispositions, le 19 mai 1564, alors qu'il avait dix-neuf ans.

De toutes manières, ce qu'on sait du prince, c'est qu'il n'était pas impuissant et que son caractère était d'une nature franche et loyale. Fourquevaulx, ambassadeur de France, lui rend cette justice : « Il ne sait ni feindre ni dissimuler, dit-il dans sa dépêche, du 3 novembre 1565. »

Salazar de Mendoza, historien véridique et consciencieux, dit qu'il était en tout extrêmement ami de la vérité. Or, peut-on être loyal, ami de la vérité, ami de ses amis, charitable à l'égard des malheureux, si affectueux avec la reine Elisabeth et avec don Juan d'Autriche, malgré la déloyauté par laquelle ce dernier répondait à ses sentiments ; ami des personnes qui le servaient, si intime et si reconnaissant à l'égard de don Honorato Juan, son maître, sans être un prince de sentiments des plus élevés ? Avec des qualités pareilles on est toujours sympathique.

C'est en vain que les ennemis de don Carlos ont voulu noircir, avant et après sa mort, par toute espèce de calomnies, les années de sa jeunesse. La vérité, confirmée par un grand nombre de témoignages, sous des formes différentes, me fournit aujourd'hui les moyens de rétablir ce que fut cette malheureuse victime.

Avec de pareils sentiments de justice et de vérité, il était impossible que don Carlos pût vivre heureux, tranquille et content, dans une cour d'hypocrites et de moines, sous un gouvernement de criminels, où les noces du roi se célébraient par des auto-da-fé du Saint-Office. Il était catholique, mais en même temps, avec son caractère aimant la vérité, il devait avoir en horreur les hypocrites et les persécutions qu'il voyait se commettre si cruellement, tant en Espagne que dans les Flandres.

Voici les principaux paragraphes originaux du testament de ce prince, que Gachard publie dans son histoire et que je reproduis intégralement. Ils sont la meilleure défense du caractère de don Carlos (1) :

6° J'ordonne que, par dessus les mille ducats dont le Roi mon Seigneur me fit la faveur de gratifier Mariana de Garcetas, jeune fille étant présentement au monastère de San Juan de la Penitencia, en la ville d'Alcala de Henarès, pour l'aider à se marier ou lui fournir les moyens d'entrer en religion, on lui donne, si elle y entre, mille autre ducats avec lesquels elle achètera une rente qui servira à

(1) Gachard, *D. Carlos et Philippe II*, pp. 120 et suivantes.

ses besoins particuliers ; et, si elle se marie, trois mille ducats ; de manière qu'elle ait quatre mille ducats de dot en se mariant, et deux mille en entrant en religion ;

7° J'ordonne qu'on règle incessamment, avec Christophe Herman, allemand, et Juste Fichte, flamand, le compte des sommes qu'ils m'ont prêtées pour me faire plaisir, et qu'on les leur rembourse à leur satisfaction ;

10° Comme j'ai de grandes obligations au Révérend Père en Dieu don Honorato Juan, évêque élu d'Osma, mon maître, et que je l'aime beaucoup, ainsi qu'il le mérite, je veux qu'on paye toutes ses dettes de même que si elles étaient les miennes propres. J'espère, et je l'en prie, qu'il voudra bien accepter cette faible marque de l'amitié que je lui porte;

11° Je lègue audit don Honorato Juan, pour la peine qu'il prendra d'être mon exécuteur testamentaire, mes tapisseries d'or et de soie représentant la prise du très chrétien roi de France, François, près de Pavie ;

14° J'ordonne que Diego et Juan, mes esclaves, auxquels j'ai voulu qu'on fasse apprendre l'art de la sculpture, sous la direction de Jacome de Trezo, maître de cet art, s'ils l'apprennent et se conduisent en hommes de bien, soient déclarés libres. J'ordonne de plus que, en ce cas, mes exécuteurs testamentaires pourvoient à ce qu'ils se marient et les gratifient, pour les y aider, de ce qu'ils jugeront convenable. Mais s'il leur paraît que lesdits Diego et Juan n'aient pas des mœurs et un caractère tels que la liberté leur puisse être avantageuse, ma volonté est qu'alors elle ne leur soit pas donnée, et je lègue, en toute propriété, ledit Diego à l'évêque élu d'Osma, mon maître, et ledit Juan à don Pedro Pimentel, marquis de Távara, gentilhomme de ma chambre, que je charge l'un et l'autre de les faire bien traiter et de manière qu'ils ne se perdent pas. Je charge aussi mes exécuteurs testamentaires, sur leur conscience, de se régler, dans l'accomplissement de cette disposition, selon la volonté que j'y exprime ;

17° Quand, en l'année 1563, don Martin de Cordova, frère du comte d'Alcaudete, défendit si héroïquement, selon qu'il est notoire, le fort de Mazalquivir, près d'Oran, en Barbarie, que l'armée algérienne, composée de Turcs et de Mores, tenait assiégé par mer et par terre, et auquel elle avait livré plusieurs assauts, après l'avoir battu avec furie, le sauvant par cette énergique résistance, d'une perte qui aurait été des plus graves pour les royaumes d'Espagne (1), je désirai que ledit don Mar-

(1) Cet événement est rapporté avec détails dans une lettre que Philippe II écrivit, le 15 juin 1563, à l'évêque de la Cuadra, son ambassadeur à Londres : « Ya habreis entendido como el rey de Argel habia cometido la empresa de Oran. Lo que ha sucedido es que comenzo à batir à Maçalquivir à los 8 de mayo, y à los 22 le diò un asalto, y fué rebutado con perdida de arta gente, y los tornó à batir por otra parte hasta los 2 de

tin de Cordova fût immédiatement récompensé d'une manière aussi éclatante qu'il le méritait, pour servir d'exemple à d'autres. Le roi mon seigneur n'ayant pu alors, à cause des nécessités publiques, réaliser ce vœu, je promis, déterminé par la volonté que j'ai toujours d'accorder des grâces à ceux qui se signalent par leurs services, de gratifier ledit don Martin de trois mille ducats de rente perpétuelle pour lui et ses descendants, afin de conserver la mémoire éternelle d'un si haut fait. Comme il n'a pas été encore en mon pouvoir d'accomplir cette promesse, j'ordonne, si la mort m'empêche de le faire, qu'on achète pour don Martin de Cordova lesdits trois mille ducats de rente perpétuelle, à raison de trente mille ducats pour mille faisant ainsi quatre-vingt-dix mille ducats, desquels je veux qu'il soit formé un majorat pour lui et ses descendants. J'ordonne, de plus, qu'il soit dressé acte de la concession de ces

junio, que les dió otro asalto, por la bateria vieja y nueva y por la parte de la mar; y los de dentro se defendieron tan valerosamente que los rebutaron y los hicieron retirar, y le mataron muchos y hirieron tantos que enviaron ocho galeotas cargadas de heridos à Argel. Después, à los 6, les dieron otro asalto, y tambien fueron rebutados : y à los 8 deste llegó nuestro socorro, que enviamos desde Cartagena; y las velas de los enemigos que alli estaban, entendiendo que iban nuestras galeras, se fueron huyendo hacia Argel. Y el rey con su egercito, en descubriendo nuestra armada se retiró à tanta priessa que perdió toda el artilleria con que batia, y los nuestros socorrieron à Maçalquivir y à Oran que tenian arta necesidad. — (Archiv. de Simancas. Estado, Leg. 816).

trois mille ducats de rente perpétuelle, ainsi que de la substitution dont ils seront grevés, et qu'on insère la présente clause de mon testament, afin qu'il conste que cette grâce lui a été accordée pour sa belle défense du fort de Mazalquivir contre les ennemis de notre sainte foi catholique ; et je supplie le roi, mon seigneur, de commander que la volonté que j'exprime ici soit accomplie, comme je l'espère de la grandeur et de la magnificence dont il use et désire entièrement user envers ceux qui servent Dieu et Sa Majesté avec tant de distinction.

19° Je veux et ordonne que, au moyen des biens fonds et des rentes domaniales et autres qui seront achetés et hypothéqués, selon le prescrit de l'article précédent, on paye chaque année, à tous mes serviteurs et officiers de ma maison, depuis le premier jusqu'au dernier, et aussi bien à ceux qui le seront au temps de ma mort qu'à ceux qui l'auront été à quelque époque que ce soit (ceux qui auraient été renvoyés pour mauvaise conduite seuls exceptés), à chacun d'eux les gages entiers dont jouissent aujourd'hui les serviteurs du roi, mon seigneur, qui remplissent dans sa maison des offices analogues, et cela pendant leur vie, où qu'ils veuillent demeurer, et sans qu'ils soient obligés de servir personne. C'est, de plus, ma volonté que don Pedro Pimentel, marquis de Távara, gentilhomme de ma chambre, reçoive les mêmes gages, salaire et émoluments que reçoit Ruy Gomez de Silva, prince d'Eboli, en sa qualité de sommelier du corps du roi, mon seigneur, car je désire qu'il soit le mien, pour la manière dont il m'a servi et me sert, et je me propose de supplier Sa Majesté qu'elle me fasse la faveur de lui conférer cette charge ; j'entends donc qu'après ma mort, il en touche les gages et les émoluments. Dans ma situation présente, je ne saurais faire davantage pour mes serviteurs, quelque désir que j'en aie ; mais, si Dieu dispose de moi avant que j'aie pu les récompenser, je les recommande particulièrement au roi, mon père et mon seigneur. Les grâces qu'ils recevront de sa main seront plus grandes et plus signalées que celles que j'aurais été en état de leur accorder, si j'avais vécu ; et celle que Sa Majesté me fera ainsi sera égale au contentement que tout prince doit éprouver en répandant ses bienfaits sur ceux qui le méritent par leurs bons services. »

Le 19 mai 1564, don Carlos étant au lit, malade, délivra ce testament, fermé et scellé de son sceau, à Domingo de Çavala, *escribano de camara* du roi et notaire public, en présence de sept témoins qui, tous, appartenaient à l'ordre ecclésiastique : c'étaient don Martin Ramos, recteur du Grand Collége et de l'Université d'Alcala ; le docteur D. Fernando de Balbas, grand abbé de cette ville ; le père fray Alonso de Hontiberos, recteur du collége de Saint-Thomas ; le père fray Mancio et le docteur Pedro de Balbas, professeurs de théologie ; le père fray Luis de Estrada, recteur du collége Saint-Bernard, et le père fray Juan de Andrada, gardien du couvent de Saint-François. Selon l'expresse volonté du Prince; cet acte ne devait s'ouvrir qu'après sa mort (1). Cabrera prétend que le cerveau de don Carlos fut atteint par la blessure qu'il avait reçue à la tête, dans sa chute à Alcala, et que de là naquirent les extravagances et les désordres auxquels il se livra depuis.

Le lecteur peut voir, par le sage jugement que l'historien Gachard porte sur l'acte dont nous avons cité des articles, que l'historien belge n'hésite pas à contredire l'écrivain espagnol.

« Le testament que nous venons de faire connaître donne un démenti à cette assertion, car il est plein de sens, de raison et de cœur ; il respire les sentiments les plus nobles et les plus généreux. Si l'histoire avait à juger don Carlos sur son testament, elle n'aurait que des éloges à décerner à sa mémoire (2). »

Maintenant, laissons parler d'autres personnes qui ont connu le Prince. Dietrichstein, dans une dépêche du 29 juin (3), put s'exprimer avec plus de certitude ; il avait vu don Carlos et s'était appliqué à l'étudier. « Tous les serviteurs qu'il a lui sont donnés contre sa volonté. Son père ne l'emploie en rien, ce qui le chagrine vivement. Peut-être y a-t-il des raisons pour cela, car il est d'un caractère violent et irritable, et il se laisse quelquefois aller à

(1) Gachard, *Don Carlos et Philippe II*, p. 130.

(2) Gachard, *Don Carlos et Philippe II*, p. 131.

(3) Cette dépêche est dans Koch : Quellen zur Geschichte des Kaisers Maximilian II, p. 122.

de terribles colères. Ce qu'il a sur le cœur, il le dit sans déguisement, n'importe la personne qui pourrait en être blessée. Quand il a conçu du mécontentement contre quelqu'un, il est difficile de l'en faire revenir. Il se montre opiniâtre dans les idées, et poursuit jusqu'au bout ce qu'il s'est proposé une fois: de façon qu'il y a bien des gens qui s'effrayent de ce qu'il serait capable de faire, si la raison cessait de le maintenir dans la bonne voie. Il m'a parlé plusieurs fois et questionné, selon son habitude, mais loin d'être hors de propos, comme on dit qu'elles le sont souvent, toutes ses questions m'ont semblé très convenables. Sa mémoire est excellente et fournie de traits piquants : ce qui donne parfois occasion au monde de discourir sur ce qu'il pousse la franchise jusqu'à la brutalité, sans ménagement aucun; mais certainement bien des défauts qu'on remarque en lui auraient pu être corrigés par l'éducation. Jusqu'ici il n'a manifesté aucun penchant pour aucune chose en particulier. Il est fort glouton ; pourtant on a su le plier à une sorte de régime; ordinairement il ne mange que d'un mets, qui est tout un chapon bouilli, coupé en petits morceaux, et sur lequel on a versé le jus exprimé d'un gigot de mouton. Il ne boit qu'une fois pendant son repas, et de l'eau, car le vin lui répugne.

« Il est extrêmement pieux et grand amateur de la justice et de la vérité. Il déteste le mensonge et ne pardonne jamais à celui qu'il a surpris une fois à mentir. Il affectionne les personnes intègres, probes, vertueuses et distinguées. Il veut qu'on le serve bien et exactement; il aime et favorise ceux qui le servent ainsi. Il est hospitalier. Quant au commerce avec les femmes, il n'a pas encore fourni d'indice de ses inclinations à cet égard, et au fond il n'y a personne qui puisse affirmer qu'il est inhabile à la génération... »

Antonio Tiepolo, dit qu'il détestait les bouffons : « E amico di verità, inemico de' buffoni... E religioso e però sollicito alle prediche e ai divin offici, ed è pietoso à poveri, dandone segno con la limosina che sempre eccede la mediocrità, perchè è solito dire cosi convenirsi a principe suo pari... (1). »

En 1565, à une époque où la raison commençait à avoir en lui toute la maturité de vie, don Carlos ne pouvait supporter avec patience ce qui se passait de tous côtés. C'est alors que commença aussi la lutte avec son père, lutte dans laquelle il se heurta contre l'inimitié d'Espinosa, du duc d'Albe et de Ruy Gomez.

Don Honorato Juan mourut le 31 juillet 1566, deux ans après sa nomination à l'évêché d'Osma, due aux prières de don Carlos, ce qui prouve sa conséquence, sa reconnaissance et son bon cœur. Le Prince écrivit au Pape et lui demanda cette grâce pour son maître et, si ce dernier n'était pas mort, il aurait obtenu le chapeau de cardinal, parce qu'il ne cessait d'insister à ce sujet auprès de Sa Sainteté.

(1) Alberi, sér. I, tome V, p. 148.

Cette tendresse pour son maître, qui était pour lui un étranger plein de sévérité, il l'aurait ressentie pour son père, si son père eût été digne d'être aimé. « Je me porte bien et je suis fou du plaisir de votre arrivée, » écrivait-il à Honorato Juan, le 23 janvier 1565, et il signe à la fin sa lettre : « Votre grandissime ami, qui fera ce que vous lui demanderez. »

Je le demande aux personnes impartiales, ces lignes ne suffisent-elles pas pour juger l'homme? Dans la seconde lettre qu'il lui écrit le 2 juin, il termine par ces mots : « Mon meilleur ami que j'aie dans cette vie. » Ce savant vénérable était l'unique personne qui calmait l'infortuné prince.

Avant de partir pour Xeraizedo, une localité de l'évêché de Plasencia, ce maître disait à son disciple : « Je supplie Votre Altesse de se souvenir, pendant mon absence, et de ne pas oublier trois choses que je lui ai écrites bien des fois : la première, l'amour et la crainte de Dieu, auxquelles vient se joindre qu'il faut tenir grand compte de ses commandements et de leur exécution, non-seulement intérieure, mais encore extérieure, par le bon exemple que Votre Altesse est obligée de donner à tous.

« La seconde, l'obéissance que Votre Altesse est obligée d'avoir pour votre père, que vous devez servir et contenter en tout ce qu'il commandera, et que Votre Altesse comprendra qu'il désire pour son bien et son utilité propre; puis laissant à part l'obligation qu'il y a en cela, indépendamment du commandement exprès et particulier de Dieu, qui a accordé pour ce commandement seul une récompense temporelle, outre la récompense éternelle; cette voie, ce chemin est le plus plenier et le plus droit pour faciliter à Votre Altesse toutes ses entreprises et l'aide de Dieu pour leur succès, en prenant sa divine Majesté pour nord et pour guide; et de cette manière Votre Altesse aura de son côté toutes les personnes qui sont naturellement satisfaites et se paient de voir que les enfants respectent leurs pères et mères et leur obéissent, considérant comme chose très certaine, et qui l'est effectivement, que tous les autres chemins sont dangereux et trompeurs, et aboutissent à des peines visibles sans profit aucun.

« La troisième chose, c'est que Votre Altesse s'efforce en tout temps de traiter, avec amour et douceur, vos serviteurs, en actions et en paroles... Votre Altesse doit suivre la même règle de conduite, à l'égard des ministres et des serviteurs de votre père; car d'ordinaire on en tire pour conclusion que le fils est « l'ami du père, et désire autant le contenter que l'on comprend que ce fils aime bien ceux que son père aime et honore. » Suivaient encore d'autres conseils très prudents et très sages.

C'est vers cette époque que commencent à se répandre les inventions d'histoires, telles que les sorties du Prince pendant la nuit, avec indécence et facilité; que l'ordre donné par lui de brûler la maison et de massacrer ceux qui l'habitaient, parce que, d'une fenêtre, on avait jeté un peu d'eau sur lui; qu'un autre soir, Alonso de Cordoba n'ayant pas entendu la sonnette du Prince, celui-ci se leva furieux de son lit, et essaya de jeter Alonso par la fenêtre.

On raconte aussi que le gentilhomme de sa chambre, Pedro Manuel, lui fit faire des bottes étroites par ordre du Roi, et que le Prince les portait larges. En les essayant, il fut pris d'une colère telle qu'il donna un soufflet au gentilhomme, fit couper les bottes en petits morceaux, les fit cuire et manger au bottier.

Un autre jour, il était à la chasse dans le bois d'Azeca, il voulut maltraiter son gouverneur D. Garcia de Tolède pour lui avoir dit de modérer son ardeur dont la poursuite d'une pièce. Et finalement qu'ayant monté le cheval favori du roi, appelé *privado*, il le força tellement que l'animal mourut quelques jours après.

Je rapporte toutes ces anecdotes ridicules, racontées, presque toutes, par des hommes qui faisaient ainsi plaisir aux puissants ennemis qu'avait le prince, pour les livrer au mépris de l'histoire. Gachard juge ainsi ces propos : « Ce que Brantôme donne ici comme un conte qui lui a été fait de don Carlos, Cabrera le rapporte d'une manière positive, comme un des griefs que le roi avait contre son fils » : « El rey avia mandado à don Pedro Manuel que hiziese el menestral las votas para el principe justas como el las traia, lo contrario de lo que las queria don Carlos. Al calçarlas con dificultad, diciendo que su padre mando fuesen tan estrechas (estando en Alcalà), dió un bofeton a don Pedro Manuel i guisadas i picadas en menudas piezas hizo comer las votas al menestral (1). » Il semble que, si ce fait révoltant avait été avéré, Brantôme se fût exprimé d'une autre manière. Et puis, il est difficile de croire que Philippe II s'occupât de la dimension des bottes de son fils, à un âge surtout ou ce dernier croyait pouvoir se permettre de donner des soufflets à un officier de la Cour (2).

L'histoire des bottes que don Carlos fit manger au cordonnier est un conte si ridicule, quoique Cabrera la relate et que Brantôme la donne comme un conte, que Castro la donne comme une calomnie, dans son livre sur les protestants espagnols. Outre qu'on improvise ainsi la mise en pièces d'une paire de bottes, que l'on fait manger à un patient sans qu'il meure, Philippe II était trop bon pour n'avoir pas corrigé son fils, dans le cas où il se serait livré à une extravagance pareille.

Le cardinal Espinosa, grand président de Castille, avait expulsé du palais le comique Cisneros qui devait jouer, la nuit, en présence du prince don Carlos. Cette expulsion fut cause que le prince se rencontrant avec Espinosa, dans un des corridors du palais,

(1) Cabrera, liv. VII, chap. XX, p. 469.

(2) Gachard, *Don Carlos et Philippe II*, p. 150.

LE CARDINAL ESPINOSA.

Imp. Vve A. Cadart, Paris.

le saisit par le cou, tira sa dague et lui dit : « Vous osez vous attaquer à moi, en ne laissant pas venir Cisneros pour me divertir ; par la vie de mon père, je dois vous tuer. »

Le cardinal se jeta, tout tremblant, à genoux, aux pieds du prince pour sauver sa vie. Mais, dès ce moment, Espinosa devint l'ennemi le plus terrible que le malheureux don Carlos eût à la Cour et dans toute l'Espagne. Et c'est de lui sans doute que partirent tous les contes et toutes les histoires qui diminuaient la considération du fils de Philippe II.

En 1567, don Carlos avait vingt-deux ans ; tous ceux qui l'approchaient l'aimaient, parce que, malgré ses entraînements, il était généreux et ami de la vérité, qualités qui lui faisaient grand tort dans cette Cour d'hypocrites et d'ambitieux.

Il était toujours l'objet de la même affection de la part de la régente doña Juana et de la reine Elisabeth, avec qui il avait de fréquentes entrevues, unique adoucissement à l'état de désespoir dans lequel il vivait continuellement.

Le roi ne voulait pas l'adjoindre à ses affaires civiles, ni lui ouvrir une voie dans la carrière des armes, ni lui laisser avoir aucune influence personnelle. Il était jaloux, et se défiait des pensées politiques de son fils, à qui faisaient une guerre sourde le duc d'Albe, le cardinal Espinosa, grand inquisiteur, avec toute la séquelle du Saint-Office, et Ruy Gomez de Silva.

Mais, malgré les calomnies répandues contre lui,

ce qui prouve que don Carlos n'était pas un méchant homme, ni un impuissant, c'est la pensée de Catherine de Médicis de le marier à la sœur cadette d'Elisabeth, projet auquel s'opposa toujours Philippe II; c'est l'idée de l'empereur et de l'impératrice d'Allemagne de lui faire épouser leur fille doña Anna.

Moüy raconte, comme un trait de son mauvais caractère, la destitution qu'il décréta de Lobon, le garde de ses joyaux, et le procès qu'il lui fit intenter, vers la fin de 1566, pour avoir fait disparaître un papier qui intéressait le prince. Don Carlos voulait, dit-on, le jeter par la fenêtre, et il lui ordonna de sortir immédiatement du palais. Il nomma une commission composée de Gaztelu, Martinez de la Cuadra et du trésorier Colonna, pour qu'ils instruisissent un procès qui lui fit perdre son emploi de chef de la garde-robe, et confier cette charge à don Diego de Olarte.

Si don Carlos mit tant d'ardeur à se faire servir par Lobon, et lui retira plus tard sa confiance, par suite d'une infidélité, il n'y a là rien d'étonnant; tout le monde en fait autant.

Badoaro et Brantôme assurent que le prince donnait aux femmes de mauvaise vie de l'argent, des chaînes, des médailles. Pendant que d'un côté Tiepolo affirme, en 1567, qu'il y avait peu de mois que don Carlos donnait des signes de dispositions contraires à la chasteté, un autre historien écrit qu'on le soupçonnait de ne pas être habile pour la génération.

Un secrétaire du roi écrivait, le 7 mars 1562 à l'ambassadeur de l'empereur à Madrid. « L'indisposition du prince est toujours comme par le passé, « il ne montre pas les effets qu'on attend à son « âge. »

Charles de Moüy dit : « Philippe II retardait le mariage de son fils, malgré les instances de Maximilien et de l'impératrice ; sans doute ces lenteurs étaient amenées par diverses autres causes que j'exposerai en leur lieu ; mais on ne peut hésiter à écrire avec un historien, que ces *incertitudes sur la virilité* de son fils n'eussent un grand poids dans son esprit. »

Quelques années plus tard, en 1566, l'ambassadeur de France donnait à sa Cour des détails plus précis. Don Carlos était soumis à un traitement qui devait le fortifier, et développer, s'il était possible, ses aptitudes rebelles ou tardives. Mais le médecin de la reine n'espérait pas un heureux succès, et il le disait nettement à Fourquevaulx : « Non obstant les receptes que ses trois médecins luy ont faict user pour le rendre habille d'espouser femme, c'est temps perdu d'en espérer lignée, car jamais il n'aura d'enfants. » Et l'ambassadeur ajoute : « Cela s'accorde au dire du prince d'Éboli (Ruy Gomez) qui m'en a quelquefois dit autant. » Cependant le mois suivant (juillet 1567), on fit courir le bruit que les médecins avaient réussi : « Il est maintenant, écrit Fourquevaulx avec une nuance d'ironie, en quelque opinion de demi homme naturel, à cause de quoi chascuns desdits médecins en rapporte mille escus de rente. » C'est sans aucun doute à ce résultat que Tiepolo fait allusion dans les derniers mots de la phrase que j'ai citée : « Mais il y a quelques mois, il a donné des signes *assez* manifestes du contraire. » Cette impuissance venait-elle d'épuisement, après des débauches trop violentes pour ce corps débile, ou bien était-elle un effet naturel de la faiblesse physique du prince ? On ne sait, mais j'incline davantage vers la dernière opinion, en voyant dès 1562, dans la dépêche que j'ai citée, le secrétaire de Philippe II exprimant son inquiétude. (1)

Les considérations auxquelles se livre Ch. de Moüy qui a fait, sans doute, une étude précieuse, d'après tous les documents et les historiens qui traitent de la vie de don Carlos, ne sont pas ce qu'elles devaient être.

La connaissance qu'avait Fourquevaulx lui venait des médecins de la Cour et principalement des médecins du roi et de la reine. Ces médecins obéissaient complètement à l'idée, à la volonté et à l'ordre de Philippe II, qui voulait, en ces moments, faire voir à Maximilien, désireux de marier sa fille au prince don Carlos, que les fièvres et l'impuissance du prince ne le lui permettaient pas. Et pendant qu'on répandait ces bruits d'un côté, on accusait d'un autre le même prince de passer les nuits dans les rues de Madrid, en donnant du scandale avec les femmes.

(1) Ch. de Moüy, *Don Carlos et Philippe II*, pp. 125, 126.

La vérité est qu'aucun incident, aucune opération, aucun fait n'est venu prouver, dans toute la vie de ce prince, qu'il était impropre à la génération. Le contraire se prouverait par l'accident de sa chute à Alcala, et par les dons à Mariana Garcetas.

Que la fièvre l'ait parfois affaibli, que les excès l'aient d'autres fois vaincu, comme tous les jeunes gens qui se lancent à cet âge dans les plaisirs, c'est possible. Mais le déclarer impuissant, l'astuce seule des favoris de Philippe II a pu inventer une pareille incapacité pour favoriser ses projets. Ce fait et d'autres du même genre lui valurent la désaffection de son fils.

Le père savait parfaitement que son fils n'était pas inhabile au mariage. Aussi pendant qu'il faisait donner ses raisons aux médecins, pour qu'elles parvinssent aux oreilles du père de doña Anna de Bohême, il traitait, en secret, de son mariage avec Marie Stuart, et il employait tous les moyens pour en obtenir la réalisation. Et il en serait venu à bout, sans la mort de l'évêque Cuadra, ambassadeur à Londres, à cette époque, qui avait fort avancé la négociation ; et ce mariage se serait peut-être réalisé, sans la mort de ce négociateur, mort qui vint paralyser toutes les intrigues, si habilement nouées par Philippe II.

Donc si Philippe II avait cru son fils inhabile, il n'eût pas traité avec tant d'efforts de son mariage avec cette princesse ; et si, le sachant inhabile, il voulait le marier, ce serait un fait de plus à joindre aux actes atroces de ce roi.

Écartons encore ce fait ; pour juger la conduite de Philippe II à l'égard de son fils, et le juste motif que pouvait avoir don Carlos de ne pas être content de son père, il suffit de réfléchir un moment sur la question des mariages qui s'offrirent à ce prince et dont aucun ne se réalisa.

La conduite de Philippe II à cet égard me porte à croire que, dès que son fils eut quatorze ans, il avait décidé qu'il n'aurait pas de succession. En effet, à l'âge où était arrivé le prince, aucun héritier du trône d'Espagne n'était resté sans se marier, comme le prouve Philippe II lui-même, qui l'était à seize ans. Quel pouvait être le motif d'une résolution pareille ? C'est ce que personne ne pourra facilement deviner.

Ce ne serait pas le motif que la mort allait le surprendre jeune, puisque, avec la maladie et la faiblesse qui en résulta, don Carlos atteignit ses vingt-trois ans, et qu'il aurait fini par vivre aussi longtemps que son père. Ce ne serait pas le défaut d'intelligence ; il en avait une suffisante, dont je trouve la preuve dans la crainte qu'il inspira à son père et à tous les favoris de son gouvernement.

Pourquoi alors n'avoir pas laissé le prince se marier avec Elisabeth de Valois, qui n'avait que quelques mois de plus que lui ; union que la politique, la raison d'Etat et la paix des peuples avaient préparée ?

Pourquoi ne pas le marier ensuite avec la princesse Anne de Bohême, sa parente ? mariage que le père de la jeune princesse, le roi de Bohême Maximilien, poursuivait avec tant d'insistance ? Pourquoi Philippe II invente-t-il à sa place le mariage impossible avec Marie Stuart ? Pourquoi permet-il que les députés demandent l'union du prince avec la princesse veuve de Portugal ? Qui sait si ce n'était pas par ses suggestions que les députés agissaient ainsi ; chose qui souleva don Carlos, qui le vit pousser la duplicité jusqu'au point de se rendre plus tard à l'Assemblée et de gourmander les députés pour cette pensée ?

La pensée ténébreuse et maligne de ce roi, il l'a malheureusement emportée avec lui ; il l'a renfermée avec lui dans la tombe, sans que personne puisse la pénétrer. Mais pendant ce temps, le père se mariait d'abord avec Elisabeth de Valois, puis avec doña Anne de Bohême, épouses promises toutes deux à don Carlos.

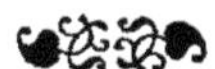

ANNE DE BOHÊME.

Imp. Vve A. Cadart, Paris.

CHAPITRE V

JE ne crois pas sans intérêt de m'occuper en ce moment de quelques-uns des préliminaires relatifs aux mariages projetés entre don Carlos et les princesses Anne de Bohème et Marie Stuart, afin que, par les faits et les documents, le lecteur puisse se former une idée de l'âme de Philippe II et de ses intentions à l'égard de son fils.

Anne de Bohème était née en Espagne, dans la province de Valladolid, en 1549. Son aïeul, Ferdinand, était frère de Charles-Quint. Philippe II la demanda à son parent Maximilien, qui répondit, au mois d'octobre 1561, au comte de Luna, ambassadeur à Vienne : « qu'il louait beaucoup l'heureuse pensée du roi, » et qu'il lui accordait la main de sa fille pour don Carlos. La négociation se prolonge pendant plus d'une année, sous prétexte que don Carlos avait les fièvres quartes. Enfin, le 14 janvier 1562, l'empereur Ferdinand écrit à Philippe II : « Notre seigneur ayant bien voulu délivrer le sérénissime prince, mon cousin, de sa longue fièvre quarte, il est maintenant opportun de revenir à la question de son mariage avec l'infante Anne, ma petite-fille; et il m'a semblé que je devais, moi, écrire à Martin de Guzman ce que Votre Altesse comprendra particulièrement... Certifiant à Votre Altesse que si je savais, moi, que pour le présent il y avait un autre mariage meilleur que celui-là pour le prince et pour le bien de nos maisons, je ne traiterais de celui-ci d'aucune manière. » (1)

Mais alors Philippe II lui fit répondre par son ambassadeur, le 19 janvier 1562 : « que malgré la guérison du prince, il ne voulait pas le marier jusqu'à ce qu'il fût bien rétabli. » A cela, l'empereur répond au comte de Luna, qui le communique à Philippe II, par sa dépêche du 19 janvier 1562 : « Je vous fais savoir que je m'émeus de cette réponse, parce qu'on m'écrit, de Flandres et d'Italie, qu'on traite de ce mariage, avec la sérénissime princesse de Portugal ; et que la négociation est si avancée, que l'on a envoyé à Rome pour les dispenses ; que le pape faisait des difficultés de les accorder, parce que le lien de parenté lui paraissait trop étroit et que les motifs

(1) Lettre de l'empereur Ferdinand à Philippe II, 14 janvier 1562. Archives de Simancas. Est. leg. 651.

de les accorder n'étaient pas suffisants ; et j'agis ainsi, parce qu'il me semble que, si la princesse est une personne telle qu'on ne puisse rien exiger de plus en elle, je crois le mariage de ma petite-fille plus à propos et plus convenable pour le prince, à cause aussi de la conformité des âges... et parce que, avec elle, on prend de ce côté un plus grand nombre de parents et d'amis, peu nécessaires à ce qu'il semble pour le présent, mais qu'il importe de confirmer pour l'avenir ; que ce grand nombre de parents et d'amis ne se prennent pas avec la princesse (de Portugal) ; que cette dernière à aussi dix ou onze ans de plus que le prince ; que c'est beaucoup que la femme soit ainsi plus âgée que le mari, parce que, à l'époque où celui-ci deviendra homme, la femme aura atteint un certain nombre d'années, ce qui n'est pas un petit inconvénient ; qu'indépendamment du lien de parenté qui paraît si grand, il ne sait comment marier (le prince) avec une personne à qui on doit un respect de mère ; et quoique la princesse soit fort belle, je crois que l'infante ne laissera pas de contenter ceux qui la verront. Les causes, écrit-on, qui portent ou pourraient porter le roi à faire ce mariage sont, à ce que l'on dit, que le prince est jeune, et que la princesse est très capable ; et qu'elle pourrait l'aider à gouverner ; qu'en sa compagnie, le roi pourrait soit laisser le prince en Espagne, soit l'envoyer en Italie ou en Flandres ; et quoique ce mariage ait une certaine apparence de raison, je vous dis que le plus souvent ces unions entraînent de grands

6

inconvénients auxquels on ne peut remédier que fort mal, tant en ce qui touche au gouvernement qu'en ce qui touche au contentement du prince... et que le roi est si sage qu'il comprendra tout mieux que personne ne saurait le lui dire. Je ne veux pas traiter de ces particularités, mais lui proposer le mariage de ma petite fille et lui demander très affectueusement de tout bien regarder et bien considérer et de nous aviser de sa volonté. »

Le roi Philippe II répondit à cette dépêche, le 10 mars 1562, en autorisant son ambassadeur, le comte de Luna, à dire à l'empereur qu'on n'avait pas demandé de dispense à Rome pour cette union ; que jamais cette idée n'avait occupé sa pensée. Et, le lendemain, Philippe II écrivait lui-même à l'empereur et lui disait : que le prince était retombé avec ses fièvres tierces, et que tout en l'ayant abandonné, elles l'avaient cependant laissé très faible.

Philippe II poursuivit toute cette négociation avec une duplicité incroyable. Pour son ambition et ses projets, il avait fixé les yeux sur Marie Stuart, veuve de François II, de France, et qui régnait alors en Ecosse. C'est, par cette reine, qu'il prétendait réaliser ses projets ultérieurs de domination sur l'Angleterre, et ses rêves de la monarchie universelle.

Elisabeth, sa femme, n'avait pas d'enfants, et par le mariage de don Carlos avec la reine d'Ecosse, il espérait pouvoir mettre ses plans à exécution, sans avoir recours à la force. Cette union avec Marie

Stuart était pour Philippe II, même par rapport à la France, d'une importance colossale, parce que les Guises, qui avaient tant de puissance dans le parti catholique, étaient les oncles de Marie Stuart.

En 1563, Philippe II chargea l'évêque Cuadra, son ambassadeur en Angleterre, de se mettre d'accord avec le secrétaire de Marie Stuart. C'est ce que fit cet ambassadeur, à qui le roi répondait le 15 juin 1563 : « J'ai compris le long entretien que vous avez eu avec Ledington, et ce qu'il vous a répondu sur le mariage de la reine d'Ecosse avec le prince, mon fils, et sur la manière dont vous lui avez répondu et dont vous vous êtes comporté avec lui ; ce qui m'a laissé, à moi, un grand contentement, parce que, dans cette affaire, vous avez agi très prudemment ; aussi, en voyant que, si ce mariage s'effectuait, il pourrait être le principe de remèdes qu'on apporterait aux choses de la religion dans ce royaume d'Angleterre, je suis résolu à admettre la conférence. »

Le 15 août 1563, Philippe II approuve la conduite de Cuadra, qui avait expédié un agent en Ecosse, pour qu'on lui envoyât de là un confident avec qui il pourrait traiter personnellement. L'envoyé s'entretint avec la reine d'Ecosse et avec son secrétaire Ledington. Pour se mettre d'accord avec l'évêque Cuadra, on avait préparé le départ du président du conseil, l'évêque Ross, qui tomba malade. A sa place, en envoya le secrétaire de la reine, Roulet, et, à son arrivée à Londres, il se trouva que Cuadra était mort, le 24 août. Avant d'expirer, il

avait eu la force de recevoir Luis de Paz, qui venait lui rendre compte de sa mission. Telle était la trempe de l'âme des hommes que Philippe II employait.

Roulet, comme Cuadra, avait commencé la négociation, sans consulter Philippe II. Il continua de traiter ce sujet, à Bruxelles, avec le célèbre cardinal Granvelle, gouverneur des Pays-Bas, qui exerçait une si grande influence sur l'esprit du roi d'Espagne, qui négocia le traité de paix de Cateau-Cambrésis et les fiançailles d'Elisabeth de Valois avec le prince don Carlos.

Le 12 octobre 1563, Philippe II écrivait au duc d'Albe pour lui demander son avis et ses conseils sur ce mariage. Le duc d'Albe lui répondit, le 21 du même mois : « qu'il faut avoir grandement égard à l'âge, à la personne et à l'habilité du prince, notre seigneur, pour le fruit qu'on pense retirer de cette affaire. » Et à la suite d'autres idées très logiques et fort diplomatiques, il ajoute : « Dans la fille de la reine des Romains, Votre Majesté donnera à Son Altesse une femme qu'on ne pourra dire, en aucun temps, qu'on ne la lui a pas donnée fort convenable. »

Avant ces conseils et avec ces conseils, Philippe II avait pris une autre détermination. Marie Stuart, voyant le temps s'écouler, sans que le roi d'Espagne s'arrêtât à une décision, prépara son union avec Darnley, ce qui mit fin à toutes les combinaisons de Philippe II sur ce point.

En 1564, Maximilien, devenu empereur par la

mort de son père, disait à l'ambassadeur d'Espagne, le jour de sa présentation : « qu'il attendrait jusqu'à ce que le prince d'Espagne eût une santé meilleure, mais qu'il voulait être assuré d'ores et déjà pour ce moment. » C'est-à-dire vers la fin du mois de mars 1565.

M. de Moüy croit, sur ce point, que Philippe II ne poussait pas l'affaire du mariage, parce que son fils était malade. En cela, il se trompe : Philippe II travaillait avec un assez grande activité, en Europe, au mariage de son fils avec Marie Stuart, union qui, nous l'avons déjà observé, se serait réalisée, si Cuadra n'était pas mort. C'était une tout autre idée qui l'occupait.

Or, le temps passait, Philippe II ne décidait rien. Don Carlos s'était rétabli ; on disait, à Vienne, que le prince désirait la princesse, qu'il en avait un portrait, qu'elle lui était fort agréable. Tout cela donna lieu à ce que l'empereur Maximilien commençât à s'étonner des prétextes qu'on lui opposait pour la non réalisation du mariage.

Philippe II découvrit ce soupçon ; il envoya alors Vanegas, à Vienne, porter à la princesse Anne de magnifiques cadeaux de sa part. Mais, comme il n'envoyait pas autre chose que des cadeaux, sans la moindre parole pour donner l'assurance que le mariage se célébrerait plus tard, l'impératrice dit à Vanegas : « qu'elle redoutait les nouveautés qui pourraient s'offrir par la dilation. » L'empereur lui demanda d'effectuer le mariage le plus promptetement possible, et l'impératrice lui laissa entrevoir avec quelle ardeur elle le désirait.

CHAPITRE VI

C'EST à cette époque et dans cette situation que les démarches relatives à ce mariage s'arrêtèrent, alors qu'on faisait encore croire à don Carlos qu'on y pensait. On lui disait d'abord qu'il irait à Vienne chercher sa fiancée, puis que le duc de Medinaceli la lui amènerait. Toutefois, c'est à ce moment que prirent fin les espérances et les illusions de ce Prince infortuné, qui ne pouvait déjà plus, dans un âge capable de comprendre parfaitement les choses, supporter la conduite double et incroyable de son père, à l'égard de son mariage, ni les actes de l'Inquisition, ni le despotisme qui s'exerçait dans les Pays-Bas. Il n'en fallait pas davantage pour exalter son esprit et exciter les sentiments de générosité et d'honnêteté de son âme, sentiments qui se manifestèrent en lui, pour ainsi dire, dès sa naissance.

On en trouve des preuves dans ses actes, dans ses conversations, dans ses entretiens, dans la décision avec laquelle il se rangea du côté des opprimés, où était sa perte, au lieu de se mettre du côté des oppresseurs, où se trouvaient son intérêt et son avantage. Pour s'en convaincre, il suffit de lire le jugement de Charles de Moüy, sur la cause de la représentation de Flandres et sur les conférences avec le baron de Montigny.

Un homme sans cœur qui n'aurait pas senti les douleurs de l'humanité, aurait dénoncé Montigny à son père ; il aurait vérifié ce que faisaient avec lui Ruy Gomez de Silva et don Juan d'Autriche. Cette conduite lui aurait valu non pas une augmentation de quarante mille ducats pour sa liste civile ; non pas que les conseils de guerre l'eussent conduit à sa chambre pour y surprendre ses idées ; elle ne lui aurait valu ni la haine d'Epinosa, ni la guerre, ni le dédain du duc d'Albe. Sa récompense aurait été une mission en Flandres, en qualité de régent avec les cinquante théologiens que le Roi avait choisis, pour y établir l'Inquisition et exploiter à sa guise ce noble et malheureux pays.

Je veux être l'esclave du jugement même de Charles de Moüy, pour répondre à la triste idée que cet écrivain se forme de don Carlos, dans ses réflexions. Voici comment il s'exprime : « La duchesse de Parme, régente de Flandres, qui sentait bien les périls de la situation, donnait l'ordre de procéder avec moins de rigueur contre les hérétiques, envoyait à Madrid faire des remontrances respectueuses, et n'obéissait qu'à demi aux ordres rigoureux qu'elle recevait de l'Escurial. C'est pourquoi, tandis que Philippe II lui écrivait que les Flamands auraient bientôt le salaire de leurs perfidies et qu'ils seraient châtiés de façon « à faire tinter toutes les oreilles de la chrétienté, dût-il mettre en danger tout le reste de ses Etats ; » tandis que le comte Louis, frère du prince d'Orange, insistait pour une insurrection immédiate, Guillaume de Nassau, lui-même, envisageant les choses d'un regard plus ferme, décidé à ne point fournir de prétexte à des violences qu'il prévoyait inévitables, et que la modération des opprimés devait rendre plus odieuses, inclinait vers des résolutions prudentes, et, appuyé par le comte d'Egmont, se bornait à une surveillance active des actes accomplis et des projets caressés par le cabinet espagnol.

Ce fut vers cette époque et tandis que ces dispositions triomphaient dans les conseils des grands seigneurs Flamands, qu'eut lieu la mission du marquis de Mons et de Florens de Montmorency, baron de Montigny : tous deux étaient au nombre des personnages les plus importants de l'opposition. Ils purent s'assurer d'abord que le Roi était décidé à user de moyens violents, qu'il était irrité des concessions faites par la Régente et, par suite, qu'une insurrection dans les Pays-Bas était désormais nécessaire.

Dans cette extrémité, Montigny, parfaitement édifié sur les sentiments de l'infant à l'égard de son père, songea à se servir de cette haine pour le plus grand avantage des Pays-Bas. Intéresser à la cause de Flandres l'héritier de la monarchie, troubler ainsi ses adversaires ou du moins entraver la marche du gouvernement, faire démentir la politique du cabinet de Madrid par le prince d'Espagne, lui parut un coup de maître. Il parvint, par M. de Vendôme, gentilhomme de la chambre du Roi, à obtenir diverses audiences de don Carlos.

Ce point historique a été mis en doute, mais l'alcalde de cour, Hernan Suarez, rappelle cette circonstance au Prince lui-même dans une lettre confidentielle : « Votre Altesse sait, lui dit-il, avec quel étonnement et quelle douleur on a appris ses rapports et ses entretiens avec les envoyés Flamands. » Montigny réussit au-delà de ses désirs ; il trouva don Carlos tel que le bruit public le lui avait décrit, c'est-à-dire contraire en tout et systématiquement aux résolutions de Philippe II. Il fut frappé surtout du désir de quitter l'Espagne en secret, qui tourmentait depuis quelque temps le Prince, sans que don Carlos sût au juste lui-même quel serait le but de sa fuite. L'habile négociateur résolut d'exploiter tout ensemble l'ambition malheureuse qui poussait le Prince à rêver une importance politique, et ce grand empressement à changer de lieu pour échapper à l'autorité paternelle. Il n'hésita donc pas à lui parler au nom des Etats de Flandres, à lui proposer un départ secret pour les Pays-Bas et à lui offrir de l'argent pour le voyage (1).

Le prince d'Espagne eut été un chef précieux pour l'insurrection, s'il eût été capable de la conduire ; tel qu'il était, les chefs réels pouvaient user de son nom à leur gré, nuire à la cause de Philippe II dans l'opinion de l'Europe, en la montrant à tous désertée par le propre fils du roi d'Espagne, peut-être obtenir pour gouverneur un prince facile à dominer ; enfin, et comme dernière ressource, garder don Carlos comme otage (2).

Il paraît dès lors (le prince don Carlos) avoir pris une haute idée de son importance dans l'Etat, et, peu de temps après nous le voyons, se considérant comme l'appui des Flandres à la cour, exhorter les seigneurs des conseils d'Etat et de la guerre, et les prier « de remonstrer au Roi, son père, qu'il veuille embrasser vivement les affaires des Pays-Bas et proposer toutes choses pour y remédier » (3).

Dans ces lignes, M. de Moüy, l'intelligent écrivain de l'histoire de don Carlos, assure que ce Prince ne savait pas lui-même quel serait le motif de sa fuite de la cour, mais il n'ignore pas qu'en 1565, don Carlos avait résolu de se rendre en Flandres, sous prétexte de secourir Malte ; projet pour lequel il avait réuni quelque argent et qu'il

(1) Charles de Moüy, *Don Corlos et Philippe II*, pp. 182, 183.

(2) Ibid., p. 184.

(3) Ibid., p. 185.

s'était concerté avec Ruy Gomez, prince d'Eboli, qui le vendit alors à son père. Cette délation devint, dès cette époque, la cause des luttes qui commencèrent à surgir entre don Carlos et cet homme, en qui le Prince avait eu jusque là la confiance la plus complète. Que le Prince ne révélât pas les communications qu'il avait alors avec les Flandres, cela prouve la loyauté de son âme, et qu'il avait, quoique jeune, toute la réserve nécessaire.

Le dessein de s'échapper de la maison paternelle, comme le remarque fort bien Gachard (1), n'était pas nouveau dans le monde. Le Dauphin, Louis XI, quitta son père et resta hors de France, tant que vécut Charles VII, et son père ne le condamna pas à mort pour cela. Il n'est pas permis de dire que don Carlos aurait soulevé les Etats de Philippe II ; il pouvait avoir la pensée de le faire; mais lui imputer le fait avant sa réalisation, c'est une injustice ; c'est le condamner sans motif, c'est punir un crime de la pensée. Et quant à ce que dit Cavalli, qu'il était uni pour cela à don Juan d'Autriche, les faits postérieurs prouvent ce qu'était don Juan d'Autriche pour Don Carlos.

Charles de Moüy suppose, plus loin, que les envoyés des Pays-Bas auraient retenu don Carlos en otage, après l'abnégation avec laquelle il s'associait leur cause. Si don Carlos avait été traître à leur cause, cette idée se comprend; mais, puisque le

(1) Gachard, *Don Carlos et Philippe II*, p. 339.

PRINCE DE EVOLI.

Imp. Vve A. Cadart, Paris.

prince était résolu à suivre le sort de ces opprimés, on ne conçoit pas comment l'historien peut vouloir supposer un caractère si peu digne chez les envoyés des Flandres, chez des personnes qui travaillaient pour leur bonheur. A leur place, don Carlos ne l'eût assurément pas fait, et il ne faut pas attribuer aux autres des idées qu'on est incapable d'avoir soi-même.

De toutes manières, par les appréciations et par la relation historique de M. de Moüy, on voit que don Carlos traitait avec les envoyés flamands et qu'il était devenu l'agent et le défenseur de leur cause. Je ne veux rien apporter de moi-même sur ce point. Les paroles de Charles de Moüy vont me servir pour l'établir parfaitement : « Philippe II, dit-il, se défiait de ces entretiens avec don Carlos, que la police du palais lui avait révélés ; il fit surveiller Montigny par ses agents, et, sans le tenir prisonnier encore, il résolut de prendre des mesures pour qu'il ne pût quitter l'Espagne. Il ne voulait pas risquer de perdre sa vengeance, et les relations de l'envoyé flamand avec don Carlos ne furent pas étrangères, je le crois, aux rigueurs subséquentes, et enfin à l'atroce détermination dont Montigny fut plus tard victime.

« Quoiqu'il en soit, Philippe II sut habilement dissimuler ; il conserva, vis-à-vis de l'envoyé des Flandres, la même attitude, et il le pria même, avec une politesse qui, dans cette circonstance, était une poignante ironie, de vouloir bien continuer le plus longtemps possible son séjour en Espagne. Quant aux projets de don Carlos, il feignit de les ignorer ; lui faire voir qu'il en avait connaissance, c'était compromettre la confiance de l'Infant en Ruy Gomez, et Philippe voulait, au contraire, entretenir avec soin une amitié qui lui livrait de tels secrets (1). »

Philippe II suivait le fil des intrigues de son fils ; mais, désirant couper court aux affaires de Flandres, qui commençaient à prendre un aspect grave, il nomma le duc d'Albe gouverneur de ces Etats, le 31 janvier 1566.

Quand don Carlos apprit cette nomination, sa colère ne connut point de bornes. Le duc d'Albe savait parfaitement tous ses plans, parce que Philippe II, en l'envoyant dans les Pays-Bas, ne les lui laissait pas ignorer. Nous n'ignorons pas aussi la confiance que le Roi avait dans sa personne, par les lettres qu'il lui écrivait pour lui demander conseil sur la question des mariages. De sorte que, quand le duc d'Albe alla prendre congé de don Carlos, il était sûr du mauvais effet que produiraient sa présence et sa mission : « Je vais, dit-il au Prince, détruire l'insurrection. — Vous n'irez pas, lui répondit le Prince, je vous traverserai le cœur avant de consentir que vous alliez en Flandres (2). » Il semble,

(1) Charles de Moüy, *Don Carlos et Philippe II*, p. 187.

(2) Cabrera écrit qu'il tira son poignard en lui disant : « Vd. no irá à Flandes o yo os mato, » et Dietrichstein dit, dans sa lettre à l'Empereur, le 21 janvier 1568, que don Carlos tira son

d'après les récits de ceux qui racontent cet événement, que don Carlos s'avança vers le duc et que ce dernier, qui était un homme doué d'une certaine force, put contenir le Prince. Le Roi apprit cette scène avec une amertume profonde ; il en blâma son fils, et, dès ce moment, il redoubla de vigilance à son égard, mais toujours avec sa dissimulation habituelle, lui faisant croire qu'il irait bientôt en Flandres et qu'il l'emmènerait avec lui.

Pendant deux années, il trompa, sur ce voyage, et don Carlos, et ses partisans et l'Europe entière, jusqu'à ce qu'à la fin on vît qu'il n'avait jamais eu la volonté de le réaliser, ni avant ni après.

Ce fut alors que don Carlos se prépara à partir, en acceptant les offres des conspirateurs flamands et du baron de Montigny qui les représentait. L'historien Charles de Moüy décrit ainsi le fait : « Philippe II lui enleva brusquement cet auxiliaire. »

En octobre 1567, M. de Montigny fut arrêté et enfermé à l'alcazar de Ségovie. Sans doute cette arrestation est intimement liée à celle d'Egmont et de Hornes, qui avait eu lieu, en Belgique, un mois auparavant et dont la nouvelle venait d'arriver à Madrid ; mais les rapports de Montigny avec l'Infant ne furent pas, assurément, étrangers à cet événement. Philippe II n'ignorait pas de quelles espé-

poignard, parce que le duc ne voulut pas lui communiquer le secret que lui avait confié son père.

rances l'envoyé flamand avait leurré don Carlos ; il se défiait, en outre, de ses opinions politiques et religieuses ; il savait que Montigny avait eu l'insigne audace de déclarer tout haut « qu'il est mal de verser le sang en matière de religion, » et de tous ces griefs se forma cette formidable rancune, cette haine sans pitié, sans scrupule (1).

De Ségovie, Montigny fut conduit à Simancas, où il fut mis secrètement à mort. Pour cet acte, le Roi rédigea une longue instruction, le 1er octobre 1570, que l'alcalde Alonso Arellano devait exécuter, et qui portait entre autres choses : « Et la volonté de Sa Majesté est telle qu'Elle veut que l'on observe le contenu du chapitre précédent ; qu'Elle veut que d'aucune manière on ne puisse comprendre que ledit Flores de Montmorency est mort par exécution de justice, *mais bien de sa mort naturelle ;* et qu'on le dise ainsi, qu'on le publie et qu'on l'entende. A cet effet, il sera nécessaire de procéder avec le plus grand secret, en usant de la dissimulation et de la forme dont on l'avise à part, et qu'on lui a communiquée de vive voix. Conformément à quoi il convient de n'en faire part à personne, de ne faire intervenir dans cette affaire d'autres personnes que celles qui seront purement nécessaires. Encore faut-il grandement recommander le secret à celles-ci, et de telle manière que ce secret reste assuré autant

(1) Charles de Moüy, *Don Carlos et Philippe II*, pp. 198 et 199.

qu'il est possible dans le monde..... Il faut encore aviser à ce que l'exécution se fasse de telle manière que ceux qui devront l'enfermer dans le cercueil, après la mort, ne soient pas, autant que possible, de ceux qui auraient été présents à l'exécution ; et il paraîtrait bien que d'autres le fissent, pour plus de dissimulation et qu'on ne connaisse pas que la mort a été violente. Si ledit Flores de Montmorency voulait faire un testament, il n'y aurait pas lieu de le lui permettre, puisque tous ses biens sont confisqués et que, pour de tels crimes, ni on ne peut tester, ni on n'a de quoi ; que s'il voulait, toutefois, faire quelque indication de dettes ou de décharges, on pourrait le lui permettre, pourvu qu'on n'y fasse aucune mention de la justice et de l'exécution qui aura lieu, mais comme mémoire d'un *homme malade*, qui craignait de mourir. Il ne doit pas non plus lui être permis d'écrire des lettres, ni de faire aucune autre espèce d'acte, à moins que ce ne soit écrit, sous la forme dite, comme d'un malade qui craint de mourir. Quand ladite exécution aura eu lieu et que sa mort sera publiée, et elle doit l'être avec la dissimulation susdite, pour qu'on ne laisse pas entendre qu'elle a eu lieu par exécution de justice, on ordonnera tout ce qui touche à son enterrement, qui doit avoir lieu dans l'église de la même ville de Simancas, par voie de dépôt, enterrement qui doit se faire publiquement avec une pompe modérée. »

Tout s'exécuta comme le prescrivait le Roi ; et le

gardien de la forteresse de Simancas, Eugenio de Peralta, lui faisait simplement part de la mort de Montigny, décédé de maladie : « C'est ainsi que Dieu a bien voulu l'appeler à lui, hier lundi, entre trois et quatre heures du matin. » Le P. Fray Hernando del Castillo, qui assista Montigny à ses derniers moments, écrivait au monarque le jour même de l'éxécution : « Que l'on était parvenu à faire entendre à tout le monde que Montigny était très malade, et que l'on rejetait la responsabilité de la maladie sur le gardien de la forteresse, qui l'avait si resserré dans la prison que son existence s'était brisée, existence qui était suspendue à un fil si léger et si faible. Le deux novembre, on donnait au duc d'Albe une relation confidentielle de l'exécution de Montigny et de la manière dont elle avait été préparée.

Il était dit dans cette relation : « Que le Conseil du Roi réuni, la majorité émet l'avis qu'on ferait bien de lui donner un breuvage, ou de lui mettre un poison quelconque dans la nourriture ou dans la boisson, poison qui le ferait mourir petit à petit, ce qui lui permettrait de pouvoir mettre en ordre les affaires de son âme, comme à un malade; mais il parut à S. M. que de cette manière on ne donnerait pas satisfaction à la justice; et qu'il valait mieux lui donner la garrotte dans la prison, mais en si grand secret que jamais on n'en vînt à comprendre qu'il était mort, autrement que de sa mort naturelle. »

Le récit continuait de dire au duc que, pour forger un prétexte, en vertu duquel, le gardien de

Simancas avait resserré la prison de Montigny : « On avait jeté un écrit en latin, près de la chambre où était le prisonnier, écrit qui avait été composé à cet effet. » Cet écrit ou cette lettre fausse supposait un projet de fuite, une intelligence de Montigny avec l'extérieur, une réunion de complices pour le sauver et des chevaux tout préparés. Le gardien Peralta, qui accordait quelques considérations au prisonnier et qui lui permettait de se promener dans les galeries de la forteresse, profita du prétexte de cette fausse lettre et enferma complètement, sans communication aucune, Montigny dans le cachot appelé Cubo del Obispo, parce qu'il avait été occupé par le célèbre évêque de Zamora, D. Antonio de Acuña, à qui l'alcalde Ronquillo donna la garrotte dans la même forteresse.

On racontait aussi au duc comment s'était pratiquée l'exécution de Montigny, comment il avait été enfermé dans sa bière : « Quand il eut achevé sa prière et qu'il eut recommandé son âme à Dieu, tout le temps qu'il voulut, le bourreau fit son office et lui donna la garrotte. Et à l'heure même, l'alcalde, le greffier et le bourreau rentrèrent à Valladolid, de manière que personne ne sut qu'ils étaient venus à Simancas, et l'on menaça de la peine de mort lesdits greffier et bourreau, si jamais ils en parlaient.

Après cela, on revêtit ledit Montigny de l'habit de saint François, pour que l'on pût cacher qu'on lui avait donné la garrotte, et ensuite on publia sa mort. »

Cet alcalde profita avec le greffier et le bourreau des heures avancées de la nuit pour sortir de Valladolid, exécuter le malheureux prisonnier et rentrer dans la ville, sans que Simancas s'aperçût de leur visite.

Dans la manière de mettre Montigny en bière, on découvre une grande expérience pour cacher les morts violentes. En effet, un capuchon de moine sur le visage, et bien ajusté sous le menton, cache parfaitement le cou et la couleur du cadavre. Je prends cette relation et ces réflexions des *Apuntes sobre la vida de Felipe II*, livre composé et écrit par l'avocat don Cayetano Manrique.

Le trois novembre, le Roi écrivait au duc d'Albe avec une satisfaction visible : « Tout s'est si bien passé que, jusqu'à présent, tout le monde croit qu'il est mort de maladie. » Ces paroles dépeignent de la manière la plus exacte le caractère de Philippe II.

Je ne veux pas toutefois, par ce récit seul, préparer l'esprit de mes lecteurs, je vais publier deux ou trois autres faits, avant de reprendre la relation de ce qui concerne don Carlos. C'est effectivement par leurs actions que se font connaître les hommes bons et méchants.

M. le marquis don Pedro José Pidal, un Espagnol des plus honorables et des plus érudits, raconte un autre fait de Philippe II, qui n'est pas moins significatif que celui que je viens de rapporter. Il s'agit d'Escobedo.

« Par le bon plaisir du Roi, on donna du poison,

dans un banquet, au secrétaire de don Juan d'Autriche. Sa constitution robuste, ou le peu d'efficacité de l'intoxication le délivrèrent de la mort : mais on accusa faussement d'empoisonnement une malheureuse esclave qui servait dans la maison où avait mangé Escobedo, pendant que les vrais coupables restèrent sains et saufs. L'esclave subit la torture et fut exécutée, et Philippe II, qui connaissait son innocence, permit son supplice. De graves théologiens et des jurisconsultes, lui conseillèrent-ils aussi de laisser torturer cette malheureuse femme? Frustré dans son projet d'empoisonnement, Philippe II écrivait à Antonio Perez : « Certainement il conviendra d'abréger ce qui regarde la mort du *Verdinegro.* »

Cabrera rapporte l'assassinat qui eut lieu, en effet, immédiatement, sans que tous les théologiens et tous les jurisconsultes du monde puissent le justifier, parce qu'on ne peut justifier ce qui répugne à la conscience. De pareils actes sont autant de crimes des plus cruels.

Dans ses confessions, Philippe II avait recours aux religieux de saint Dominique, et pour ses dévotions, à ceux de saint Jérôme, à qui il donna le temple si riche de l'Escurial. Il respectait tellement Fray Domingo de Chaves, son confesseur, qu'il le faisait visiter dans sa cellule par le président de Castille, lorsqu'il éprouvait quelque doute sur un point de conscience. Philippe II avait un Conseil de conscience pour la direction de ses entreprises. Ce conseil lui épargna souvent de graves inconvénients et le délivra plus souvent encore de l'obligation de tenir ses promesses.

L'histoire de Portugal nous en offre un exemple mémorable. Le duc d'Ossuna et don Cristobal de Mora avaient promis monts et merveilles à ceux qui s'opposeraient à don Antonio et qui favoriseraient les droits du roi à la couronne de ce royaume. Quand la guerre fut terminée, ces derniers demandèrent des promesses et l'accomplissement des offres, conformément aux dispositions des cédules.

Le Roi ordonna de tout examiner sur la table du Conseil de conscience. Les juges accommodèrent la chose par le décret ci-après ;

« Vu que le Roi don Philippe est le légitime successeur au trône de Portugal, les suppliants n'ont pu compenser leurs droits ni par or, ni par promesses, loin de là, ils ont encouru la peine de mort pour ne s'être pas livrés volontairement ; et étant donné que le trône appartînt à don Antonio, ils n'auraient pu ni se livrer ni se vendre au Roi. Ainsi Sa Majesté n'est tenue par aucune obligation de remplir les promesses de ses ambassadeurs ; bien plus, usant de bonté et de clémence à leur égard, il absout lesdits suppliants de la peine de mort qu'ils avaient encourue pour cette cause. »

Tels étaient les conseils, tels étaient les moyens de sortir des difficultés, que proposait la *mesa de conciencia* ; telle était la manière d'agir de Philippe II, dans tous les actes de sa vie, quels qu'ils fussent, grands ou petits, après s'être engagé ou avoir laissé ses ministres s'engager. Cristobal de Mora ne faisait rien, en effet, sans sa volonté. Et voilà à quoi lui servaient ses *consejos de consciencia.*

Lorsqu'il nommait une commission pour qu'elle lui adressât un rapport ; quand il demandait un conseil, c'était alors qu'il n'en avait pas besoin ; ou bien il lui faisait connaître d'avance sa volonté que tous ceux qui l'entouraient savaient être inébranlable. Quand Philippe II voulait une chose, il ne s'arrêtait pas aux moyens; pour lui justice et religion n'étaient que deux mots ; en voici une preuve.

Paul IV jugea convenable de retirer à Philippe II les autorisations que Paul III, son prédécesseur, lui avait accordées pour percevoir les *tercias.* (1) Le roi ordonna, de Londres, à sa sœur, la princesse régente d'Espagne, d'établir un cordon sur les frontières, d'exercer dans les ports la plus grande vigilance pour que, s'il venait quelqu'un de Rome porteur d'une excommunication, on s'emparât du messager et qu'on lui infligeât un châtiment grand et exemplaire, parce qu'il n'était déjà plus temps de dissimuler avec le Pape.

L'original chiffré, contenu dans la liasse 514 des papiers d'Etat, aux archives de Simancas s'exprime ainsi : « Et si, par aventure, avant qu'arrivent ladite protestation et mes lettres, il arrivait de Rome quelque chose touchant cette affaire, vous pourvoiriez à ce *qu'elle ne s'accomplisse en rien, ni à ce qu'on n'y*

(1) Les deux neuvièmes de toutes les dîmes ecclésiastiques qu'on prélève pour le roi.

donne lieu. Mais, comme il vaudrait mieux ne pas en venir à ces termes, et enlever et éloigner toute occasion, quelle qu'elle soit, vous ordonnerez conformément à ce que nous avons écrit par des voies doubles, que l'on veille avec le plus grand soin, sur terre et dans les ports de mer, afin de saisir toute dépêche qui viendrait de Rome dans ces royaumes et dans ceux d'Aragon, pour qu'on ne puisse intimer ; que, pour ce qui est d'ici, on fera la même diligence, « y que se « haga grande y exemplar castigo en la persona que « los traxera, que ya no es tiempo de dissimular. »

Les lois et les règlements étaient choses vaines pour ce monarque. Il n'accordait aucune importance à la parole d'honneur. Il fit saisir et exécuter sans forme de procès don Juan de Lanuza, grand justicier d'Aragon, dont la personne était inviolable, d'après les lois de ce royaume. La décision royale lui fut lue, en même temps qu'entraient dans la voiture deux jésuites qui devaient l'aider à bien mourir.

Le peu d'importance qu'il donnait à sa signature nous est révélée par le fait suivant. Il avait écrit aux Aragonais de ne pas s'opposer à l'entrée de ses troupes dans le royaume d'Aragon, parce qu'elles n'y venaient que de passage et nullement contre eux. Dans leur loyauté, les Aragonais le crurent et ses soldats, commandés par Vargas, pénétrèrent dans les villes pour passer au fil de l'épée et brûler toutes celles qui s'étaient opposées à leur entrée, en vertu d'un droit légitime.

Quant au respect qu'il professait pour les immunités de l'Eglise, il suffit, pour être édifié, de lire les pièces qui existent aux archives de Simancas et qui constituent le procès du *Pastelero de Madrigal*. Le lecteur le plus incrédule, quel qu'il soit, restera convaincu des véritables sentiments religieux et du respect que ce grand chrétien professait pour l'Eglise.

Philippe II voulait qu'on ne prît aucune détermination sans le consulter. Le juge lui présenta un acte par lequel il ordonnait au greffier de se rendre au couvent dont la supérieure était sœur Marie d'Autriche, qui avait eu, à ce qu'il paraît, une fille d'Espinosa, pastelero de Madrigal. Le greffier devait recevoir la déclaration nécessaire pour continuer le procès. Le juge ordonnait que la personne chargée de cette mission obtiendrait la permission de l'Evêque pour entrer au couvent et qu'il recevrait ensuite la déclaration. Mais Philippe II ordonne que « le chargé de la mission pénètre d'abord dans le couvent, qu'il reçoive la déclaration, qu'il applique la torture, s'il est nécessaire, et puis qu'il obtienne la permission de l'Evêque (1). » A cette époque, les couvents, en Espagne, étaient des lieux sacrés, et y pénétrer de vive force c'était commettre un attentat inouï. Plus loin, dans le même procès, nous trouvons un écrit du même genre : « Ni le moine, ni la religieuse nous importent peu, ce qui nous est nécessaire, c'est l'enfant (2). » Il la croyait fille de doña Anne d'Autriche.

(1) Archives de Simancas, *Proceso del pastelero del Madrigal.*

(2) *Id.* *Id.*

Cette lettre suffit pour démontrer l'espèce de religion du catholique Philippe II.

Celui qui permet à ceux qui assistent les victimes qu'on lui transmette ainsi par écrit leurs confessions dernières, faites sous le sceau de la religion chrétienne, en recherchant l'absolution pour gagner l'autre vie, celui-là ne peut être qualifié par aucune épithète capable de caractériser l'énormité de son crime.

L'air que produisent les vampires par le battement des ailes pour rafraîchir la blessure par laquelle ils sucent le sang du patient, n'est pas aussi terrible pour la pensée, que le fait de placer à côté du condamné à mort un confesseur, alors que confesseur a pour mission d'arracher à celui qui va mourir les secrets les plus cachés de son âme, après lui avoir fait avouer, dans la torture, tout ce qu'on désirait, et surtout au moment où le malheureux va chercher, dans la foi chrétienne et dans la confession, le salut de son âme affligée.

Par le parricide de don Carlos, par les assassinats d'Escobedo, de Montigny, par la sentence du Pastelero de Madrigal, l'histoire jugera Philippe II, je l'espère, autrement que ne l'ont fait jusqu'ici plusieurs écrivains.

Tous ces traits suffisent pour nous faire connaître l'âme de Philippe II et sa manière de procéder. Nous allons maintenant continuer l'histoire de son fils.

CHAPITRE VI

Les mois de novembre et décembre 1567 furent les mois où éclata une lutte terrible entre le père et le fils. Les calomnies de Ruy Gomez et d'Espinosa, sur l'état de son intelligence, répandues par eux, couraient, de bouche en bouche, dans toute l'Europe, rapportées par les diplomates qui représentaient à Madrid les cours étrangères. C'est dans le mois de décembre que se répéta le propos qu'il aurait tenu à don Juan d'Autriche : qu'il voulait tuer un homme, avec qui il était mal, sans lui en dire le nom.

Le 28 décembre 1567, il devait se confesser, avec les autres membres de la famille royale, dans l'église de San Jéronimo. Il s'y rendit seul, le soir. Le frère confesseur ne voulut pas lui donner l'absolution; il s'adressa à un autre frère du même ordre. Tous les deux lui conseillèrent de consulter divers théologiens. C'était la même chose que de livrer un péché secret au jugement de l'Inquisition, qui l'attendait déjà les bras ouverts.

Don Carlos réunit, dit-on, à cet effet, quatorze moines d'Atocha, lesquels dénoncèrent au Roi le péché de son fils, et, à la nation, le scandale nécessaire pour soulever l'esprit public contre le Prince infortuné. Pour augmenter encore la gravité du cas, ils dirent qu'il voulait, afin de tromper la famille royale et le public, communier avec une hostie non consacrée. Péché inouï à cette époque, où l'on purifiait les libres-penseurs par le feu vivifiant de la Sainte Inquisition.

Le révérend prieur d'Atocha demanda au Prince de lui avouer clairement le nom de l'ennemi qu'il voulait tuer. Le Prince répondit, dit-on, et l'assertion vient du parti inquisitorial, que c'était le Roi, son père. Le prieur lui demanda s'il avait des complices, question à laquelle don Carlos ne répondit pas. Alors, la nuit même, on fit partir un courrier pour l'Escurial, portant le jugement des quatorze frères d'Atocha et les questions du prieur, c'est-à-dire une même chose, pour faire part à Philippe II du dessein de son fils, sous le secret de la confession et comme un cas de conscience. Tel est le récit écrit, dit-on, par un valet de chambre.

Il n'est pas besoin d'une grande intelligence, connaissant le pouvoir de l'Inquisition à cette époque et la haine d'Espinosa, son chef suprême contre le Prince, à cause de la menace qu'il lui avait faite de lui arracher la vie, pour avoir chassé du palais le musicien Cisneros, pour deviner de qui pouvait émaner cette relation.

Quand on sait par expérience le projet d'extermination déclaré contre ceux qui professaient les idées nouvelles ; connaissant les relations de don Carlos avec les personnes de Flandres et d'Allemagne, on comprend l'invention et la perfidie des moines, vendant au père le secret de la confession du fils, ou l'inventant. Il semble impossible qu'il y ait eu un historien osant donner une valeur aux déclarations de ces moines d'Atocha.

Pendant ce temps, le Prince cherchait de tous côtés des auxiliaires et de l'argent, et Philippe II, dès que don Carlos connut la trahison de Ruy Gomez, perdit le fil des démarches de son fils.

A cette époque, l'homme de confiance de don Carlos était Gaztelú. En 1567, il commence sérieusement à récolter de l'argent, en s'adressant à tous ses affiliés. Il envoie Garcia Alvarez Osorio à Séville, avec douze lettres en blanc, pour chercher la somme nécessaire à ses mouvements, somme qu'il calculait devoir s'élever à sept cent mille ducats.

Les lettres portaient ces mots : « Garcia Alvarez Osorio qui vous donnera cette lettre, vous parlera et vous demandera, de ma part, une certaine quantité d'argent, prêté pour un besoin forcé et des plus urgents ; je vous prie et vous engage beaucoup à le faire, car, outre que vous répondrez à vos obligations de vassal, vous me ferez un plaisir très grand. En ce qui touche le paiement, je m'en remets à Osorio; je tiens pour fait ce qu'il fera. »

Quand don Carlos apprit qu'Osorio avait recueilli 150,000 ducats et que le reste de la somme serait remis par les personnes qui en faisaient l'avance, il se mit immédiatement à l'œuvre, et il confia son projet à son intime ami, don Juan d'Autriche. Don Carlos l'aimait comme un frère et avait en lui une confiance aveugle. Mais don Juan, possédé d'une ambition sans bornes, rêvait non seulement d'être déclaré Infant, mais même d'être Roi, portant d'abord ses regards sur Tunis, pour de là conquérir l'Afrique, et puis sur l'Angleterre. Cette ambition et ces projets le rendaient faux, et personne ne savait si on pouvait compter sur son amitié ou sur sa haine. C'était un gentilhomme très valeureux, très prudent dans les batailles et des plus brillants dans les faits d'armes, mais faux. Il semble que la main de Dieu voulut rendre patent ce qu'il était. On trouva son cœur sec et ses parois noires, quand, à sa mort, on fit son autopsie.

Dans cette occasion, à peine eut-il entendu le projet que don Carlos lui confiait, sous le sceau de l'amitié, qu'il se rendit à l'Escurial où résidait Philippe II, et il y passa les fêtes de Noël. Ce ne fut pas alors que le Roi dit : « J'aurais dû faire curé don Juan d'Autriche, comme le voulait mon père. » En échange du plan de son fils qu'il lui révélait, il le nomma général de la flotte, et il signa la nomination, le 15 janvier 1568.

Le 17 du même mois de cette année 1568, don Carlos vint à l'Escurial pour prendre don Juan, et là, il comprit que ce dernier ne le suivait pas dans ses projets. Résolu de quitter immédiatement l'Espagne, il rentra à Madrid.

Raimundo Tassis, directeur des postes, vint, ce même jour, à l'Escurial annoncer au roi que don Carlos lui demandait huit chevaux pour sortir d'Espagne.

Philippe II, avec les détails que lui avait fourni Espinosa, muni des communications que lui avaient faites les moines d'Atocha et les frères de l'inquisition, de ce que lui avait confié don Juan d'Autriche et de ce que venait de lui dire Tassis, se décida, le 17 janvier, à réunir son conseil de théologiens pour délibérer sur la conduite qu'il devait tenir dans cette situation.

Il avait déjà ordonné de prier dans les églises, comme il avait coutume de le faire toutes les fois qu'il méditait un grand projet, pour que Dieu voulût bien l'éclairer. Régulièrement, quand il ordonnait de faire des prières, il était déjà éclairé ou il avait réalisé son projet. C'était une manière de déguiser ses desseins que de se présenter comme recherchant l'inspiration divine, pour l'accomplissement de ses actions bonnes ou mauvaises.

Il avait réuni les évêques Gallo, Cano, le docteur Navarro Martin de Azpilcüeta, les mêmes qui, par leur rapport, avaient condamné l'archevêque de Tolède, Carranza, que le Pape seul, et avec la plus grande peine, put arracher des griffes de l'inquisition.

Le conseil de ces anciens affiliés fut digne de ce qu'on lui demandait. Le roi réunit la nuit son conseil d'Etat pour qu'il « approuvât, comme le dit Antonio Perez, sa résolution et non pour lui demander conseil. »

Le dimanche 18, au matin, Pilippe II entendit la messe, avec toute sa famille, et partit pour Madrid, sans que ni sa figure, ni ses paroles permissent de deviner la pensée qui le préoccupait.

Avant que le roi vînt voir don Carlos, don Juan d'Autriche était venu le visiter. Le prince le reçut en doutant déjà de sa loyauté et convaincu de sa trahison. Furieux de sa conduite, il tira l'épée et soutint, contre don Juan, une lutte qui aurait pu lui coûter la vie, si les serviteurs de don Carlos n'étaient survenus ; ce qui démontre son énergie d'oser personnellement s'attaquer à un homme de la valeur de don Juan d'Autriche.

Le prince savait, il est vrai, qu'il n'avait pas sa force corporelle, mais qu'il avait plus d'habileté que lui, qu'il était plus capable dans le maniement de l'épée et de l'arquebuse, lui ayant gagné soixante mille maravédis, en divers paris.

L'ambassadeur de France écrit, dans une dépêche du 5 février 1568, que don Carlos voulut tuer don Juan d'un coup de pistolet.; et l'huissier de la chambre afflrme qu'il porta la main à son épée. Cette scène le préoccupa toute la journée, comme c'était

DON JUAN D'AUTRICHE.

Imp. Vve A. Cadart, Paris.

naturel ; le soir, il soupa et se coucha à neuf heures et demie.

Le roi garda, de son côté, le silence le plus profond, et son visage, pâle comme la mort, laissait voir qu'une pensée terrible dominait son âme.

Avant l'arrivée de la nuit, il donna l'ordre au comte de Lerme et à don Rodrigo de Mendoza, chambellan de son fils, de laisser ouverte la porte de l'appartement de don Carlos.

Je ne veux pas m'appuyer sur des récits historiques auxquels Espinosa, Ruy Gomez et les autres agents de Philippe II ont donné naissance. Je vais toutefois copier ce que raconte un italien expérimenté et familier de Ruy Gomez. Cette relation a été écrite sous la dictée de ce dernier, et a servi à tous les écrivains qui ont voulu s'occuper en particulier de cet événement. Mais je l'accompagnerai aussi de la relation que nous en a laissée Antonio Perez, qui n'était pas familier de Ruy Gomez, et qui avait été secrétaire de Philippe II.

Si le premier écrivait pour couvrir le crime, tromper l'Europe et le monde sous la dictée de Ruy Gomez, le second, poursuivi et libre, publiait, en France, tout ce qu'il pouvait savoir, pour éclairer la vérité. J'y ajouterai ce que j'ai lu sur la vie et la mort du prince don Carlos, par l'abbé de Saint-Réal, d'autres faits que je trouve consignés dans un volume manuscrit, et qui serviront à répandre quelque lumière sur ce sujet.

Ce qui me pousse, ce n'est ni le fanatisme, ni la

haine, ni un motif politique, ni la vanité d'un écrivain qui veut avec subtilité donner des preuves de génie ; c'est la justice et le désir d'éclaircir un fait qui est faussé, depuis 1568.

Si les écrivains nationaux ont laissé s'égarer les historiens qui, de bonne foi, sont venus chercher des données et des documents dans nos archives et nos récits, il faut que ceux qui ont étudié la vérité des faits aient le courage de la dire au monde, pour qu'à l'avenir l'histoire puisse l'enregistrer telle qu'elle a été, et qu'il n'y ait plus sur cet événement ni doutes, ni erreurs.

Voici le récit d'un Italien, expérimenté et familier de Ruy Gomez :

« Dimanche dix-huit, un peu avant minuit, Sa Majesté ayant ordonné, autant qu'on peut le croire, aux deux chambellans du prince, le comte de Lerme et don Rodrigo de Mendoza, de laisser ouverte la porte de la chambre de S. A. jusqu'à ce qu'il avisât de ce qu'il y avait à faire, S. M. passa de sa chambre à celle du Prince, sans lumière, sans épée et sans garde, accompagné de quatre membres du Conseil d'Etat, qui étaient le duc de Feria, Ruy Gomez, le prieur don Antonio de Tolède, Luis Quixada et deux serviteurs de la chambre qui portèrent un marteau et des clous pour enclouer les fenêtres. Ruy Gomez ouvrit la porte du cabinet avec la clé ordinaire, et trouva les autres ouvertes. Alors on entra, sans que le Prince s'en aperçût, dans la pièce où il était couché, discutant avec les autres chambellans, le dos tourné à la porte.

« A peine don Carlos put-il voir que la personne qui entrait était le Roi, que Sa Majesté lui avait pris l'épée, qu'Elle donna à un des adjudants, et saisi une petite arquebuse qui était au chevet du lit. Le Prince, troublé de voir le Roi, à cette heure dans sa chambre, se leva debout sur le lit en disant : « Que veut Votre Majesté à cette heure? Veut-elle me tuer ou me prendre? » « Ni l'un ni l'autre, Prince », répondit le Roi avec le plus grand calme du monde, et il ordonna d'enclouer les fenêtres.

« Quand le Prince vit cela, il s'élança de son lit et courut à la cheminée pour se jeter, dit-on, dans le feu. Mais le prieur don Antonio le retint. Il voulut ensuite saisir le chandelier pour s'en frapper, on l'en détourna. Se retournant alors vers son père, il se mit à genoux, lui demandant de le *tuer, s'il ne voulait pas qu'il le fît lui-même;* sur quoi le Roi lui répliqua avec son flegme ordinaire : « Calmez-vous, Prince, rentrez dans votre lit, parce que ce qui se fait est pour *votre bien et pour votre remède.* » Recueillant ensuite tous les papiers, il revint trouver les quatre personnages ci-dessus nommés et leur rappelant en peu de mots l'obligation qu'ils avaient, comme chevaliers, et par le *serment* qu'ils avaient juré *d'obéir fidèlement à leur Roi*, il leur consigna le Prince, comme prisonnier, leur ordonnant de le bien garder; d'exécuter sur ce point les ordres reçus et ceux qu'on leur donnerait de la main à la main Il en chargea principalement le duc de Feria, comme capitaine de la garde; et là-dessus, il rentra dans sa chambre, *aussi tranquille* que si l'action qui venait de se passer ne l'eût pas regardé personnellement.

« Le lendemain Sa Majesté fit appeler tous les Conseils, et il dit à chacun séparément, et avec de bonnes paroles, que des *motifs des plus urgents* l'avaient forcé d'agir contre son fils et pour le repos de ses royaumes, ce qu'ils auraient compris, *motifs qu'il leur ferait connaître en temps utile.* En prononçant ces paroles, il s'attendrit, dit-on, tellement, que les larmes coulèrent de ses yeux ; mais il n'interrompit pas le fil de son raisonnement, et il ordonna en outre, aux secrétaires, d'informer les provinces. Il fit rendre compte de ce qui avait eu lieu aux ambassadeurs et au Nonce, soit par l'intermédiaire du Président, soit par celui de Ruy Gomez.

« J'oubliais de dire que cette première nuit, on enleva le feu et la lumière de la chambre du Prince. Lesdits quatre conseillers et les deux chambellans l'ont gardé jusqu'à hier au soir, vingt-cinq.

« Sa Majesté a ensuite disposé la garde totale et la surveillance, en indiquant six gentilshommes dont deux devaient le surveiller et le servir, et l'enfermer dans une pièce, la *dernière de toutes celles qu'il occupait et qui s'appelle de la Tour*, car c'est une pièce d'une tour du palais, en *bouchant toutes les fenêtres*, ne laissant ouverts que *les petits volets du haut pour le jour*, sans cheminée, ni autre commodité de se promener dans les pièces principales. Le Roy a ordonné à Ruy Gomez de passer par elles, pour qu'on puisse le garder sûrement et commodément.

« On lui régla sa maison, en lui enlevant tous les serviteurs. On dit que, lorsque Ruy Gomez lui signifia cette mesure, il ne répliqua rien. Il demanda seulement : « Et don Rodrigo de Mendoza, mon ami, Sa Majesté me l'enlève aussi? » Oui, Señor, répondit Ruy Gomez. Il le fit alors appeler et lui jetant ses bras à son cou, il lui dit : « Don Rodrigo, je regrette de n'avoir pu vous témoigner par des actes ma bonne volonté pour vous, et que je vous témoignerai, plaise à Dieu que je me trouve en état de vous le prouver, comme je le ferai, » et il le pressait, avec tant d'abondantes larmes qu'on ne pouvait les séparer. Ce pauvre jeune homme était abîmé de douleur. On dit qu'il était des plus gentils, frère du duc de l'Infantado, et qu'il n'y avait pas plus de quatre mois que Sa Majesté l'avait nommé un des chambellans, qu'il était courageux, très généreux et très intelligent.

« J'ai noté deux choses remarquables dans cet événement. La première, c'est d'avoir vu le peu de bruit qu'a causé une *exécution* si grande : je vous assure qu'on n'a vu le moindre trouble, non seulement chez les ministres au palais, mais chez le Roi lui-même, qui n'a pas *changé d'un point* dans son régime ordinaire, pas plus que dans l'expédition des affaires, que dans ses repas et ses raisonnements avec ces Grands qui fréquemment assistaient à sa table ; la seconde, que ce pauvre Prince étant jeune et sans vices, *aimant la justice à sa manière, avec l'opinion d'être libéral, et la réputation de ne savoir faire du mal à personne*, quoique regardé comme une intelligence faible, et d'une facilité à terrifier excessive, *n'ait eu personne pour le défendre*, et qu'au contraire le Roi *soit si aimé pour sa douceur*, son infinie bonté et sa prudence; de voir qu'il n'y ait personne qui n'ait souci que de la compassion qu'on doit avoir pour le Roi, de le voir réduit à l'état d'être obligé de porter les mains sur son propre et unique enfant.

« La mort du Prince, notre Seigneur, arriva une heure après l'entrée de la nuit. Il se confessa, communia, et reçut l'extrême onction, avec des paroles et des actions d'un Prince très catholique, après avoir *demandé pardon à Sa Majesté et sa bénédiction*, de même qu'à Ruy Gomez et aux cavaliers qui le gardaient. Et il laissa *un mémoire écrit* où il recommandait sa famille à Sa Majesté, ne pouvant lui accorder d'autre bienfait; il lui recommandait principalement ses serviteurs les plus anciens et aussi les gentilshommes de garde, parce qu'ils l'avaient très bien servi, quoiqu'il les eût traités avec dureté. Il demanda d'être enseveli dans le couvent de Santo Domingo, le couvent royal de cette ville, jusqu'à ce que Sa Majesté ordonnât autre chose. Il est certain que le confesseur et les autres personnes qui l'assistèrent avouent qu'il prononça des paroles d'un caractère si catholique, qu'ils en restèrent jaloux. En effet, après avoir fait tout ce qui est rapporté, il demanda : s'il devait encore faire plus pour son salut? On lui répondit que, s'il sentait dans le cœur ce *que sa langue avait prononcé*, assurément il allait jouir de Dieu. Il répliqua qu'il le sentait dans l'intérieur de son âme, comme il le montrerait, et qu'en mourant, il se conformait à la volonté de Dieu, en qui il se résignait de toute vérité, et il ajouta en disant au médecin : que nonobstant cela, s'il était nécessaire de faire quelque chose pour son salut corporel, il l'exécutât; il lui demandait, de moments en moments, combien de temps il pourrait vivre, afin de recommander encore plus son âme à Dieu et de lui demander pardon. Il pria ceux qui l'accompagnaient de l'aider à réciter une oraison que dit l'Empereur (qu'il soit en gloire), quand il mourut ; il éprouva quelques syncopes et *Sa Majesté se comporta comme un véritable père.*

« Je vous donne cette narration, parce qu'il se répandra peut-être, dans ces contrées, d'autres opinions fort différentes ; et l'on attribuera à une autre cause, parmi le vulgaire, sa maladie et sa mort, prétextant aussi qu'elle résulte de ce qu'il *n'avait pas mangé pendant quelques jours,* ou qu'il *avait bu beaucoup d'eau froide* ou qu'il *allait nu,* de sorte que son estomac se relâcha et ne put rien conserver. Le prince distribua, entre ceux qui l'assistaient, des vases de cristal et d'autres bijoux qu'il avait, et aux repentis quelques tasses et d'autres objets. »

A la suite de cette relation mensongère, je copie textuellement la relation et le jugement d'Antonio

Perez sur ce crime. Malgré la persécution dont ce ministre de Philippe II était l'objet lorsqu'il l'écrivit, il en jaillit des traits de lumière. Voici comment il s'exprime :

« Son fils même machina contre sa personne en Espagne, d'où il se vit obligé de ne pas le laisser sortir, et où il se résolut à le priver de la vie, ne se montrant pas père meilleur qu'il ne s'était montré bon fils. La mort tragique de ce prince, nous pouvons la transmettre à la postérité, hors de toute comparaison et de tout exemple, à la postérité qui ne saura que croire, quand elle verra la variété des causes que présentent les différences de passion et de sentiment chez ceux qui la racontent. C'est la preuve d'une âme perverse de s'en tenir aux faits douteux, à la partie la plus mauvaise. Aussi n'est-ce pas un mauvais système chez l'historien qui, dans des cas pareils, ne s'arrête pas à une opinion seule, mais les rapporte toutes.

« Cause de son emprisonnement. — Les uns disent qu'il fut arrêté et mis à mort, parce qu'il voulait prendre, sous sa protection, les Flamands opprimés par les inhumanités et les violences du duc d'Albe. Un annaliste ajoute que sa mort ne fut pas beaucoup pleurée, vu qu'il dégénérait de la vertu de ses ancêtres.

« Les Espagnols déguisent la cause et l'effet de cette mort ; ils disent que ce prince souffrait d'un refroidissement d'estomac irremédiable, qui l'emporta en cinq jours, laissant en deuil toute l'Espagne.

« Les Italiens, qu'il fut arrêté la nuit dans son appartement par ordre du Roi, son père ; que se voyant en prison, sans rien autre chose de libre que le désir de la mort, il en vint à un tel point de tristesse qu'il résolut en lui-même de ne pas l'attendre à petit feu, mais d'aller la chercher avec impétuosité et fureur ; que ne pouvant mourir de faim et par abstinence de viande, il régla son genre de vie de telle sorte qu'il tomba malade et qu'il mourut. Les Allemands affirment qu'il fut enfermé dans son appartement, le 8 janvier, qu'il fut étroitement gardé et qu'il mourut, dans la nuit du vingt juillet, par sentence de l'Inquisition.

« Les États-Généraux des Pays-Bas, dans la plainte qu'ils adressèrent à l'Empereur et aux princes de l'empire, à Spire, prétendirent que le Roi d'Espagne avait fait mourir son fils unique, par les conseils des inquisiteurs que don Carlos n'aimait pas, dont il parlait librement, comme de gens insensibles, sans compassion pour leurs misères, contre les formes rigoureuses de l'Inquisition.

« La vérité n'a qu'un visage. Il n'est pas possible qu'elle se trouve au milieu de tant de têtes, de tant d'opinions, toutes contraires. L'histoire est comme une tapisserie historiée ou figurée, dont on ne peut voir les images que si on la déroule et si on la déplie toute entière. Il est nécessaire de tout dire pour connaître le secret de la mort du prince, histoire cachée dans le dernier pli des plus secrètes actions de la vie de ce Roi.

« Quand il était tout jeune, le prince don Carlos, en courant après une jeune fille, tomba d'un escalier; du coup il fut frappé d'une apoplexie, et comme dernier remède, André Vésale, célèbre médecin, natif de Bruxelles, se vit dans la nécessité de lui ouvrir le crâne pour donner issue à la fluxion qui se corrompait dedans. Dès ce moment, il resta avec un cerveau faible, sujet à troubler les opérations divisées de l'esprit, et avec une intelligence susceptible de toutes les impressions. Outre cela, il était d'un caractère emporté et bouillant, et, comme naturellement, les esprits de la jeunesse se livrent à leurs appétits, il n'avait, en aucune chose, ni règle, ni modération. Il ne désirait rien tant que de se voir éloigné de son père, pour vivre à sa guise, et, entre autres rapports qu'il avait, à ce que l'on affirme, avec l'humeur de l'Empereur, il commença à se divertir de bonne heure ; et, comme il ne pouvait souffrir le blâme de son père, rien n'était plus pesant pour ses épaules que sa présence.

« Les protestants d'Allemagne, les États de Flandres, la reine d'Angleterre, le Roi de Danemark le sollicitèrent de se lier avec eux, et lui promirent ensemble l'empire et la conquête de tous les pays qui ne pouvaient vivre sous le joug espagnol. Il se laissa aller à leurs persuasions, et, pour rencontrer moins d'embarras, il résolut, dit-on, de machiner contre la personne du roi son père. Dans cette idée, il demanda au señor don Juan, s'il se sentait le courage de le suivre en tout et contre tout? Don Juan lui donna sa parole, pour l'assurer de son sentiment. Il n'excepta que la personne du Roi ; il pressa le prince davantage, lui demanda de répondre à sa bonne volonté, sans aucune exception, ni condition ; chose qui obligea don Juan de découvrir ce que l'impétuosité du prince ne lui avait pas permis de dissimuler. Il en avertit le Roi. Ce dernier, sévère et inexorable contre les coupables, entra de nuit dans l'appartement du prince et le trouva couché et muni de deux pistolets, sous l'oreiller de son lit. Il les saisit avec lui et, de plus, il saisit les papiers prouvant les intelligences qu'il conservait avec les ennemis de la couronne. Le Roi lui donna d'abord des gardes, puis il l'emprisonna, et enfin il le fit mettre à mort. Auparavant il réunit son conseil de conscience, auquel il proposa cette question : quelle peine mérite le fils d'un Roi qui s'est ligué avec les ennemis de l'État et qui a conspiré contre la vie de son père ? Le père peut-il le livrer à la justice ? Le conseil lui proposa deux voies, toutes deux justes et possibles : celle de la grâce et du pardon, celle de la justice et la peine ; et démontra la différence entre la justice de père et la miséricorde de Roi. Les conseillers lui dirent que si sa clémence pardonnait à ceux qui l'abhorraient, il ne pouvait refuser le pardon à la personne du monde qu'il devait le plus aimer. Ils le prièrent de vouloir bien imiter en cela l'empereur Charles-Magne qui attribua à une légèreté de jeunesse le crime de son fils Pépin, la première fois qu'il conspira contre lui et qui l'enferma, à la seconde, dans un monastère, en protestant qu'après tout, il était père pour son fils, et non Roi, ni juge.

« Le Roi leur répondit que par la loi de la nature, il aimait son fils plus que lui-même, mais que, par la loi de Dieu, le salut de son peuple passait devant. Il leur demanda que si, connaissant le mal que pourrait occasionner l'impunité de son fils ou la dissimulation des crimes de ce même fils, il pouvait lui pardonner, en toute sécurité de conscience, sans être taxé d'aucune faute, par les malheurs que sa clémence pourrait produire dans ce cas? Les théologiens haussèrent les épaules à ces paroles, et lui dirent, les larmes aux yeux, que le salut de son peuple devait lui être beaucoup plus cher que le salut de son fils; que c'était bien de pardonner les péchés, mais que de semblables crimes devaient être confondus, comme monstrueux et abominables.

« Cela dit, le Roi livra son fils au jugement des inquisiteurs, leur ordonnant de ne pas faire plus de cas de son autorité que de celle du dernier de ses vassaux; de considérer celle de son fils, comme s'il était Roi, sans la séparer de celle d'accusé, jusqu'au moment où ils connaîtraient que l'énormité du crime n'admettait plus de considérations. Ils devaient se rappeler qu'ils portaient dans leur âme l'image vivante du Roi qui juge les anges, et de celui qui devait juger, sans distinction aucune, les rois et les fils des rois, comme les autres hommes; qu'il s'en remettait en tout sur leurs consciences, sur lesquelles il se déchargeait de la sienne. »

« Les inquisiteurs, par suite des intelligences que le prince avait eues avec les ennemis de la religion, le déclarèrent hérétique et le condamnèrent à mort, pour avoir conspiré contre la vie de son père. Le roi fut l'accusateur, et les inquisiteurs, les juges. Mais le roi signa la sentence et, pour la signer, Dieu sait la violence et le tourment qu'éprouva son âme pour rompre les invisibles attaches de l'amour paternel. Quoiqu'il fasse, il était père enfin, et il ne put s'empêcher de se sentir condamner lui-même, dans la sentence de son fils.

« Quand la sentence fut prononcée et signée, on présenta, en peinture, au prince plusieurs genres de mort, pour qu'il choisît la plus douce ou la moins pénible. Mais il les refusa toutes ; il demandait s'il n'y aurait pas de pitié chez son père ; de faveur, auprès des membres de son conseil, à l'égard d'un prince d'Espagne ? ou quelque sagesse pour excuser sa jeunesse ? Comme on lui notifiait que sa mort était décrétée, qu'il n'était pas possible de recommencer à nouveau son affaire ; que toute la miséricorde s'était réduite à lui laisser choisir le genre de mort qu'il voudrait, parmi celles qu'on lui avait figurées en peinture, il dit qu'on la lui donnât comme on voudrait, qu'il ne lui restait pas de genre de mort à choisir, puisqu'il ne pouvait se donner celle qu'on avait donnée à Jules César.

« Ces dernières paroles, lancées avec tout le feu de sa colère, furent suivies de mille imprécations contre l'adversité de la fortune, l'inhumanité de son père et la cruauté de l'Inquisition. Il répéta très souvent ces paroles : « Fils misérable d'un père plus misérable. »

« On lui accorda ensuite quelques jours pour se voir mourir et pour se préparer à la mort. Un confesseur mit sa conscience en état de pouvoir attendre l'exécution sans épouvante ; il lui donna à entendre que, tout en mourant à la fleur de son âge, il n'avait pas plus de raison de se plaindre de la mort que celui qui se plaindrait d'avoir brièvement terminé ses jours, sans réparation, et qui, après avoir passé par une mer de tempêtes, se trouverait inopinément dans le port.

« Un matin, quatre esclaves entrent dans sa chambre et le réveillent pour l'endormir d'un perpétuel sommeil. Il était ainsi averti que sa dernière heure était arrivée, et on lui laissa quelque temps pour recommander son âme à Dieu. Il se leva d'un soubresaut et se retira au coin du lit ; deux esclaves le prennent par les bras, un autre le tient par les pieds, un autre lui serre la garrote avec un cordon de soie et l'étouffe doucement. Il y en a d'autres qui soutiennent qu'il mourut les pieds dans l'eau et les veines ouvertes. »

Je continue de rapporter le jugement des écrivains sur cette mort et un des récits qui appelle le plus l'attention, est le suivant, intitulé :

Vie et mort du prince don Carlos, par l'abbé de Saint-Réal.

« La sentence signée fut signifiée au prince, au coucher du soleil, sans doute pour qu'une action si cruelle restât plus obscure dans le monde. On lui présenta, en peinture, divers genres de mort pour qu'il choisît la moins horrible. A cette nouvelle si triste, le jeune prince pleura amèrement ; il se mit à genoux et demanda s'il n'y avait pas une étincelle de pitié dans le cœur de son père pour lui faire grâce ; quelque mesure de faveur dans son conseil, pour un malheureux prince d'Espagne ; quelque acte de prudence chez ses conseillers, pour sauver sa jeunesse. Ces paroles furent dites par le prince avec tant de larmes et une efficacité telle qu'elle aurait suffi à émouvoir la pitié d'un cœur autre que celui de ses juges. Les ministres, qui se trouvaient présents, lui répondirent que sa mort était résolue, que le décret ne pouvait se révoquer, que toute la grâce qu'on pouvait lui faire consistait dans la faculté qu'on lui donnait de pouvoir choisir le genre de mort qui lui conviendrait. En entendant cette réponse, la grande fermeté d'âme du prince se troubla ; il se leva debout et s'écria avec des paroles furieuses : « Puisqu'il n'y a pas de pitié dans le cœur de mon père, ni dans celui des juges pour moi, je veux qu'ils voient tous qu'il y a du cœur dans ma poitrine pour souffrir la mort qui leur convient le plus ; faites que je meure du genre de mort qui leur plaira ; je veux, en effet, qu'ils se rassasient jusqu'à ce point, ceux qui veulent ainsi impitoyablement boire le sang d'un prince, premier-né d'Espagne. » Ces dernières paroles, prononcées avec une ardeur des plus violentes, furent successivement accompagnées, avec non moins de feu, de mille imprécations sur le malheur de sa fortune, sur l'inhumanité de son père, sur la cruauté de juges; il répéta plusieurs fois ces paroles : « Malheureux fils d'un père plus malheureux. » Cette grande émotion fut cause qu'on lui donna deux autres jours de vie pour l'exhorter à bien mourir. Quoique, dès le principe, il se refusât à toute résignation, il se laissa finalement persuader par son confesseur, auquel il se confessa, et qu'il envoya même demander pardon à son père. Quant à l'exécution de la mort, on n'a pas pu en vérifier le genre. Il y en a qui écrivent que ce fut les pieds dans l'eau et les veines ouvertes, comme Sénèque. D'autres, qu'il choisit le poison, comme moins épouvantable aux yeux, et d'autres, qu'il fut étouffé par quatre esclaves, dont deux le tenaient et deux autres serraient un cordon de soie passé à son cou. Mais que ce soit de cette manière ou d'une autre, il mourut malheureusement, à l'âge de vingt-quatre ans, la veille de la fête de l'apôtre saint Jacques, le patron de l'Espagne. »

Outre ces récits, il existe à Simancas, parmi les papiers du secrétariat de Grâce et Justice, section des Conseils et autres antiquités, liasse 897, une relation, en écriture du seizième siècle, portant, à la marge, la note qu'elle appartient aux documents du ministère de la Suède ; elle est sans date ni signature ; en voici la teneur littérale :

« Maison royale. — Manuscrit, sans nom d'auteur, de la mort que Philippe II fit exécuter sur la personne de son fils, le prince don Carlos : quoique l'on tienne pour certain que l'auteur est Antonio Pérez. Il réfute les opinions de tous les écrivains, il dit que le motif véritable, c'est d'avoir, une nuit, saisi le prince dans sa chambre avec des papiers prouvant manifestement qu'il avait des intelligences avec l'empereur Galieno (on doit lire Maximilien), avec les protestants d'Allemagne, les Etats de Flandres, la reine d'Angleterre et le roi de Danemark, pour se rendre maître de tout ce qui serait conquis sur les états de son père ; d'avoir machiné contre sa personne et même contre la religion. Que pour cette cause et de l'avis de la Junte de Conscience, qu'il consulta sur le cas, qui lui montra les deux voies d'indulgence et de châtiment, lui donna à entendre qu'en suivant la première, il y avait danger pour la chose publique, dont il devait préférer le salut à celui du prince ; il remit la cause au jugement des Inquisiteurs, les avertissant de le considérer comme un simple particulier, que don Carlos fut déclaré hérétique et condamné à mort. On lui montra, en peinture, divers genres de mort, pour qu'il choisît le plus doux, et que, ne voulant pas choisir, il fut étouffé, avec un cordon de soie, par quatre hommes près de son lit. »

Le document qui précède est écrit sur du papier ancien qui porte pour marque une couronne avec sept rayons. Il se trouve dans un autre document, qui est la minute d'une lettre écrite au seigneur don Juan, probablement don Juan d'Autriche, et rapportant la maladie et le décès du *prince, notre seigneur*, et qui, suivant l'épigraphe de l'enveloppe, appartenait à la liasse 1, lettre F. De l'examen de ce document, il résulte qu'il n'est autre chose qu'un extrait du manuscrit *in extenso* qui devait se trouver parmi les papiers du ministère de Suède; que son importance provient des archives où il se trouve; de la place qu'il occupe dans la liasse, et de la circonstance, qu'il est renfermé dans une minute de lettre où l'on rend compte de la mort du prince à un grand personnage, avec des détails différents de ceux qui se lisent et s'affirment dans les relations officielles, et de ceux qu'ont publiés les écrivains de cette époque. D'un autre côté, son contenu s'accorde avec ce qui est raconté par un auteur étranger sur le genre de mort donné au prince. (1)

Pour offrir à ceux qui liront ce livre la source d'où émane tout ce qui se sait, tout ce qui s'est dit sur l'arrestation et la mort de don Carlos, j'ai voulu présenter à leurs yeux, au moment de l'emprisonnement, toutes ces relations, dont trois sont d'accord entre elles, et l'autre, unique dans son genre, mais qui a été soutenue, durant les années qu'a régné Philippe II, après la mort de son fils. J'ai aussi des éléments, tels que ceux de la pragmatique du 7 septembre 1558, sur l'impression des livres et l'introduction des ouvrages étrangers ainsi conçue : « Il est défendu aux libraires et à toute classe de per-

(1) Apuntes para la Vida de don Felipe II, par don Cayetano Manrique.

sonnes, *sous peine de mort et de perte de tous leurs biens*, d'avoir, de vendre, d'introduire, ni d'apporter de l'étranger aucun livre, aucun ouvrage imprimé ou d'imprimer aucun de ceux qui ont été prohibés par le Saint-Office de l'Inquisition, de pareils livres devant être brûlés publiquement. » La même peine était imposée à celui qui introduisait des livres imprimés à l'étranger, s'ils n'étaient signés par le roi ou signalés par le conseil ; égale peine était imposée à ceux qui auraient imprimé un livre dans l'intérieur du royaume, sans avoir préalablement présenté l'ouvrage au conseil, s'il n'avait été examiné et approuvé par les personnes que le Conseil désignait, et sans avoir reçu le permis nécessaire pour l'impression. On exceptait de ces formalités les missels, les bréviaires, les livres d'offices pour chaque jour, de chant pour les églises et pour les monastères, les heures en latin et en romance, les alphabets pour enseigner les enfants, le *Flos sanctorum*, les constitutions synodales et autres livres religieux. Les prélats, les abbés, les prieurs, les gardiens, les inquisiteurs, les curés et les moines restaient chargés de veiller à l'observation de cette pragmatique célèbre dans l'histoire de la science.

Avec cette pragmatique, avec l'inquisition et la justice du Roi, qui eût été capable d'écrire sur l'affaire de don Carlos, rien qui pût déplaire au Roi où à ses ministres ? Il aurait payé de sa vie une pareille témérité !

Ces relations font avancer l'histoire de cet événement, mais maintenant que les lecteurs en ont pris connaissance, je reprends le fil interrompu de mon récit.

Si je me laissais emporter par mon imagination, je décrirais la présence du Roi dans la chambre de son fils, comme le sujet le mérite. Philippe II, pâle et sombre, entrant non pas avec la sereine majesté de la justice ; mais à la dérobée, par une porte laissée entre ouverte ; suivi de trois personnages, troublés, remplis de honte et un d'eux craintif.

Don Diego de Acuña portant une lampe à la main, et les autres cinq hommes, silencieux et taciturnes, comme des gens qui vont commettre une mauvaise action, suivis de leurs valets de chambre, Bernate et Santoro, avec des clous et des marteaux, comme les juifs, quand ils allèrent crucifier Jésus-Christ.

Don Carlos se livrait à une conversation avec ses gentilshommes, quand Philippe II et ceux qui l'accompagnaient, marchant avec la précaution des renards, unique chasse qui faisait les plaisirs de Sa Majesté, s'avancèrent jusqu'à sa chambre. Quand le fils s'aperçut qu'il avait devant lui son père, ce dernier avait déjà saisi l'épée que le prince avait à la tête du lit. Ce que voyant, don Carlos sortit de son lit et dit à son père : Qu'est-ce que ceci, vous voulez me tuer ? — Non, ni te tuer, ni te prendre.

La véritable pensée de son père frappa le prince au cœur ; aussi se jetant à ses pieds et connaissant le sort qui l'attendait, il lui demanda la mort comme une grâce; mais le Roi lui répondit de se coucher, que ce qu'il voulait, c'était son bien.

Philippe II fit ouvrir avec les clés qu'il trouva une caisse contenant *trente mille* écus d'or et d'autres objets de valeur; il dit à Ruy Gomez de prendre les armes qu'il rencontrerait dans l'appartement; il saisit un petit coffret d'or, incrustré en acier, où l'infant gardait ses papiers; fit enclouer les fenêtres, ramasser les chandeliers, les pincettes, les pelles en fer qui servaient pour la cheminée, et se retira de la chambre de son fils. Il y laissait Lerme, Rodriguez de Mendoza, ceux qui avaient ouvert les portes; il se retirait non pas avec la grandeur et la dignité de la justice, mais comme celui qui vient de commettre une mauvaise action, protégé par son omnipotence souveraine et par la volonté de Dieu qui permet tout et qui se réserve de récompenser, dans cette vie et dans l'autre, ceux qui sont dignes de sa miséricorde, et de punir les cruels et les méchants.

En sortant, Philippe II confia la garde du prince au duc de Feria, capitaine de ses gardes; il intima aux Monteros d'Espinosa d'exécuter les ordres qu'il leur donnerait.

C'est ainsi que se termina le premier acte du drame de l'arrestation du prince don Carlos; unique héritier mâle du Roi très catholique et très chrétien Philippe II, qui vivait enseveli sous les obscures voûtes de l'Escurial, pour prier et demander à Dieu pardon de ses péchés. C'est à lui que son père Charles-Quint disait, en lui remettant la couronne, au moment de son abdication, à Bruxelles, le 25 octobre 1555, en présence des députés et des grands dignitaires de l'État : « Craignez Dieu, soyez juste, respectez les lois et par-dessus tout chérissez les intérêts de la religion ; puisse alors le Tout-Puissant vous gratifier *d'un fils* auquel, lorsque vous serez vieux et brisé par la maladie, vous puissiez transmettre votre royaume, avec la même bonne volonté que je mets à vous transmettre le mien aujourd'hui. » Quelle manière de répondre aux paroles, aux conseils, aux désirs du grand Empereur ! quelle religion ! quelle conscience ! quel cœur de père ! quelle dignité de roi ! quelle manière si dégradante de se faire justice ! qu'il est difficile à l'hypocrisie et à la malice de se déguiser davantage, et d'envelopper dans l'ombre cette méchanceté si terrible !

CHAPITRE VII

Le lendemain Madrid se réveilla et apprit l'admirable événement que nous venons de décrire, événement qui laissa la capitale épouvantée, l'Inquisition satisfaite; Ruy Gomez, joyeux; Epinosa vengé; événement, qui, quelques jours après, allait satisfaire le duc d'Albe; remplir Rome d'étonnement, l'Europe entière d'épouvante, plonger dans l'erreur les contemporains, et dans l'obscurité éternelle, des faits dont l'histoire devait s'emparer.

Quand la Reine se réveilla et qu'elle apprit la nouvelle, elle fondit, comme doña Juana, en larmes amères. Ces larmes valurent peut-être à cette dernière, un sourire de compassion. Quand à doña Elisabeth, qui sait le sentiment qu'elle inspirait au Roi Philippe II, l'homme le plus défiant et le plus jaloux de la terre, qui ne permettait pas aux princes et aux princesses, ses enfants, de se réunir sans qu'il y eût un témoin.

Je ne veux pas inventer une accusation; je ne veux pas m'unir à ceux qui lui imputent la mort de la Reine, qui se trouvait dans un état de santé parfaite lorsqu'elle versa ses larmes. Mais si elle avait été convaincue du grand crime que le père reprochait à son fils, elle ne les eût pas pleurées et surtout elle les eût cachées. Les larmes de l'Infante et de la Reine, furent une protestation contre la mauvaise action du Roi; la protestation de la faiblesse contre la force; et qui sait si elles ne furent pas la cause de son avortement et de sa mort.

Philippe II donna ordre de ne pas souffler mot à la Cour, ni dans le Royaume de l'arrestation de son fils, jusqu'à ce qu'il en parlât lui-même; de ne laisser sortir aucun courrier de Madrid, ni de l'Espagne, jusqu'à ce qu'il eût lui-même communiqué l'événement au Pape, aux Souverains ses amis, et aux nations avec lesquelles il était en bonnes relations de paix.

Avant le 23 du mois de juillet, partaient les lettres suivantes que je copie sur un manuscrit de l'époque que je possède, manuscrit trouvé dans un monastère de Castille, après la suppression forcée des couvents, en 1833. Il est presque inintelligible, mais je l'ai déchiffré moi-même pour compléter mes réflexions sur ce triste drame, un des plus horribles par le caractère des acteurs et les circonstances si extraordinaires dans lesquelles étaient l'un et l'autre, et la victime et le bourreau.

Lettre de Philippe II au Souverain Pontife Pie V, sur l'emprisonnement du prince don Carlos.

« Très Saint-Père,

« Par l'obligation commune qu'ont les Princes chrétiens et la mienne en particulier, pour être le fils si dévoué et si obéissant de Votre Sainteté et du Saint Siège, je dois vous rendre compte comme au Père de tous, de mes droits et de mes actions, spécialement dans les choses remarquables et signalées. Il m'a donc semblé nécessaire d'aviser Votre Sainteté de la résolution que j'ai prise de saisir et d'enfermer la personne du sérénissime prince don Carlos, mon fils, premier né. Et pour la satisfaction de Votre Sainteté, et pour qu'elle se forme de ce fait le bon jugement que je désire, il suffira de considérer que je suis père et celui que touche tant et à qui tant importe, l'honneur, l'estime et le bien dudit Prince; ce à quoi vient se joindre ma condition naturelle que tout le monde, ainsi que Votre Sainteté connaît et comprend, que je suis si éloigné de commettre une injustice et de procéder dans des affaires si ardues, sans de grandes considérations et sans fondements. Or, par cela même, il est bon que Votre Sainteté comprenne que dans la direction et l'éducation dudit Prince, depuis son enfance, dans son service, dans le choix de ses compagnons et de ses conseils, pour la conduite de sa vie et le soin de ses mœurs, on a apporté tout le souci et toute l'attention que l'on devait avoir pour l'éducation et l'instruction d'un Prince, d'un fils premier né, héritier de tant de Royaumes et de tant d'Etats ; que, après avoir usé de tous les moyens convenables pour réformer et réprimer quelques excès qui procédaient de sa nature et de sa condition particulière ; après avoir épuisé toute expérience, pendant tant de temps, jusqu'à l'âge qu'il a présentement, et que tout cela n'avait pas suffi ; que les choses étaient poussées si avant et en étaient venues à un tel état, qu'il ne paraissait pas y avoir d'autre remède pour satisfaire à l'obligation que j'ai, pour le service de Dieu, et le bien public de mes Etats et de nos Royaumes, Votre Sainteté peut juger de ma douleur et de mes regrets, puisque don Carlos est mon fils, premier né. Et ne pouvant l'éviter d'aucune manière, je me suis seulement déterminé à faire ce *changement* sur sa personne, à *prendre cette résolution sur un fondement tel* d'après *des motifs si puissants et si justes* que, auprès de Votre Sainteté que je désire et prétends satisfaire, comme en toute autre partie du monde, j'en suis certain, ma détermination paraîtra si juste et si nécessaire, si conforme au service de Dieu et au *bien public*, qu'elle l'est véritablement. Et comme on instruira Sa Sainteté du développement que prendra cette affaire, comme on lui rendra compte, quand il sera nécessaire, de ce qu'il y aura d'important à lui rendre compte, il ne me reste plus rien à dire, qu'à supplier très humblement

Votre Sainteté que, puisque tout ce qui me touche, elle doit le considérer comme propre à son véritable fils, Votre Sainteté *avec son saint zèle le recommande à Dieu Notre-Seigneur, afin qu'il nous dirige et nous aide, pour que nous agissions et nous accomplissions tout selon sa sainte volonté.*

« De Madrid, le 20 janvier 1568, de Votre Sainteté le très humble et très dévoué fils, don Philippe, par la grâce de Dieu, roi d'Espagne, des deux Siciles, de Jérusalem, qui vous baise vos pieds très saints et vos mains. LE ROI. »

Lettre du Roi Philippe II à Catherine du Portugal, relative à l'emprisonnement du prince don Carlos.

« Quoique plusieurs jours se soient écoulés depuis que je vous ai parlé de la manière de vivre et du mode de procéder du Prince, mon fils, et que je vous aie donné de nombreuses et de très grandes preuves et témoignages qui concourent à ce résultat, sur lequel j'ai répondu, il y a quelques jours, à ce que Votre Altesse m'écrivait, ce que j'avais vu et entendu, la nécessité urgente qu'il y avait de porter remède à sa personne, l'amour de père, la considération et la justification qui doivent précéder la nécessité d'en venir à un pareil terme m'ont arrêté. J'ai cherché ; j'ai usé de tous les moyens, de tous les remèdes, de toutes les voies qui m'ont paru nécessaires pour ne pas arriver à *cette voie et à ce point.* Les affaires du Prince sont allées si en avant ; il en est venu à un état tel, que pour remplir l'obligation que j'ai envers Dieu, *comme Prince chrétien*, pour les Royaumes et les Etats qu'il a bien voulu confier à ma charge, je n'ai pu m'empêcher d'opérer ce *changement en sa personne, de le saisir et de l'enfermer*. Le regret et la douleur avec lesquels j'aurai agi, Votre Altesse pourra en juger par le sentiment que je sais que vous éprouveriez, dans un cas pareil, comme mère et dame maîtresse de tous. Mais enfin j'ai voulu faire, sur ce point, *un sacrifice à Dieu de ma propre chair et de mon propre sang; préférer son service et son bien, et le bien public* aux autres considérations humaines. Les motifs tant anciens que ceux qui sont survenus de nouveau, et qui m'ont contraint à prendre cette résolution *sont tels* et *de telle nature* que ni moi je ne *pourrais les rapporter*, ni Votre Altesse les entendre, si ce n'est en renouvelant la douleur et la pitié. Outre que Votre Altesse les entendra en leur temps. Il m'a seulement paru convenable d'informer maintenant Votre Altesse que le fondement de ma détermination ne dépend ni *d'une faute*, ni *d'une désobéissance*, ni *d'un manque de respect; qu'elle ne vise pas à un châtiment;* que, bien qu'il y eût matière suffisante pour ce dernier, il pourrait se faire, en son temps et en son lieu. Je n'ai pas non plus pris cette détermination *comme moyen; j'ai l'espérance que, par cette voie*, ses excès et ses désordres se réformeront. *Cette affaire a un autre principe, une autre racine*, dont le remède *ne consiste ni dans le temps, ni dans les moyens*, et qui est de plus grande importance et d'une plus haute considération pour que *je puisse, moi, satisfaire à ladite obligation* que je dois à Dieu et à mes susdits royaumes. Et quant au *développement* que prendra cette affaire et de ce qui devra en rester, il en sera donné continuellement communication et raison à Votre Altesse. Pour le moment, je n'ai d'autre chose à dire que de supplier Votre Altesse, comme mère et dame maîtresse de tous, et à qui revient une si grande part de tout, de nous recommander à Dieu, qu'il garde Votre Altesse, comme je le désire. De Madrid, le XX janvier 1568. Je baise les mains de Votre Altesse. Son fils, le Roi. »

Lettre au cardinal de Pacheco.

« Don Philippe, par la grâce de Dieu, roi d'Espagne, des Deux-Siciles, de Jérusalem, etc.

« Très révérend en Jésus-Christ, Père cardinal Pacheco, notre très cher et très aimé ami, j'ai écrit à Sa Sainteté, lui rendant compte, comme c'était juste, de la détermination que j'ai prise à l'égard du Prince, mon fils, que j'ai fait renfermer dans un appartement distinct, dans l'intérieur du palais, avec gardes et service particuliers, pour qu'il ne puisse sortir, ni communiquer *avec d'autres personnes que celles qui ont été placées là*, près de lui. J'envoie copie de la lettre à don Juan de Zuñiga, avec ordre de vous la montrer et de *vous communiquer aussi ce que je lui écris à ce sujet.* M'en remettant ainsi à ce qu'il vous dira, je n'ai plus rien à vous dire, si ce n'est que vous pourrez bien considérer combien ont été forcés les motifs qui m'ont contraint de prendre cette résolution, et avec quelle douleur et quel regret j'en suis arrivé à ce point, à l'égard du Prince, mon fils. J'écris, dans le même sens, au cardinal Granvelle. Ledit don Juan vous communiquera la lettre à tous deux, afin que vous vous entendiez sur la manière dont *vous aurez là-bas à traiter cette affaire.* Et comme il pourrait arriver que Sa Sainteté, par son saint zèle et par l'amour qu'il possède pour nous, voulût, dans cette circonstance, faire quelque démarche de compliment ou d'intervention, ou traiter de cette affaire en Consistoire, ou envoyer une personne particulière ici pour cela; je lui fais savoir que cela ne convient en aucune manière pour le moment, ni dans un autre; *vous vous efforcerez de l'en détourner, en entretenant Sa Sainteté jusqu'à ce que,* avec plus de particularités et de fondement, elle comprenne ce qui se passe, et que je sois très respecté.

« Cardinal, notre cher ami, que Notre-Seigneur vous ait en sa garde continuelle. — De Madrid, le XX janvier 1568. »

Lettre au duc de Parme.

« Illustrissime duc, notre très cher et très aimé frère, comme il est nouvellement arrivé que, par de grandes et justes considérations qui m'y ont poussé, j'ai fait retenir la personne du Prince, mon fils, dans son appartement, avec des gardes et un service particulier, afin qu'il ne puisse en sortir, ni communiquer avec d'autres personnes que celles que j'ai commises à cet effet; et cette affaire étant *d'une qualité et d'une importance telles qu'on pourra facilement porter ou faire porter des jugements et des discours divers,* j'ai voulu vous en aviser, pour la considération et l'estime que je fais de votre personne, de votre parenté et de votre amitié, afin que vous soyez informé de la vérité et que vous compreniez que ce qui s'est fait à l'égard du Prince et la cause d'en être venu à ce point ne procède, *ni d'une offense, ni d'une faute commise contre notre personne, ni de toute autre chose, d'espèce ou de qualité semblable,* si ce n'est que son naturel ou son caractère particulier ont nécessité *une telle manière de procéder à son égard* que pour son *propre bien* et pour son recueillement, et pour ce qui regarde *mon service* et le bien de mes royaumes et pour d'autres justes considérations, il a été nécessaire d'employer ce moyen à son égard. Si dorénavant il y avait autre chose dont on doive vous aviser, on le ferait, comme de raison, et comme cela s'est déjà fait. Que Notre-Seigneur vous ait continuellement en sa garde, illustrissime Duc, notre très cher frère. — De Madrid, le 22 janvier 1568. »

Lettre commune aux grands.

« Illustrissime, etc., ayant ordonné de saisir la personne du Sérénissime Prince don Carlos, notre très cher et très aimé fils, dans notre palais, et mis un ordre si différent dans son gouvernement, son service et son traitement, et ce changement étant de la nature qu'il est, il nous a paru convenable de vous le faire savoir, afin que vous compreniez ce qui s'est fait; que la détermination que nous avons prise à cet égard repose sur un fondement si juste et sur des *motifs si urgents et si nécessaires* que, remplissant l'obligation que nous avons, nous n'avons pu nous empêcher de prendre ce moyen, en tenant comme nous le tenons pour certain, qu'il sera le plus convenable et le plus propre pour le *service de Dieu et pour le bien public*, fin que l'on s'est proposée dans ce qui s'est pourvu jusqu'à présent et fin que l'on se proposera aussi dans l'avenir; ce dont on ordonnera de vous informer en son temps et quand il sera nécessaire. — Donné à Madrid, le 20 janvier 1568. »

Lettre au duc d'Albuquerque, vice-roi de Navarre.

« Illustre duc, notre cousin et notre gouverneur et capitaine général, ayant ordonné la réclusion du Prince, mon fils, dans un appartement choisi pour cela, à l'intérieur du palais, avec une garde et un service, réglés de façon qu'il ne puisse ni sortir, ni communiquer avec d'autres personnes que celles par moi désignées, il m'a paru bien, vu la nature de cette affaire et de ce changement, de vous en donner connaissance, afin que vous soyez informé de ce qui s'est fait, et que, par votre intermédiaire, on le soit dans le royaume de Navarre. Vous pourrez juger que j'ai été porté à prendre cette détermination par des raisons si pressantes et si impérieuses, qu'il ne m'était absolument pas possible de m'en dispenser; vous pourrez aussi considérer la douleur et le regret avec lequel j'en suis venu là, envers ledit prince, mon fils. J'ai trouvé convenable de vous avertir encore que cette résolution n'est pas fondée sur une machination que le prince aurait tramée, ni sur une offense qu'il m'aurait faite, et qu'elle n'a pas pour but un châtiment, ni une correction. Le naturel et le caractère du prince l'ont porté à se conduire d'une telle manière; et cette conduite a si longtemps continué et est allée si loin que, après avoir infructueusement mis en pratique tous les moyens et les remèdes dont l'amour et l'affection paternelle m'avaient engagé à faire l'essai à son égard, j'ai dû me déterminer, enfin, subordonnant toutes autres considérations aux devoirs que Dieu m'a imposés, en ce qui touche son service et le bien de mes royaumes et Etats, à recourir à cette mesure, comme au vrai et seul moyen par lequel je puisse satisfaire à mes obligations. Vous comprendrez, par ce que je viens de vous dire, la juste fin et intention que j'ai eue. Pour le présent, je ne saurais vous donner plus de détails. Seulement, j'ajouterai que vous déciderez là-bas des personnes à qui, dans le royaume de Navarre, il conviendra de communiquer la chose, et de la forme en laquelle vous aurez à y procéder, en observant toutefois qu'il ne faut faire pour cette communication aucune espèce d'assemblée. Et, afin que vous sachiez l'ordre qui a été suivi, relativement à cela, dans le royaume de Castille, je vous envoie copie des lettres qui ont été écrites aux villes, aux tribunaux, aux grands, aux prélats et autres. Vous verrez l'usage que vous pourrez en faire. Donné à Madrid, le 26 janvier 1568. Moi, le Roi. »

La déclaration faite alors que don Carlos, depuis trois ans, avait la tête faible, qu'il n'était jamais maître de son intelligence, déclaration faite par le prince d'Eboli à l'ambassadeur de France, Fourquevaulx, était un mensonge insigne, et plus qu'un mensonge, une insigne infamie sans nom. Cette déclaration ne se basa pas sur les lettres qui précèdent. S'il était fou, le moyen de le guérir n'était pas de l'enfermer pour qu'il mourût dans une prison, et le jugement du Conseil d'État et de l'Inquisition n'étaient pas nécessaires pour guérir un fou.

La lettre de Philippe II au cardinal Granvelle, lui demandant de dissuader le pape Pie V d'envoyer aucun nonce, ni aucune personne pour s'informer de ce qui se passait pour lors en Espagne, à l'égard de don Carlos, suffit pour juger ce parricide.

Jamais l'histoire n'accusera ni ne condamnera les crimes supposés du fils de Philippe II. Il a pu les concevoir; mais il n'existe pas une seule preuve qu'il ait voulu tuer son père, ni renier sa religion, ni démembrer ses Etats, sans avoir avoué des complices, et sans qu'on lui en ait connus. Ce qu'on peut condamner avec des preuves, c'est l'assassinat du père, exécuté sur le fils, traîtreusement mis à mort; après avoir fait disparaître tous les documents et tous les ordres donnés à cet effet, non pour sauver l'honneur de sa famille, mais pour faire disparaître les preuves du crime commis contre son pauvre enfant, dont l'unique délit fut d'avoir pensé différemment que son père en religion et en politique, d'avoir vu avec horreur les tortures de l'Inquisition et les cruautés qui se commettaient dans les Flandres.

Le cardinal Espinosa, le prince d'Eboli et Bribiesca furent les personnages chargés de dresser son accusation. Celle-ci fut remise au monarque, et la sentence, prononcée par sa bouche, passa aux mains des bourreaux.

Les papiers relatifs à cette affaire furent enfermés dans une caisse, dit Cabrera, et portés aux archives de Simancas, par ordre de Philippe II, en 1592. C'est là un mensonge insigne, comme tout ce qui a été écrit par lui et par les écrivains espagnols, sur l'affaire du prince don Carlos.

Le cardinal archevêque de Rossano, nonce du Pape à Madrid, assure qu'Espinosa lui communiqua, de la part du Roi, les motifs de l'emprisonnement de don Carlos : « Il n'est pas question de « conspiration contre la vie de son père, il s'y traite « d'un mal plus grand; le Roi a vu les mauvais « pas de son fils, durant les deux dernières années, « voilà pourquoi il a été dans la nécessité de l'en- « fermer (1). »

(1) Carta del arzobispo Rossano, du 24 janvier 1568.

Telles sont ses paroles. Les mauvais pas de son fils, c'étaient ses conférences avec Montigny, et l'intérêt qu'il prenait aux malheurs des Pays-Bas; et, comme le dit Gachard : « Ses conseillers intimes, le président d'Espinosa, Ruy Gomez et les autres, n'étaient-ils pas intéressés à ce qu'il traitât son fils en ennemi irréconciliable? N'avaient-ils pas sujet de craindre que, si jamais don Carlos montait sur le trône, ils ne payassent, eux, de leur tête, et leurs familles, de leur rang et de leurs biens, la part qu'ils avaient prise à son arrestation (2). »

Hélas! l'Inquisition avait besoin d'immoler le fils du roi Philippe II, avant qu'il pût mettre sa puissance en danger.

Voilà la cause de la mort du prince don Carlos. Ce qui le fit mettre à mort, ce ne fut pas le motif d'avoir pu attenter à la vie de son père, ni d'avoir tramé contre l'unité de la monarchie; ce qui le fit mettre à mort, ce fut la haine d'Espinosa, la possibilité de le voir aider un jour les luthériens, en rompant l'unité catholique; c'est là ce qui lui coûta la vie.

La lettre de Zuñiga, du 25 juin 1568, disant que le Pape approuvait la détermination du Roi, et que le salut de la chrétienté dépendait de ce que Dieu lui accorderait de nombreuses années de vie, et un successeur qui marchât sur ses traces, ne prouve pas que le Pape approuvât le crime, encore moins

(2) Gachard. *Don Carlos et Philippe II.*

qu'il laisserait commettre le parricide. Le Pape fut trompé, comme le monde entier.

« Auprès de Sa Sainteté, dit au Roi le cardinal Granvelle qui secondait admirablement les démarches de Zuñiga, a été rempli le devoir que Votre Majesté m'avait ordonné... On en a fait autant auprès de tous ceux qu'il convenait de le faire; on a écrit de toutes parts pour remédier à ce que les Français avaient publié (1).

« Avec des larmes de sang du cœur, je réponds à la lettre que Votre Majesté a bien voulu m'écrire... *et par dessus tout la cause me fait de la peine* (2). »

« Plaise à Dieu que ce qui se fait serve de remède, conformément au saint désir de Votre Majesté, et que ledit seigneur prince se plie à la raison (3). »

Les lignes que je vais transcrire, prises chez l'historien Gachard, prouvent les efforts du Pape pour connaître la vérité.

Don Juan de Zuñiga s'y trompa aussi; dans sa lettre au Roi, du 5 mars, il lui dit : Plegue a Dios que de esta se siga el effeto que V. M. desea.

Le Pape, cependant, témoignait de jour en jour plus de souci au sujet de cette affaire; il en parlait

(1) Lettre de Granvelle au Roi, du 9 mars 1568. — Archives de Simancas, Estado, leg. 906.

(2) Lettre de Granvelle au Roi, du 9 mars 1568. — Archives de Simancas, Estado, leg. 906.

(3) Lettre de Granvelle au Roi, du 9 mars 1568. — Archives e Simancas, Estado, leg. 906.

souvent, et c'était chaque fois avec une sensibilité extrême (1). Il s'inquiétait surtout des faits qui avaient pu amener la réclusion du prince d'Espagne ; les dépêches de son nonce à Madrid n'étaient pas plus explicites à cet égard que la lettre du Roi et le langage de don Juan de Zuñiga; il y trouvait bien des bruits, des rumeurs, des conjectures, mais tout cela était vague, sans consistance; en outre, les paroles énigmatiques du président d'Espinosa à l'archevêque de Rossano étaient de nature à autoriser les suppositions les plus étranges. C'était donc en vain que Zuñiga s'attachait à lui représenter les imperfections naturelles et la conduite du prince comme ayant seules motivé la mesure rigoureuse dont il venait d'être l'objet : ces explications ne le satisfaisaient point, et il déclara sans détours à l'ambassadeur qu'il désirait être éclairci de la vérité par le Roi lui-même (2).

Philippe songeait précisément alors à s'ouvrir d'une manière plus intime au Pape. Le 9 mai, il lui écrivit, de sa main, la lettre dont l'absence dans les Archives de Simancas, me causa tant de regrets, lorsque, il y a vingt ans, je visitai ce célèbre dépôt,

(1) Lettre de D. Juan de Zuñiga à Philippe II, du 9 mars 1568. — Archives de Simancas, Estado, leg. 906.

(2) « ... Como han sido tantos los discursos que sobre este negocio se han hecho en todo el mundo..... querria el Papa saber por carta de V. M. la verdad. — Lettre de Don Juan de Zuñiga à Philippe II, du 28 avril 1568. (Archives de Simancas, Estado, leg. 906.)

qui a été sans succès recherchée depuis au Vatican, et que, enfin, sur les indications fournies par le R. P. Theiner, préfet des archives pontificales, à feu mon savant ami Mgr de Ram, j'ai pu emprunter, sinon dans son texte primitif, au moins en une traduction latine, aux Annales ecclésiastiques de Laderchi. Le cardinal Alessandrino, secrétaire d'Etat de Pie V, en avait gardé l'original : Laderchi ayant eu accès à ses papiers, l'y rencontra et en enrichit son livre (1). La lacune qui existe aux Archives du Vatican est ainsi expliquée. Maïs comment se rendre compte de celle que présente la collection des papiers d'Etat de Simancas? Faut-il croire que Philippe II, après avoir écrit la lettre, en retint la minute, ou qu'elle fut soustraite du *negociado* de Rome par Antonio Perez qui l'avait rédigée? L'une et l'autre hypothèse est admissible.

Les termes suivants, dans lesquels Philippe annonçait à son ambassadeur à Rome l'envoi de cette lettre, avaient fait conjecturer qu'elle lèverait tous les voiles dont était restée couverte l'affaire de don Carlos. « J'écris de ma main à Sa Sainteté, ce que vous verrez par la copie ci-jointe. J'ai cru devoir m'expliquer si particulièrement avec elle sur le cas du prince, afin qu'elle connaisse à fond ce qu'il en

(1) « ... Benevoli patris justis petitionibus annuit piissimus rex, ad eum scripta, manu sua, epistola, quam ex proprio originali exscriptam, tanquam veritatis irrefragabile testimonium, hic damus... (*Annales ecclesiastici*, tom. XXIII, p. 146.)

est, qu'il ne lui reste aucun doute là-dessus, et qu'elle ferme l'oreille aux autres choses qui se débitent. Quoiqu'il ne s'agisse pas, quant à présent, de faire une telle déclaration à d'autres, il est juste et convenable qu'au Saint-Père je marque cette confiance, et je lui parle avec cette clarté (1). » On va juger si le contenu de la lettre justifie la curiosité qu'elle a si fortement excitée.

Philippe la commençait en remerciant le Pape des consolations précieuses et des sages avis qu'il avait puisés dans sa réponse. Il rappelait au Souverain Pontife ce qu'il lui avait écrit le 20 janvier, et qui avait pu lui faire comprendre que ni la colère, ni l'indignation, ni quelque faute dont le prince, son fils, se serait rendu coupable, n'avaient motivé la mesure prise contre lui, mesure qui n'avait pas eu non plus pour objet de le punir ou de réformer sa conduite. Il avait alors mis à dessein de dévoiler à Sa Sainteté certaines choses particulières, pensant bien qu'il aurait plus tard l'occasion de l'en entre-

(1) A Su Santidad scrivo de mi mano lo que vereis por la copia de la carta que juntamente con ella se os embia. Hame parecido declararme tan particularmente con él en este caso del principe, para que entienda de fundamento lo que en él hay, y que no esté suspenso ni devajo de juicio y sospecha de otras cosas que en este negocio se discurren, y tenga satisfaccion del fundamento y fin que se tiene, y aunque por agora no conviene para con los demas hacerse esta declaration, con Su Santidades es justo y decente se trate con esta confianza y claridad. (Lettre du 13 mai 1568. — Arch. de Simancas. Estado, leg. 906.)

tenir. Mais, à présent, désirant satisfaire Sa Sainteté au sujet de toutes ses actions et principalement des plus considérables, mettant aussi en elle, comme en un véritable père, une confiance sans limites, il venait lui découvrir entièrement ce qu'il y avait dans le fait du prince; elle pourrait de cette façon saisir sans peine le motif et le but du parti qu'il avait adopté. « J'ai, disait-il donc, plus d'une fois, considéré le fardeau que Dieu m'a imposé à raison des Etats et des royaumes dont il a daigné me confier le gouvernement et l'administration, afin que j'y maintienne intactes la religion orthodoxe et l'obéissance au Saint-Siége, que j'y fasse régner la paix et la justice, et qu'après le peu d'années que j'ai à passer dans ce monde, je les laisse en un état de stabilité et de sûreté qui garantisse leur conservation durable. Cela dépend surtout de la personne qui sera appelée à me succéder. Or, il a plu à Dieu pour mes péchés, que le prince eût tant et de si grands défauts, les uns procédant de son intelligence, les autres de son naturel, qu'il est complètement dépourvu de l'aptitude requise pour le gouvernement des Etats. Je prévoyais, en outre, si la succession au trône venait à lui échoir après moi, de graves inconvénients et des dangers manifestes contre lesquels tout viendrait se heurter. Dans ces circonstances, et après qu'une longue et particulière expérience, après que l'inutilité de tous les remèdes, qui avaient été essayés, eurent fait reconnaître qu'il ne fallait attendre de lui que peu ou même point d'amendement; qu'ainsi il n'y avait aucun espoir que les maux qui, avec raison, étaient à craindre, pussent, par l'effet du temps, être prévenus, il a été jugé nécessaire de l'enfermer, pour examiner ensuite avec maturité, selon l'exigence de la chose, les moyens d'arriver à mes fins, sans encourir le blâme de personne (1). »

Le Pape n'insista plus : le meilleur accord régnait entre les deux Cours. Pie V, à la prière de Philippe II, avait depuis peu envoyé le chapeau de cardinal au président d'Espinosa; Philippe, de son côté, en ajoutant l'évêché de Sigüenza à toutes les dignités dont Espinosa était revêtu, avait réservé, sur les revenus de cette église, une pension de trois mille ducats en faveur du cardinal Alessandrino (2). C'était pour lui payer le conseil du crime.

(1) Gachard, *Don Carlos et Philippe II*, p. 423, 424, 425, 426, 427.

(2) Gachard, *Don Carlos et Philippe II*, p. 429, et Lettre de l'archevêque de Rossano au cardinal Alessandrino, du 1er mai 1568.

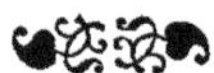

CHAPITRE VIII

Que le prince don Carlos conspirât contre son père, c'était possible, c'était vrai jusqu'à un certain point, comme ont conspiré d'autres fils de rois en Espagne, tant dans les temps anciens que dans les temps modernes, princes que l'on a emprisonnés, à qui on a fait leur procès et qui n'en ont pas moins heureusement régné ensuite, respectés et obéis de leurs parents. Que les ennemis du roi et les amis de son fils fussent les luthériens et les malheureux seigneurs persécutés d'Allemagne et des Pays-Bas, il n'y a pas le moindre doute.

Il existe peu de documents qui le prouvent; mais les faits ont leur valeur nécessaire, et l'historien est comme le mathématicien qui, étant donnés des termes exacts, doit en tirer le résultat logique.

Ce n'est pas le plaisir d'en finir avec son fils, ni de sa propre volonté que Philippe II aurait commis une monstruosité pareille. Quels motifs eut-il donc pour cela? S'il avait été fou, il aurait choisi un autre système pour le guérir. Il ne l'eût pas alors arrêté ni emprisonné avec de si terribles précautions. Ceux dont le cerveau est malade ne se soignent pas par des traitements si durs; on n'agit pas avec tant de mystères à l'égard de ceux qui sont en démence.

L'enferma-t-il par jalousie? Philippe II était-il l'homme le plus jaloux de la terre? Le fait n'est pas impossible, parce que son fils honorait sa marâtre, lui donnait des preuves d'une profonde tendresse, sentiments qu'elle lui rendait de son côté. De quoi avait-il peur pour le tuer? Parce qu'il conspirait pour arriver au trône avant le temps? Avec des idées pareilles, le Prince n'aurait pas voulu aller en Flandre, au lieu du duc d'Albe, et laisser à une si longue distance ses amours et l'objet de ses désirs?

Philippe II, c'est vrai, sut que son fils était d'accord avec ceux qui conspiraient en Flandre contre ses persécutions religieuses; il savait qu'il n'était pas un fanatique comme lui; qu'il ne courbait pas la tête devant le Saint-Office. Connaissant ce caractère, le cardinal Espinosa vint ajouter la délation des moines d'Atocha; pour réaliser sa vengeance, le duc d'Albe y joignit quelque conte de Flandre; don Juan d'Autriche, le sien propre, pour améliorer sa position par ce maigre service. Avec de pareils combustibles l'âme altière de Philippe II s'enflamma; l'âme de Philippe II, à qui le fanatisme donnait la vie, et dont le bras le poussait aux actes les plus extraordinaires et les plus cruels, dans une nation comme l'Espagne. Cette nation, Prescott la caractérise en ces termes : « La guerre des *comunidades* finit par la ruine du patriotisme et des libertés espagnoles, dans la mémorable journée de Villalar. Dès cette heure fatale, une tranquillité non interrompue régna dans le pays, non pas la tranquillité qui procède naturellement de l'exercice d'un gouvernement libre et bien conduit, mais celle qui naît du règne du despotisme. »

Cette nation, dit Montalembert, déshonorée par la monarchie absolue et l'Inquisition, dont l'âme était morte entre les mains sanglantes de Philippe II, ce double vampire du despotisme monarchique et religieux. Dans cette nation donc, ce monarque emprisonna son fils ; ce dernier tenait beaucoup de son père pour les formes du corps et les traits du visage, mais chez Philippe II ces traits avaient une expression plus sombre et quelque chose de sinistre, malgré ses efforts continuels pour le dissimuler par ses manières, comme s'il voulait cacher ses pensées à l'observation des autres; à cette différence s'ajoutait en outre celle d'une cruauté innée, telle qu'on n'en a jamais vu de plus grande chez aucun tyran.

Egmont, de Berghes, de Montigny et d'autres eurent des entrevues avec don Carlos, ainsi que les

Flamands de Séville. Dans ces années, comme dans les temps présents, on conspirait, comme on conspirera toujours contre le fanatisme et la tyrannie. C'est, dans tous les siècles, le travail de l'humanité.

Philippe II redoutait, plus que la perte des Indes, l'idée que l'on sût que son fils était en relation avec les protestants et qu'il était d'accord avec eux.

Charles-Quint, son père, lui avait recommandé par son testament de faire poursuivre et juger tous les hérétiques qu'il rencontrerait dans ses Etats, sans distinction de personne. Il lui demandait « *d'aimer la Sainte-Inquisition comme le meilleur instrument mis à sa disposition pour remplir la bonne œuvre. En agissant ainsi, vous aurez ma bénédiction et le Seigneur vous favorisera dans toutes vos entreprises.* » Telles furent les paroles du père de Philippe II.

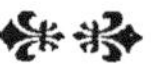

CHAPITRE IX

SINGULIÈRES vicissitudes du sort : Ruy Gomez, encore jeune, donna un coup à Philippe II, coup qui le fit exiler de la Cour par Charles-Quint.

A force de supplications du prince, le père le laissa revenir à ses côtés. Sa faveur lui valut d'être nommé duc de Pastrana, avec vingt-cinq mille couronnes de rente, et lorsqu'il se maria avec doña Ana de Mendoza, princesse d'Eboli, il prit ce titre.

Ce prince fut le geôlier que Philippe II nomma pour son fils don Carlos. C'est à ses ordres qu'obéissaient les six serviteurs qui l'épiaient continuellement, face à face, nuit et jour, pour son plus grand supplice.

L'accusateur du fils de Philippe II fut Espinosa, son ennemi mortel qui, sorti d'un rang modeste, parvint à force d'habileté, d'audace et d'ambition, à être président du conseil de Castille, du conseil des Indes, membre du conseil d'Etat, inquisiteur général de l'Inquisition royale de Séville. Il occupait l'archevêché de Sigüenza lorsque, en 1568, sur les prières de Philippe II, Pie V le fit cardinal.

La hauteur et la vanité de cet homme fut, pour ainsi dire, le poignard qui tua don Carlos. Mais le funeste cardinal ne mourut pas sans avoir senti la justice de Dieu. Quelques années plus tard, un jour, en plein conseil, sur une affaire des Flandres, Philippe II se leva et, plein de colère, l'appela « imposteur. »

Le geste seul de Philippe II était une condamnation irrémédiable. « Parce que, comme le dit Cabrera, de son sourire à son poignard, il y avait peu de distance ; » de sa colère à la potence, il y en avait beaucoup moins.

Espinosa se leva du conseil, mort de frayeur; il rentra chez lui, se mit au lit pour y mourir, au mois de septembre 1572, sans avoir besoin que le roi ait ordonné de lui rendre la justice à la manière d'Escobedo, de son fils, de Montigny et d'autres.

Décisions terribles, élaborées sous les sombres voûtes de l'Escurial, où le vampire allait demander pardon à Dieu, en écrivant ses péchés, et les faisant lire à son secrétaire, pour qu'il lui servît de témoin auprès de son confesseur, afin de racheter l'absolution de ses crimes par l'échange des plus étonnantes promesses et des donations à l'Eglise.

Philippe II, pour pallier son crime aux yeux des nations étrangères et même de l'Espagne, dont les populations obéissaient, alors comme aujourd'hui, et croyaient aux paroles de leurs grands seigneurs, leur fit écrire les lettres suivantes qu'il rendit publiques, afin de fermer la bouche par elles à la médisance de ses propres sujets et des étrangers, mais avec lesquelles il ne put fermer les yeux de l'historien impartial, ni arrêter son jugement.

Lettre du duc de l'Infantado.

C. R. M.

La nouvelle de l'emprisonnement du prince, notre seigneur, m'a causé d'autant plus de peine que je sais combien, en toutes choses, Votre Majesté procède avec maturité de conseil et catholique délibération. Je serais venu baiser les mains à Votre Majesté ; mais pour des choses si graves, on ne peut en espérer le remède que des mains de Dieu ; je le supplie de le mettre en ceci, afin que Votre Majesté soit très satisfaite et contente pour que nous, ses vassaux, nous sortions de la tristesse dans laquelle cet événement nous a plongés. Pour moi, je n'ai rien à offrir, parce que tout ce que j'ai et tout ce que je peux avoir, appartient à Votre Majesté ; je n'ai rien à dire, que d'attendre les ordres que Votre Majesté voudra bien me donner, comme à un fidèle vassal, et comme le prince Ruy Gomez le rapportera plus au long à Votre Majesté. — De Votre C. R. M. etc.

Lettre de l'Almirante.

C. R. M.

Je suis, avec le regret qu'il convient, comme à une personne si attachée au service de Votre Majesté, de voir qu'il y ait eu précédemment des motifs si soudains pour obliger Votre Majesté à saisir sa personne (de don Carlos) et à changer sa vie et sa maison. Plaise à Dieu de vous accorder autant d'années en bonne santé et pour le repos de Votre Majesté qu'il convient à son service et au bien des vassaux et des serviteurs de Votre Majesté. Je supplie Votre Majesté de se rappeler des années écoulées depuis que je me suis, avec tant de sincérité, offert pour son service, de l'amour et de la fidélité que je lui ai toujours gardés et que je lui garderai, toutes les années de vie qui me seront conservées ; que je vivrai avec le désir que j'ai témoigné à Votre Majesté quand je suis parti d'ici, et que je reste prêt à agir comme mon devoir m'oblige toujours de le faire. De Votre C. R. M. N. S^or^.

Lettre du duc de Medina Sidonia.

Le fait d'avoir, Votre Majesté, ordonné la détention du prince N. S^or^, a eu une signification plus grande qu'on ne pourrait le croire, et d'autant plus diverse que pour une pareille démonstration Votre Majesté aura eu des motifs aussi justes que ceux qu'on doit avoir. Ces motifs, je les regrette et je les regretterai, comme celui qui désire et veut le plus le service de Votre Majesté. En effet, outre mon obligation générale, l'affection particulière et l'amour que je professe pour Elle rendront mon regret encore plus grand, surtout de voir que, puisqu'on n'a pu s'en dispenser, l'obligation où s'est trouvée Votre Majesté de faire ce qu'elle a fait, doit être grave. Et satisfaisant à la coutume de cette maison qui a toujours été de servir et de suivre ses Rois, j'irai bientôt baiser les mains de Votre Majesté et lui dire le sentiment profond que m'a causé cet événement, si je pensais qu'en cela je remplis mon devoir envers Votre Majesté. Et comme pour des choses si importantes il ne faut attendre le remède que de Dieu, je le supplie de vous l'accorder tel et si parfait que, l'on oublie le mécontentement présent, de sorte que Votre Majesté reste très satisfaite et contente, et que nous, ses vassaux, nous sortions de la peine où cet événement nous a jetés. Je n'ai rien à offrir, ni à dire à cet égard, mais comme vassal fidèle, je dois servir Votre Majesté avec tout ce que j'ai, et de tout mon pouvoir, ainsi que le comte d'Olivares, mon oncle, le témoignera Votre Majesté. — De Votre C. R. M. N^to^ S^or^, etc.

Lettre du marquis de Denia.

Par la lettre de Votre Majesté, j'ai compris qu'il avait été convenable au service de Dieu et de Votre Majesté de garder enfermé le Prince N^to^ S^or^, et la plus grande satisfaction qu'il y ait en cela, ce sont les profonds sentiments chrétiens et la droiture de

Votre Majesté, dont toutes les fins tendent à l'intérêt et au bien commun de ses sujets, lesquels n'avons pas à faire des réflexions, mais à approuver et à tenir pour bon ce qu'ordonnera Votre Majesté, comme Roi si catholique et très chrétien, et je prie Dieu de vous conserver pour nous de longues années. Et si, pour le service de Votre Majesté, il était nécessaire de sacrifier ma personne et ma fortune, je le désirerai la vie toute entière. — De Votre C. R. M. N^tro^ S^or^.

Lettre de l'évêque de Cordoue.

Les chanoines et les vassaux de Votre Majesté, nous ne pouvons laisser de sentir très tendrement les peines et fatigues de Votre Majesté, et particulièrement la peine présente qui touche tant Votre Majesté, tous ses royaumes, toutes ses seigneuries, tous ses vassaux et tous ses sujets. Il plaira à Dieu que les moyens employés dans cette affaire si grave tendent à vous faire obtenir la glorieuse fin que désirent Votre Majesté, *l'Eglise universelle, les Royaumes et le service dont Votre Majesté a besoin. Pour les peines que Dieu a données à de grands saints en leurs fils, dans la loi naturelle,* nous lisons dans l'Ecriture qu'ils sont arrivés à de glorieuses fins ; Notre-Seigneur, dans son infinie miséricorde, voudra bien qu'il en soit de même pour Votre Majesté. Il ne reste donc plus qu'à le supplier, qu'à avoir, pour tout le reste que Votre Majesté voudra bien m'ordonner, dans cette église et dans toutes les autres ressortissant à cet archevêché, le soin que demande une affaire d'une si grande importance. Je prie Notre-Seigneur qu'il vous garde et vous rende prospère.

Lettre du duc de Medina de Rio Seco.

C. R. M.

Par une autre lettre de Votre Majesté, j'ai compris le changement qu'Elle avait apporté, tant dans la restriction à l'égard de la personne de Son Altesse, qu'en ce qui concerne sa maison et son gouvernement. Par les sentiments chrétiens de Votre Majesté, on peut voir que les motifs ont été tels qu'il ne pouvait se faire autre chose. Et, si je peux la servir en quelque chose, de ma personne ou de ma maison, Votre Majesté peut être certaine que je ferai ce que mes devanciers ont fait pour le service de Votre Majesté. Que Notre-Seigneur la garde, etc.

Lettre du marquis de los Veles.

C. R. M.

La lettre de Votre Majesté du vingt du présent, dont Votre Majesté m'a fait la grâce, en ordonnant de me faire connaître la détention du Prince, notre seigneur, je l'ai reçue hier. Et puisque Votre Majesté l'a ordonnée, il reste entendu que la chose a eu lieu avec toutes les considérations qu'un tel acte exige, considérations que Votre Majesté apporte en tout; et il en sera de même pour ce que

Votre Majesté aura fait. Par conséquent, il n'y a pas à supplier Votre Majesté, ni autre chose à lui dire sinon que j'éprouve la plus grande peine que j'ai jamais pensé éprouver. Plaise à Dieu de mettre sa main dans cette affaire, ainsi qu'il est nécessaire, afin que Votre Majesté ait tout repos et contentement, et que nous, ses vassaux, nous puissions en jouir, en connaissant la tristesse qui nous accable avec tant de raison. Le peu que j'ai et que je peux appartient à Votre Majesté, et pour la servir par cela et par ma vie, je n'ai qu'à vous l'offrir, sans voir pourquoi Votre Majesté a bien voulu me donner des ordres. — De Votre C. R. M. N. S^{or}, etc.

Lettre du duc de Gandie.

Par la lettre que Votre Majesté m'a fait la grâce de m'écrire, j'ai compris la nouvelle du changement que Votre Majesté a ordonné dans le service et le traitement du Srme Prince D. Carlos, et elle m'a donné à entendre que c'était avec beaucoup de raison et pour des motifs très suffisants; il suffit de savoir que Votre Majesté l'a ainsi ordonné. Le souci et la peine que cette affaire aura causé à Votre Majesté, je les éprouve moi-même très grandement; et, puisqu'il en est ainsi, la volonté que cette affaire a produite et la créature de Votre Majesté restent à son royal service; si, pour si peu que ce soit, je pouvais y être bon, je supplie très humblement Votre Majesté d'ordonner de l'employer avec certitude;

Votre Majesté trouvera en moi une âme très désireuse de réussir à la servir et très déterminée à le faire. C. R. M. de Votre Majesté, que Dieu garde.

Lettre du duc de Francourla.

C. R. M.

Je ne peux laisser de regretter, comme de raison, que Son Altesse ait obligé Votre Majesté à faire une telle démonstration, qui n'a pu avoir lieu sans une puissante cause. Je n'ai pas besoin de le comprendre, parce que j'ai vu Votre Majesté procéder toujours avec la plus grande sagesse et les plus profonds sentiments chrétiens, et que j'ai aussi pour Votre Majesté l'obligation d'un vassal, obligation que je montrerai en suivant la volonté de Votre Majesté dans tout ce qu'il plaira à Votre Majesté. J'ai beaucoup d'autres raisons qui me rendent si content d'avoir la première, que je ne la changerai pas pour aucune chose du monde. Votre Majesté ayant ainsi considéré l'honneur de Dieu, nous, les vassaux, nous devons avoir une grande espérance que Votre Majesté nous sortira de cette peine, en donnant le remède qui convient par les mains de Votre Majesté. De Votre, etc. Madrid, le 27 janvier 1568.

CHAPITRE X

Le prince resta prisonnier dans son appartement, sans qu'il lui fût permis de voir, de recevoir personne, ni de correspondre avec d'autres personnes que celles qui étaient préposées à sa garde. Le 2 mars, le roi donna une instruction contresignée par Pedro del Hoyo et adressée au prince d'Eboli sur la manière dont l'Infant devait être gardé. Dans cette instruction, il était amplement pourvu à la nourriture et au vêtement de don Carlos, et à la propreté de la chambre. Son service devait être fait par Ruy Gomez, don Francisco de Sandoval, comte de Lerme; don Francisco Manrique, frère du comte de Paredes; don Rodrigo de Benavides, frère du comte de Santisteban, et par don Juan de Borgia, frère du duc de Gandie.

L'historien Herrera ajoute à ces quatre gentilshommes : don Gonzalo Chacon, frère du comte de la Puebla de Montalvan, et don Rodrigo de Mendoza, frère du duc de l'Infantado. Cabrera dit tout le contraire; il soutient que ces deux dernières personnes furent expressément exceptées de la faculté de pouvoir entrer dans l'appartement du prince. Il dut en être ainsi, puisque, dans la relation du narrateur italien, on parle des tendres adieux de don Carlos et de Mendoza.

Ces adieux laissent voir le cœur et la noblesse de don Carlos. Voici comment Gachard la raconte :

« Et don Rodrigo de Mendoza, mon ami, Sa Majesté me le retire aussi? » Oui, Monseigneur, répondit Ruy Gomez. Don Carlos fit venir Mendoza, et l'ayant pris dans ses bras : « Don Rodrigo, lui dit-il, je regrette de ne vous avoir pas témoigné, par des actes, l'affection que je vous porte et que j'aurai toujours pour vous. Plaise à Dieu que je sois un jour en situation de vous en donner des marques. » Alors, les yeux remplis de larmes, il l'étreignit de façon qu'on eut beaucoup de peine à l'en séparer. Il n'y avait que peu de mois que don Rodrigo de Mendoza était attaché à sa personne ; mais il avait reconnu dans ce jeune gentilhomme de la noblesse d'âme et de la courtoisie, une intelligence élevée, et il avait conçu une vive estime pour lui.

Dans le même temps qu'il reléguait son fils en une tour du palais, Philippe II licenciait sa maison et disposait des chevaux de son écurie. Une partie de ses officiers, ses gentilshommes de bouche, notamment, ainsi que Martin de Gaztelù, son secrétaire, passèrent au service du roi (1).

L'entrée de la chambre était aussi permise à l'officier chargé de veiller sur la chambre du prince, et qu'on nomme, en Espagne, par les mots : Montero de Espinosa, et du service ordinaire ; elle était également permise, dans les moments nécessaires, au médecin et au barbier.

L'instruction prescrivait que le duc de Lerme dormirait dans la chambre, que, s'il y avait quelque empêchement, ce serait un autre des gentilshommes nommés ; que l'un d'eux veillerait constamment durant la nuit, et deux pendant le jour, de manière que si l'un avait à sortir pour un motif quelconque, il en restât un autre pour servir et entretenir le prince.

Ce dernier ne pouvait sortir de la pièce désignée, ni y apporter le moindre changement. La porte devait être toujours poussée, mais jamais fermée. Les gentilshommes ne devaient pas porter d'épée, ni avoir d'autres armes, par le respect dû au prince.

Dans la pièce précédant l'antichambre, il devait y avoir constamment six officiers de service ; ils devaient, durant la nuit, occuper la place désignée, et, en outre, celle que leur indiquerait Ruy Gomez.

Dans le tambour de la porte donnant sur la cour, devaient se tenir, en sentinelle, deux hallebardiers

(1) Gachard, *Don Carlos et Philippe II*, p. 451.

qui devaient seulement laisser passer ceux qui présenteraient un ordre de Ruy Gomez. Hors dudit tambour, il devait y avoir constamment une garde de dix hallebardiers, deux encore dans l'appartement de Ruy Gomez, et deux autres dans sa chambre à coucher.

Chacun des gentilshommes nommés pour garder le prince ne pouvait avoir qu'un serviteur inspirant toute confiance et assermenté, sous l'inspection immédiate de Ruy Gomez; il donnait, en outre, à celui-ci, la faculté de prendre toutes les dispositions et précautions qu'il croirait convenables; les gentilshommes et les officiers de service devaient le consulter en tout et pour tout.

Don Carlos devait être obéi dans tout ce qu'il commanderait, excepté pour recevoir des billets ou en porter hors de sa chambre, sans autorisation de Sa Majesté. Il ne pouvait non plus recevoir des visites, ni des lettres; on ne devait pas répondre à ses questions.

Dans l'appartement, on ne pouvait parler à voix basse; ceux qui étaient tous présents devaient entendre ce qu'on y disait, mais sans le révéler à personne, excepté au Roi.

Tous les jours, une messe serait dite dans l'oratoire du prince, par les aumôniers que le Roi désignerait. Don Carlos devait l'entendre de sa chambre, assisté de deux gentilshommes au moins.

On procurerait des rosaires, des bréviaires et des livres religieux, mais pas d'autres. Les officiers de bouche lui serviraient le repas, découpé dans l'antichambre, d'où ils le passeraient aux gentilshommes pour le donner au prince.

Cette longue et minutieuse instruction fut transmise par Pedro de Hoyo aux gentilshommes nommés, qui promirent et jurèrent de la remplir en tous points. On en fit également la lecture et notification aux officiers Bartolome Negrete, Pedro Salinas, Evangelista Marañon, Sancho de Angulo, Hernando Ortiz, Diego Zorilla, Juan Sarabia de Mercado et Juan Corral, qui prêtèrent aussi serment de l'observer.

CHAPITRE XI

DANS la cassette en fer avec des incrustations en or dont s'emparèrent, dit-on, dans la chambre de don Carlos, ceux qui accompagnaient le Roi, au moment de l'arrestation du prince, il y avait, assure-t-on, divers papiers, et parmi eux des lettres à beaucoup de personnages d'Espagne et une à son père, lui annonçant qu'il s'éloignait de la Cour pour fuir ses durs traitements.

Dans ces lettres il faisait, dit-on aussi, à un grand nombre des offres, pour le moment où il hériterait du trône ; il y avait aussi parmi ces lettres, une liste des personnes qu'il était nécessaire de poursuivre jusqu'à la mort, telles que le prince et la princesse d'Eboli, le cardinal Espinosa, le duc d'Albe et même son père.

Cette relation du nonce de Pie V ne garantit pas l'exactitude de fait, bien qu'il le rapporte. Ce fut, à mon avis, une invention des ennemis du prince et des juges nommés par son père pour le sacrifier.

Les pièces ne prouvent pas, quand celui à qui on les attribue n'a pu les reconnaître, ni par lui-même, ni par procuration.

En outre, l'Inquisition n'avait pas coutume de laisser contrôler, ni transpirer ses jugements secrets; ni Philippe II, les jugements qui intéressaient à un si haut point son fanatisme ou sa vengeance. C'est pourquoi s'il y eut des papiers entre Philippe II et l'Inquisition, ils se sont perdus; et s'il n'y en eut pas, c'est des représentants de l'un et de l'autre que vient l'invention.

Durant les jours de son emprisonnement, le prince chercha plusieurs fois à se tuer. Son désespoir était sans bornes; il était aussi grand que la crainte de de son père qui croyait entendre, à chaque instant, le peuple de Madrid lui demandant la liberté du prince. Aussi s'empressa-t-il de se mettre dans l'impossibilité de la lui accorder.

Quand le prince connaissant que ses paroles étaient rendues à l'Inquisition et d'elle au Roi, il cessa de se confesser : alors l'inquiétude de Philippe II augmenta. Il eut recours au docteur Hernan Suarez de Toledo, alcalde de *Casa y Corte*, pour qu'il cherchât à convaincre don Carlos de continuer à se confesser, mais tout ce qu'il écrivit à ce sujet fut inutile (1). Voyant cette première lettre sans succès, le même Suarez en écrivit une autre, peu de temps après, plus forte que la première.

Gachard avance les dates de ces deux lettres lorsqu'il écrit que « cette lettre, datée du 18 mars 1567, a été publiée dans « *El bibliotecario y el trovador español, coleccion de documentos interesantes sobre la historia nacional*. Madrid 1841. »

« M. de Castro, qui en a eu connaissance d'après un manuscrit de la bibliothèque nationale de Madrid, lui donne la date du 18 mars 1568 (Historia des los protestantes españoles, p. 367). Il est évident qu'il se trompe sur cette date, comme sur celle de l'autre lettre de Suarez. »

Indépendamment du contenu même de la lettre qui montre qu'elle se rapporte à l'année 1567 et non à 1568, il y a une remarque décisive qui se présente à l'esprit, c'est qu'après l'arrestation de don Carlos, le docteur Suarez se serait gardé de l'écrire ; toute relation du prince avec le dehors fut alors, comme on le verra, rigoureusement interdite par le roi.

Les lettres de Suarez ne peuvent être ni de 1566, ni de 1567. Pour la seconde, il n'y avait pas de motif. Elle fut écrite sans doute sur le conseil du Roi, après l'arrestation de don Carlos, alors que le prince

(1) Castro dans son *Historia de los protestantes españoles*, page 377, cite cette lettre tirée d'un manuscrit existant dans la bibliothèque de l'archevêché de Tolède, datée de décembre 1567. — Prescott la cite aussi dans son *History of the reign of Philip the second*.

ne voulait pas se confesser, parce qu'il savait, comme nous l'avons déjà observé, que sa confession était dévoilée à l'Inquisition et d'elle, au Roi son père.

Gachard ne paraît pas avoir connu les intrigues et la duplicité de Philippe, qui faisait rendre les honneurs funèbres à de Berghes, pendant qu'il lui confisquait les biens, et qui préparait le meurtre de Montigny, comme nous l'avons déjà décrit.

La lettre de Suarez disait : « (1) Votre Altesse a commencé de faire quelque chose du plus mauvais exemple et du plus déplorable effet en ne se confessant pas. Que peut-il en résulter qui ne soit très fâcheux pour Elle? Votre Altesse doit parfaitement concevoir qu'en se faisant l'ennemi de son père et en lui désobéissant, Elle agit mal, et qu'en outre Elle offense Dieu. Et comment veut-Elle ainsi que quelqu'un des plans qu'Elle a formés lui réussisse? C'est ce qui frappe tout le monde et Votre Altesse elle-même montre qu'Elle en est frappée autant que personne. Il y a plus, Elle le reconnaît en ne se confessant point, car si le cas ne lui paraissait pas si mauvais,

(1) « V. A. ha comenzado cosa de tan mala nota y exemplo como es no confesarse? Y que succso puede de esto salir que no sea de malisima calidad como es ello? Y V. A. entiende muy bien que cuanto pretenda por via de enemistad y desobediencia con su padre, es malo y demas ofensa de Dios? Pues como quiere V. A. que cosa de cuantas desea tenga buena salida? Y esto se ve por todos. Y V. A. declara que lo ve mejor que nadie y aun lo confiesa en no confesarse, pues si no fuese viendo que es tan malo que no sufre confesion ni comunion, ni se habria. V. A. apartado de ella. »

qu'il ne souffre ni confession, ni communion, Elle ne se tiendrait pas éloignée de la Sainte-Table. »

Suarez ajoute : « Que Votre Altesse songe à ce que feront et diront les gens lorsqu'ils apprendront qu'Elle ne se confesse pas (que no se confiesa, dit l'original espagnol) (1). Gachard traduit qu'*Elle ne va pas à confesse*, et lorsqu'on découvrira de plus certaines choses qui sont terribles au point que le Saint-Office aurait à s'en mêler, s'il s'agissait d'une autre personne, pour savoir si elle est chrétienne ou non. »

Comme on peut le remarquer, Gachard traduit *que no va à confesarse*, et Suarez dit *que no se confiesa*, ces derniers mots s'appliquent à celui qui est en prison et non à une personne qui est en liberté.

Suarez parle dans sa lettre de *cosas terribles ;* quelles pouvaient être, dit Gachard (2), les choses terribles dont Suarez parle ici, s'il ne s'agissait de l'inexactitude de don Carlos à remplir ses devoirs religieux et à s'approcher de la Sainte-Table ? Et plus loin, cet historien écrit par rapport à cette lettre : « Cette épître, non moins hardie que respectueuse, ne dut pas déplaire à don Carlos, puisque quelque temps après, il signa une cédule, où il pro-

(1) « .... Vea V. A. que haran y diran todos cuando se entienda *que no se confiesa* y se hayan descubiertas otras cosas terribles, que lo son tanto que llegan à que el Santo Oficio tubiera mucha entrada con otro, para saber, si era cristiano ò no. »

(2) Gachard. *Don Carlos et Philippe II.*, p. 302.

mettait au docteur Suarez « son très grand ami », dix mille ducats pour le mariage de ses filles. Mais elle ne lui fit modifier en rien ses sentiments non plus que ses actions (1).

Ceci est une erreur de Gachard, qui aurait dû dire *quelque temps avant*. En changeant la date de la lettre, il lui donne une signification contraire à toute l'histoire et aux relations de Suarez avec le prince.

La donation à l'occasion du mariage des filles de Suarez est bien antérieure à cette lettre. Elle remonte, suivant Castro, au 12 août 1567 ; et, sur cette question de dates, j'ajoute plus de foi aux dires des Espagnols qu'à ceux des étrangers.

Sur cette affaire de la confession du Prince, voici ce qu'écrit Gachard : « Don Carlos, que le Roi et ses ministres accusaient de manquer de raison, et dont quelques personnes suspectaient la foi, donna, à l'approche de cette grande fête (la solennité de Pâques), un démenti éclatant aux uns et aux autres. (C'est l'observation que fait Dietrichsten; dans une lettre du 22 avril 1568, à Maximilien II). Il fit appeler Fray Diego de Chaves, lui témoigna spontanément l'intention de se confesser, et il accomplit cet acte religieux avec les marques de contrition et de repentir les plus édifiantes; il se disposa ensuite, par plusieurs jours de jeûne et d'abstinence, à recevoir le corps de Jésus-Christ. Dans sa lettre citée, Dietrischten dit que le Prince s'est confessé

(1) Gachard. *Don Carlos et Philippe II*, p. 303.

DIEGO CHAVES.

Imp. Vve A. Cadart, Paris.

pendant le temps pascal, et qu'il a reçu, le 21, en grande dévotion, le Très-Saint-Sacrement. L'archevêque de Rossano écrit, le 1er mai, que don Carlos s'est confessé le Mercredi-Saint et a reçu le Saint-Sacrement la semaine suivante, après une nouvelle confession. Cavalli, le 7 mai, mande au Doge que le Prince s'est confessé et a communié. Cavalli ajoute que don Carlos fit demander pardon à son père ; que, *selon ce qu'il a appris*, le Roi lui pardonna et lui fit savoir que, s'il désirait avoir plus d'espace dans sa prison, la chambre qu'il occupait lui était plus que suffisante; mais que, s'il devait être libre, toute l'Espagne ne lui suffirait pas (1). Ce qui nous fait douter de l'exactitude de ces renseignements donnés par Cavalli, c'est qu'ils ne sont confirmés ni par Dietrichsten, ni par le Nonce, ni par Fourquevaulx, qui entre pourtant dans beaucoup de détails et paraît les avoir puisés à une bonne source.

Lorsque le Prince s'y crut dignement préparé, il requit son confesseur de l'admettre à la communion. Fray Diego de Chaves avait demandé, sur ce

(1) Il principe di Spagna richiese di volersi confessar e communiar; il che li fù permesso; e così S. A. l'esseguì, faccendo chieder perdon al padre de ogni offesa. Intendo che S. M. lo benedì e li concesse il perdono, con farli sapere che, desiderando di esser allargato, li daria comodità di più stantie : al che ripose el principe che per prigione li bastava assai quella que havea, ma que per libertà, mancho questi regni sariano bastanti. (Lettre de Cavalli au Doge, du 7 mai 1568.)

point, les ordres du Roi, qu'il attendait encore ; il pria le Prince d'avoir un peu de patience. Don Carlos, à ces mots, se figura qu'on avait quelque raison de lui refuser les sacrements ; il se mit à pleurer et à gémir. Fray Diego, pour gagner du temps, lui objecta qu'il manquait de différents objets nécessaires à l'ornement de la chapelle ; qu'il les avait réclamés et qu'il ne tarderait pas à les avoir ; mais don Carlos répliqua que, si c'était là le seul motif, ce ne devait pas être un obstacle, qu'il suffirait d'en agir avec lui comme avec le plus simple particulier. Sur ces entrefaites, Fray Diego de Chaves reçut l'autorisation du Roi. Don Carlos communia le 21 avril, après une nouvelle confession, en présence de Ruy Gomez, de don Juan de Borgia, qui servit la messe, et de don Gonzalo Chacon.

Comme Fray Diego de Chaves l'engageait à passer dans la petite pièce, qui avait été convertie en oratoire, il s'y refusa, disant qu'il ne sortirait point de la tour où il était enfermé, sans l'exprès consentement de son père, et que la sainte hostie pouvait lui être donnée entre les barreaux du treillis par lequel il assistait à l'office divin.

La chose s'effectua ainsi. Fray Diego loua beaucoup les scrupules montrés à cette occasion par le Prince. Tout ce que nous rapportons ici est tiré d'une dépêche adressée par Fourquevaulx à Charles IX, le 8 mai 1568. Nous croyons cette pièce assez importante pour en donner le texte même :

« .....Le Prince d'Espaigne se porte bien de sa personne ; je suis adverti qu'il s'est tout sanctifié cette semaine saincte ; tellement que ses amis disent que Dieu y a mise sa main ; car depuis s'estre confessé en caresme jusques au jour de Pascques, et qu'il pensoit recevoir le corps de Nostre-Seigneur, il a fait le devoir de bon chrestien par abstinences, s'estant réconcillié quatre fois avec grande contrition et repentance ; et, après qu'il lui sembla de s'estre dignement préparé, il requist la communion à son confesseur, qui dilaya deux jours à la lui donner, attendant certaines desmandes et responses qu'il eust cependant du Roy catholique qui estoit à l'Escurial, et au bout de cella, estant advis audict Prince qu'on laissoit de luy donner le Sainct-Sacrement pour aucuns notables resports, il commença de s'affliger et contrister avec pleurs et gémissements. Ce que voyant le confesseur, et de quel ressentiment il prenoit la dicte dilation, il prinst excuse que c'estoit à faulte qu'il n'avoit les appareils nécessaires pour parer la chapelle, et aultres choses requises à cet effet ; à cella le Prince lui dict que, s'il ne laissoit à le communié pour aultre raison, qu'il n'avoit lieu de laisser pour cela, car suffiroit de le traicter comme il ferait à un particulier. Et ainsi se feict, car le dict confesseur se revestit et chanta la messe ; et, sur le poinct de la communion, il vouloit que le Prince sortit de la chambre où il est arresté et qu'il entrâst en une petite salle où il disoit la messe; ce qu'il ne voulut faire, disant qu'il ne sortirait de sa chambre sans l'esprez congé de son père, mais qu'il le pourroit communier par les barres et treillis de bois qui sont entre la dicte chambre et la salle où est la chapelle ; ce qui fut faict par ledict confesseur, qui loua grandement que le Prince n'eust voulu passer les limites que le Roy son père lui à mis. A cest acte furent présents Ruy Gomez, don Jehan de Borge, qui ayda à dire la messe, et don Gonzallo Chaquon. Duquel acte et qu'il est devenu doulx et humain contre sa coustume ; s'en faict grand feste par ceux qui désireroient sa liberté, mesmement par ses serviteurs domestiques, prenant argument là-dessus que ledict Prince n'a pas la faute de jugement et discrétion que le Roy son père et aultres prétendent, car s'il n'estoit capable de bonne raison, on ne luy eust pas administré le Sainct-Sacrement : par quoi, ils espèrent que, parmi cette détention qui lui sert de pénitence et d'amendement, qu'il plaira à son dict père le délivrer et recevoir en grâce devant qu'il passe guères de temps.

« Nonobstant toutes ces allégations, j'ay apprins d'un seigneur qui scait tout ce qui a passé, et plus des affaires du dict Prince que ceux qui en devisent, qu'en ce qui touche la communion, il a esté advisé par les théologiens qu'il le falloit faire ainsi, pour oster l'opinion à beaucoup de gents, nommément aux sacramentaires, qui publient que le dict Prince est de leur secte (ce qu'il n'est, ains les hait mortellement), et on dict iceulx théologiens que aux personnes travaillées de l'entendement, qui retournent par intervalles en quelque jugement et cognoissance de raison, leur peult estre donné le Sainct-Sacrement lors du dict intervalle, comme il a esté administré au dict Prince ; mais, en effect, il n'y a en luy aulcun espoir qu'il soyt jamais sage ni digne de succéder, car son entendement empire tous les jours, et par conséquent n'y a lieu d'attendre sa liberté (1)..... »

De toutes ces relations, on peut déduire que le prince était revenu à lui : qu'il s'était confessé plusieurs fois, qu'il avait satisfait, comme l'exige l'Eglise, pour l'absolution de ses péchés, et qu'il était un bon chrétien. Mais peu importait aux ennemis de ce prince son christianisme, sa vertu et son innocence.

Ils avaient commis contre lui une injustice cruelle, leur crime les épouvantait pour l'avenir, quand le fils succéderait à son père ; ils craignaient de mourir pendus. Aussi, ils n'hésitèrent pas entre cette perspective et la résolution de faire de don Carlos leur victime ; ils dominèrent le père fanatique, et l'excitèrent à commettre l'assassinat auquel ils contribuèrent, tous, en servant les uns de conseil, les autres, d'instrument, et travaillant tous à cacher et à déguiser ce crime par leurs fausses relations, en vue tant du présent que de l'avenir.

(1) Gachard, *Don Carlos et Philippe II*, p. 457-459.

C'est ainsi que, malgré le repentir du prince, malgré ses humbles confessions répétées, faites avec toute la solennité requise, sa prison devint de jour en jour plus dure, plus étroite, au point de le désespérer et de l'obliger à attenter à sa propre vie, sans pouvoir y réussir.

C'est à ce moment que son père résolut sa mort. Mais, quelle fut cette mort? C'est un mystère pour l'histoire. Qui sait si un jour le monde le connaîtra? Toutefois les inductions les plus logiques, celles qui se déduisent des correspondances écrites à cette époque, et de la conduite du médecin Olivarès, portent à croire qu'il mourut empoisonné scientifiquement par ce médecin.

Cabrera, historien de Philippe II, raconte que le premier médecin, Olivarès, qui le soignait par ordre du Roi, venait consulter avec ses collègues, après avoir vu le malade, seul. Si Olivarès n'avait pas été l'empoisonneur, il serait toujours venu visiter le prince accompagné des autres médecins, comme il faisait d'ordinaire, et non pas seul. Mais il fallait commettre le crime sans témoins, en observant les formes d'un acte juste et digne, en le revêtant de toutes les apparences d'une maladie incurable. Pour quelle raison les autres médecins n'entraient-ils pas, afin de s'informer de la situation du malade, de le soigner et d'observer les progrès du mal?

Lors de sa première maladie, nous avons vu, par la relation des docteurs, relation que nous avons donnée dans les pages précédentes, de quelle manière à cette époque, comme dans les temps présents, on assistait et on assiste encore dans leurs souffrances, les princes de la Maison royale, en Espagne.

Et pour la maladie qu'on appelle tantôt fièvres tierces, doubles, tantôt refroidissement d'estomac et dyssenterie, lorsque le mal s'aggrave jusqu'à la mort, il n'entre d'autre docteur dans la chambre du malade que le médecin Olivarès, seul, lequel vient ensuite faire part à ses collègues de l'état du malade? Et quels étaient ces collègues? Pourquoi n'entraient-ils pas avec lui dans la chambre du prince? Pourquoi n'épuisa-t-on pas, pour le guérir, toutes les ressources de la science? Pourquoi n'a-t-on pas publié la relation des docteurs qui l'assistèrent dans cette maladie, comme on le fit lorsqu'il tomba malade à Alcala? Parce que Olivarès avait mission de tuer don Carlos? Et il le tua, non pas en le soignant mal, mais en lui administrant un poison lent. Et il le tua, quand Philippe II eut accoutumé l'Espagne et le monde à son emprisonnement, quand il ne craignait plus que sa mort lui attirât aucune complication d'aucune espèce.

Si l'on doit se former un jugement sur des inductions aussi logiques et sur des demi-preuves, il suffit des désirs du père exprimés par Espinosa au nonce de Sa Sainteté, dans la lettre écrite au cardinal Pacheco, pour qu'elle n'envoyât personne de Rome s'instruire de ce qui se passait, et de la manière de procéder du médecin, pour comprendre la mort que l'on donnait au prince. Tout cela suffit à l'historien pour former son jugement, et établir comme un fait certain l'assassinat par le père sur la personne de don Carlos.

Et sans compter sur l'opinion de l'ambassadeur d'Angleterre, qui écrit que le prince a été empoisonné, l'écrivain anglais Watson dit : Philippe, soit par jalousie, soit par la conviction de l'incapacité de son fils, avait refusé de satisfaire cette ambition, et s'était conduit envers don Carlos avec toute la réserve et la froideur possibles, tandis qu'il accordait toute sa confiance au duc d'Albe, à Ruy Gomez de Sylva et au président Spinossa. C'étaient précisément les trois hommes pour lesquels don Carlos avait la plus invincible aversion, soit qu'elle fût excitée par la jalousie, soit qu'il les regardât comme les espions de son père. Dans cette disposition, le prince ne se fit pas scrupule, en diverses occasions, de censurer amèrement l'administration de Philippe, surtout les mesures qu'il avait prises dans les Pays-Bas. Don Carlos avait marqué une vive compassion pour les peuples de ces provinces. Souvent il menaçait le duc d'Albe, et il avait même attenté à sa vie, pour le punir d'en avoir accepté le gouvernement. On le soupçonnait aussi de se ménager des entrevues avec le marquis de Mons et le baron de Montigny, et d'avoir formé le projet de se retirer dans les Pays-Bas pour se mettre à la tête des mécontents. . . . .

. . . .

Plusieurs princes et toute la noblesse espagnole sollicitèrent son élargissement ; mais son impitoyable père fut inflexible, et, après avoir tenu son fils renfermé pendant six mois, il voulut que l'Inquisition prononçât son arrêt. Le malheureux don Carlos fut condamné à mort, et, sous le voile de cette odieuse sentence, Philippe ordonna qu'on lui fît avaler du poison, dont il mourut quelques heures après, âgé de vingt-deux ans.

Watson est l'unique écrivain qui dise comment est mort effectivement don Carlos. Son récit fait partie de la dépêche de l'ambassadeur d'Angleterre, c'est vrai, mais les habitants de ce pays savent que leurs diplomates ne racontent pas des choses aventurées, que le caractère général du peuple anglais, c'est d'être véridique. Bien plus, en s'adressant à son gouvernement, l'ambassadeur aurait été incapable de signaler un bruit tel que celui de la mort de don Carlos, sans être bien convaincu qu'il était de la dernière exactitude.

Ceux qui défendent Philippe II et qui prêtent l'oreille à ses complices prétendent que la maladie et la mort de don Carlos fut causée par les excès qu'il commit en mangeant des fruits, buvant de la neige, refroidissant son lit avec de la glace, et cherchent à prouver par là l'innocence de son père. Or, si ces faits étaient certains, ils démontreraient que ce fut là un des moyens de tuer le prince, sans avoir besoin du poison. En effet, les aliments étaient apportés par les officiers de bouche, servis par les gentilshommes désignés, coupés et découpés d'avance, sans que don Carlos pût se servir ni de couteau ni de fourchette; le tout en présence du duc de Lerme, chargé de veiller sur le prisonnier, et couchant aux pieds de son lit, ainsi que l'assure l'ambassadeur de France, dans sa dépêche du 5 février 1568.

De sorte que, si étant en proie à des accès de doubles fièvres quartes malignes, comme le dit Cabrera, on le laissait manger ces fruits et boire de l'eau froide, c'était pour qu'il se tuât par ces excès. Ce n'était pas le moyen de guérir le malade, mais bien de l'assassiner.

Il marchait, ajoute-t-on, nu-pieds dans la chambre, qui était toujours arrosée et humide, et c'est Fourquevaulx, l'ambassadeur de France, qui le rapporte. Si le fait est certain, ceux qui le laissaient ainsi marcher étaient les complices de l'assassinat. Du reste, en n'arrosant pas la pièce, le mal était évité. On dit encore qu'il dormait à la belle étoile; s'il était enfermé, comment pouvait-il dormir ainsi: il se mettait à la fenêtre, ceci n'était guère possible, puisque la fenêtre était très élevée; du reste, en la fermant, on évitait le mal.

Il n'avait à son service, ni à ses côtés, personne qui portât ni épée ni dague; on ne lui permettait pas de se servir pour manger ni de couteaux ni de fourchettes : on le renferma dans une pièce close, avec une grille aux fenêtres, pour qu'il ne pût se précipiter par elles. On voulait qu'il mourût, sans qu'on pût dire que le désespoir l'avait poussé au suicide. C'est ainsi qu'on obtint l'assassinat ; c'est aussi clair que le jour.

Même en tenant pour vraies, dit Gachard, toutes les extravagances attribuées à don Carlos dans la relation officielle, l'histoire n'aurait-elle aucun compte à demander à Philippe II ? Ne serait-elle pas en droit de lui adresser tout au moins un reproche, celui de les avoir facilitées, sinon favorisées ? Car, enfin, par les ordres de qui le plancher de la chambre était-il arrosé incessamment ? Qui lui procurait l'eau glacée dont il usait avec si peu de mesure, et la glace qu'il introduisait dans son lit ? N'était-ce pas Ruy Gomez, l'âme damnée du Roi, qu'on nous passe cette expression, qui présidait à tous les détails du régime auquel était soumis le petit-fils de Charles-Quint (1) ?

Cet historien ajoute : ... « Vers le milieu du mois de juillet, on servit sur la table de don Carlos un pâté de perdrix : il avait mangé de plusieurs autres plats ; il mangea le pâté de perdrix tout entier : quatre perdrix formaient ce pâté, selon la lettre de Nobili du 30 juillet, il le mangea avec la croûte qui l'enfermait. Comme celle-ci était fortement épicée, il se sentit bientôt dévoré d'une soif ardente ; pour l'apaiser, il but coup sur coup, pendant toute la journée, de l'eau refroidie avec de la neige.

Nobili dit qu'il en but *trois cents onces*. L'en-

(1) Gachard, *Don Carlos et Philippe II*, p. 365.

voyé de la maison de Saxe écrivit la même chose à sa Cour. De pareils excès ne pouvaient avoir que des suites déplorables. La nuit, don Carlos eut une violente indigestion, accompagnée de relâchement de l'estomac et des entrailles, de vomissements, de flux de ventre incessants. Les médecins furent appelés. Le prince, décidé à en finir avec la vie, ne voulut prendre aucun des remèdes qu'ils prescrivirent. (Lettres de Cavalli du 24 et de Nobili du 30 juillet 1568.) »

« Le 19 juillet, l'état de don Carlos ne laissait déjà plus d'espoir. Le roi permit ce jour-là qu'on divulguât sa maladie (Lettre de Tisnacq à Viglius du 24 juillet); jusqu'alors, par son ordre, le secret en avait été gardé. On remarqua, à partir de ce moment, dans les sentiments et dans le langage du royal prisonnier, un changement dont s'émerveillèrent tous ceux qui l'entouraient, comme si Dieu, ainsi l'écrivit l'ambassadeur de Venise au doge Loredano (1), eût voulu lui donner en abondance, à la veille de mourir, le jugement qui lui avait manqué pendant sa vie. Certain désormais d'une fin prochaine, heureux de penser qu'il était arrivé aux termes de ses souffrances, don Carlos ne songea plus qu'à mettre ordre à son âme et à préparer son

(1) ... Il povero principe uso, quatro giorne prima che morisse le più savie e le più cristiane parole del mondo, e pare che quel giudicio che lui mancava in vita, nostro signor Dio gli l'habbi concesso abbondantemente in questo fine. (Lettre du 31 juillet 1568.)

salut dans un monde meilleur. Il fit appeler Fray Diego de Chaves, et se confessa avec une dévotion exemplaire. Les vomissements continuels qu'il éprouvait ne lui permettaient pas de recevoir le Saint-Sacrement, il l'adora avec beaucoup d'humilité et avec les marques d'une contrition parfaite (1). Bien qu'il eût consenti dès lors à accepter les soins des médecins, il montrait, selon les expressions de l'archevêque de Rossano, un tel dédain des choses de la terre et un si grand désir des biens célestes, qu'il semblait que Dieu lui eût réservé, pour ses derniers instants, le comble de toutes les grâces (2). »

Il demanda la faveur de voir son père ; mais, le croira-t-on, Philippe II eut la dureté, ce mot n'est pas assez fort, il eut la cruauté de répondre par un refus ; et non-seulement il refusa, mais il ne voulut permettre ni à la Reine, ni à la princesse doña Juana, ni à quelques serviteurs dévoués de visiter le pauvre moribond ; que dis-je ? il ne lui fit pas même parvenir une parole de bienveillance (3). Cabrera

(1) « Perché non presse il santissimo sacramento, poiché non seli potè dare, per il continuo vomito, l'adoró con molta humiltà et mostrando molta contrizione (Lettre de l'archevêque de Rossano du 27 juillet 1568.) »

(2) Mostrava pero tanto disprezzo delle cose del mondo e tanto desiderio delle celesti, che paruè veramente che nostro signore Dio gli havesse riservato il cumulo de tutte le grazie a quel punto. (Lettre de l'archevêque de Rossano du 27 juillet 1568.)

(3) ... « In questo fini se e veduta una gran durezza, per non dir crudeltà de Sua Maestà, la qual non solo lei no lo ha

cherche à excuser Philippe, en rejetant son refus sur l'avis de Fray Diego de Chaves et de l'ancien précepteur de don Carlos, Honorato Juan (1). C'est là une pitoyable justification.

Observons d'abord que Honorato Juan était mort depuis deux années (2). Quant à Fray Diego de Chaves, il n'est question de cet avis qu'il aurait donné au Roi, ni dans les lettres de l'ambassadeur de Venise, ni dans celles du nonce ; or, ce dernier n'eût certainement pas négligé de relever une circonstance pareille, car il prend le soin d'expliquer la conduite du Roi : « Peut-être, dit-il, il considéra que, dans l'état désespéré où était son fils, de telles visites auraient été plus propres à porter le trouble dans son âme et dans celle des visiteurs, qu'à l'aider en façon quelconque ; que, dans le commencement, il ne pensa point que le prince fût malade, mais il s'imagina que c'était une feinte à laquelle il avait recours pour qu'on le rendît à la liberté (3). »

voluto vedere, ma non lasciar che la regina, princessa, overo altri, vi vadino, ma solamente gli medici e gli ordinarii che lo servivano ; no li ha fatto mai usar, per darli animo e per consolarlo, parole dulce per la sua liberatione. (Lettre de Cavalti du 24 juillet 1568). — ... Il re no l'ha visitato nè lassato che la regina e la principessa lo veggiano.... » (Lettre de l'archevêque de Rossano du du 27 juillet.)

(1) Cabrera, *Felipe II*, liv. VIII, chap. V, p. 496.

(2) Le 30 juillet 1566.

(3) ... « Forse considerando che, poichè già si conosceva disperato il caso suo, queste visite simili più presto potevano conturbare l'una e l'altra delle parti, che aiutar lui in cosa

L'envoyé de Florence, Leonardo de Nobili, est le seul entre les ambassadeurs qui fasse mention de l'opposition de Fray Diego de Chaves, et encore il ne l'affirma pas ; il la rapporta d'après le bruit public. Nous n'y ajoutons aucune foi, pour notre part, pas plus qu'à la prétendue bénédiction que, toujours selon Cabrera, Philippe aurait donnée à son fils, entre les épaules du prieur don Antonio et celles de Ruy Gomez (1). Mais en admettant bien gratuitement que le confesseur de don Carlos eût dissuadé le roi de voir son fils, Philippe aurait-il dû suivre ce conseil? La voix de la nature ne lui parlait-elle pas plus haut que des raisons théologiques ou morales? N'avait-il pas des entrailles de père?

La mort n'eut lieu, ni comme le disent Antonio Perez et l'abbé de Saint-Real, ni comme le raconte Watson, ni comme je le pense moi-même dans mes logiques inductions, inductions que j'aurais tirées si j'avais été nommé fiscal dans cette cause. Qu'il y ait eu assassinat, c'est un fait clair et prouvé, comme le serait l'assassinat d'un homme qui, enfermé dans son cachot, serait trouvé mort d'un coup de poignard dans les épaules avec l'arme à ses pieds.

Personne ne dirait qu'il s'est suicidé, on accuse-

nessuna e credo che da principio non credesse veramente il male, ma pensasse che fosse finto per esser slargato e liberato dalla prigione... » (Lettre du 27 juillet 1568).

(1) Algunas horas antes de su fallescimiento por entre los onbros del prior don Antonio y de Ruy Gomez, le echo la bendicion. (Cabrera, *Felipe II*, liv. VIII, chap. V, p. 496.)

rait le geôlier, ou, s'il pouvait rester quelque doute, ce serait de savoir si c'est le geôlier personnellement qui serait l'assassin, ou s'il aurait seulement servi à ouvrir la porte de la prison pour laisser commettre l'assassinat.

De sorte que ceux qui défendent l'innocence de Philippe II ont moins de preuves pour la prouver que ceux qui l'accusent du crime de parricide.

Mes lecteurs vont voir comment Philippe II se lamentait de la mort de son fils don Carlos en faisant connaître, lui et son secrétaire, aux grands et aux corrégidors, ce qui avait causé cette mort.

Lettre aux corrégidors, signée par le secrétaire.

Par la lettre de Sa Majesté vous aurez appris le décès du Prince, notre seigneur, qui est dans la gloire, et comme vous pourriez, en outre, désirer de connaître la maladie et la cause de cette mort, il m'a paru convenable de vous en instruire par ce que je vais vous dire ici. Plusieurs jours avant que cet événement arrivât, Son Altesse, à l'occasion de la chaleur de l'été, et confiante dans sa complexion et dans son âge, se livra à quelques désordres notables pour ce qui touche à sa santé, marchant continuellement nu, sans aucune espèce de vêtement et déchaussé, dans la pièce de son appartement qui était fortement arrosée ; dormant des nuits entières *au serein*, sans aucun vêtement, buvant encore à grands traits de l'eau très froide, mettant de la *neige dans le lit*, mangeant des fruits avec désordre et excès et d'autres aliments contraires. Et quoique les personnes qui *l'assistaient dans son service*, aient fait, pour avoir des excuses, toutes les démarches possibles, on n'a pu d'aucune manière l'en détourner, ni remédier à cette manière d'agir sans tomber dans *d'autres inconvénients plus grands*. Par un désordre pareil, la *vertu et la chaleur naturelle*, on le comprend, *finit par se refroidir*, *et*, *se trouvant dans cette disposition*, il résolut, comme il l'avait déjà fait d'autres fois, de ne pas vouloir manger d'aucune manière. *Il persévéra dans cette détermination durant onze jours*, sans que la persuasion ni beaucoup d'autres démarches diverses, faites près de lui, aient pu l'amener ou le conduire à manger, *ni à prendre aucune boisson* autre que de l'eau froide. Par ce genre de vie, la vertu et la chaleur finirent par lui manquer totalement, de sorte que, bien qu'il prît ensuite des bouillons et quelque substance, du lait et d'autres aliments, l'estomac se trouva dans un état tel qu'il ne put rien conserver, et il finit par se creuser de telle sorte qu'aucun remède ne put lui profiter. Sa mort a eu lieu avec une conviction si grande et un tel repentir qu'elle a donné à tous une grande satisfaction et une grande consolation pour la douleur d'un pareil événement. Il m'a paru convenable de vous en informer, afin que vous soyez plus particulièrement instruit de ce qui s'est passé.

Lettre de Philippe II au Connétable de Navarre.

ILLUSTRE CONNÉTABLE DE NAVARRE,

Cher cousin, samedi 24 de ce mois, avant le jour, Notre-Seigneur a bien voulu appeler à lui le Sérénissime Prince don Carlos, mon très cher et très aimé fils, après avoir reçu, trois jours avant, les saints Sacrements avec une grande dévotion ; *sa fin si chrétienne et d'un prince si catholique* a été une grande consolation pour la douleur et le regret que j'éprouve de sa mort. Il faut donc, comme de raison, espérer en Dieu et en sa miséricorde divine qui l'a appelé à lui pour qu'il en jouisse éternellement ; j'ai voulu, comme de juste, vous avertir, afin que, de votre part, je reçoive la démonstration des sentiments accoutumés et qui se doivent, comme on doit les attendre d'un vassal si fidèle et d'un de mes serviteurs. Madrid, le 27 juillet 1568.

Les vomissements et la dyssenterie conduisaient malade à sa dernière heure, ainsi qu'il arrive à toute personne à qui on administre en petites doses le cyanure de mercure, l'arsenic, toute autre préparation mercurielle ou de végétaux vénéneux.

Je n'accorde aucun caractère de vérité aux nouvelles envoyées au Pape par le nonce, que trompaient Espinosa et le prince d'Eboli, qui commirent le crime, avec une adresse digne de leur perversité.

Cabrera affirme que lorsqu'ils dirent à Philippe II que don Carlos était presque inanimé, il entra dans sa chambre, et que, se tenant derrière le prince d'Eboli et le grand prieur don Antonio de Tolède, il lui donna sa bénédiction. Premièrement, le fait n'est pas certain, et, le serait-il, quelle bénédiction pouvait être celle qu'un tel père donnait à son fils, et de cette manière? C'était une bénédiction pour les enfers.

L'esprit qui lui aurait fait faire un pareil acte ne nous surprend pas : on comprend que Philippe II ait pu supporter les regards de sa victime agonisant, et qu'il ait voulu s'assurer de son état final, pour tranquilliser son âme troublée par la crainte de voir son infernale trame découverte par le peuple de Madrid.

Ni sa tante doña Juana, ni la reine Elisabeth, ni don Juan d'Autriche, ni aucun des fidèles serviteurs du Prince n'entrèrent dans sa chambre, ni durant sa maladie, ni à ses derniers moments ; il périt sans autres témoins que ses bourreaux.

Qui pourra croire qu'il y a quelque chose de juste, de noble, de bon, si on ne croit pas une chose aussi bien prouvée, aussi vraie?

Pour élever la malignité à son plus haut degré, on a fait croire à l'Espagne que le Prince, en mourant, pardonna au prince d'Eboli et au cardinal Espinosa ; c'est le trait d'impudence le plus grand que l'histoire puisse enregistrer.

Le Prince mourut, dit-on, le 24 juillet, veille de la Saint-Jacques, et aucune des personnes qui assistèrent à ce drame terrible ne rapporte pas même un mot de lui, et ceux qui donnent quelques détails sur le fait, ce sont uniquement l'ambassadeur de Toscane, le nonce du Pape, à qui Espinosa et le prince d'Eboli communiquèrent la relation de la part du Roi.

Les écrivains de l'époque se seraient bien gardés d'écrire ce qu'ils savaient ; il aurait pu leur en coûter de mourir à l'Inquisition.

Les détails que nous a laissés à ce sujet Antonio Perez augmentent la véracité des relations de Fourquevaulx. Ce dernier laisse presque entrevoir, en l'insinuant, l'empoisonnement qui se consommait sur don Carlos, dès le moment de son arrestation. Et les expressions de Cabrera : « Il est dangereux de manier des verres, de fournir l'occasion à des tragédies fameuses, à des événements notables, à des morts violentes par les exécuteurs royaux, morts non connues, inattendues, terribles, et, par l'étrangeté et l'énergie de la justice, après de longs avertissements à l'égard de ceux qui, n'en tenant nul compte, encoururent le crime de lèse-majesté. » Ces expressions sont suffisantes pour faire comprendre ce qu'il ne pouvait écrire de son temps.

Que veulent dire ces paroles de l'historien Cabrera, écrivain si sagace, si réservé, si grand panégyriste de son maître ? Pourquoi le prince d'Orange accusait-il Philippe de l'assassinat de son fils ?

Aucun historien, ni espagnol, ni étranger, n'a pu dire d'une manière certaine quelle accusation on formula contre le Prince, quelle défense il présenta ou l'on présenta pour lui, quel jugement on lui fit, quel genre de mort on lui donna. Les relations du temps sont si peu véridiques que Cabrera lui-même, dans son histoire, n'accorde aucune mention au récit du valet de chambre, que l'on a tant exploitée.

La narration la plus considérable est le récit d'Antonio Perez. Il la lança, dans son temps, à la face du Roi, et comme il la lançait au moment où il était poursuivi, il ne pouvait supposer rien de faux ni d'impossible, sous peine de démériter de l'estime publique, de l'opinion protectrice, dans un pays qui lui donnait l'hospitalité, ce qui n'aurait pas manqué d'arriver, s'il avait eu recours à la calomnie, en s'exposant encore à de grandes difficultés.

Philippe II avait répondu un jour à un condamné à mort par l'Inquisition, à Valladolid, ce condamné était un protestant : « Si mon fils était aussi coupable que vous, j'apporterais moi-même le bois pour le brûler. » Le crime de don Carlos était peut-être de penser, en religion, différemment de son père ; de vouloir s'échapper de ses griffes, délivrer l'Espagne et les Flandres du joug de l'Inquisition. Supposons qu'il eût été de rendre les Flandres indépendantes, ce projet n'aurait-il pas évité le tribunal de sang du duc d'Albe, et épargné les innombrables victimes de ce grand et cruel capitaine, victimes qui crient sans cesse et poussent les cris au ciel contre leurs assassins ?

Gachard raconte, en l'empruntant des relations

que nous ont laissées les geôliers de don Carlos : « .....A mesure que ses forces décroissaient, la constance chrétienne, la résignation aux volontés de Dieu, augmentaient en lui. Dans la nuit du 23 au 24, il demanda l'heure qu'il était ; il lui fut répondu qu'il était deux heures avant minuit. Il en montra un peu d'altération, craignant de ne pouvoir vivre jusqu'à cette veille de saint Jacques, qu'il avait fixée, dans ses vœux, comme le terme de son existence. Il continua d'adorer un crucifix qu'il avait placé sur sa poitrine, de se recommander à la miséricorde de Dieu, de prier qu'on lui pardonnât ses ses fautes ; il déclara qu'il pardonnait au Roi son père, qui l'avait fait enfermer, à Ruy Gomez, à Espinosa, à Velasco, et à tous ceux aux conseils desquels il attribuait sa détention . . . .

« Enfin, le 24 juillet, à une heure du matin, il expira, sans avoir perdu une seule minute le jugement, et laissant ceux qui l'entouraient édifiés de sa fin toute chrétienne (1). . . . . »

Et moi j'ajoute contents aussi d'être délivrés du bras justicier qui aurait, et avec raison, fait tomber la tête de tant de traîtres.

Philippe II ordonna que, le soir même, on transportât le corps de son fils au monastère de Saint-Dominique, où il resterait déposé jusqu'à ce qu'il le fît mener à l'Escurial (2).

(1) Gachard, *Don Carlos et Philippe II*, p. 472-73.
(2) Gachard, *Don Carlos et Philippe II*, p. 473.

Le cadavre de ce malheureux prince fut porté sur les épaules du prince d'Eboli, du duc de l'Infantado, du duc de Rioseco et d'autres grands d'Espagne.

Il fut enterré au monastère royal de Saint-Dominique, en grande pompe, et tous les honneurs funèbres couvrirent un des plus grands crimes de cette époque.

En 1573, on le porta au Panthéon de l'Escurial, après l'avoir passé par le pourrissoir, où l'on laisse les os durant plusieurs semaines, afin que l'eau les lave complètement.

Ce malheureux prince finit de souffrir à l'âge de vingt-trois ans. Le monde lui rendra justice un jour; quant à la mémoire de son père, jamais elle ne finira de souffrir les accusations terribles de l'Histoire.

Gachard nous apprend que « la mort de don Carlos » causa, en Espagne, une douleur universelle. Il fut pleuré, et par les grands et par le peuple. Les grands, qu'il avait toujours honorés, se flattaient que, sous son règne, ils regagneraient leur ancienne influence dans les affaires de l'Etat. Le peuple fondait sur lui l'espoir d'une administration plus favorable aux progrès de la raison humaine, d'un régime moins absolu et moins despotique. On trouve le sentiment populaire à son égard énergiquement exprimé dans des poésies du temps (1)!

(1) Gachard, *Don Carlos et Philippe II*, p. 480.

Deux mois après cette catastrophe mourait sa jeune marâtre, doña Elisabeth de Valois, ainsi que l'enfant à qui elle venait de donner le jour.

Quelle extraordinaire coïncidence!

Avec des médecins tels qu'Olivarès, des faits tels que celui de don Carlos, y aurait-il quelques risques à se figurer que cette reine peut être morte victime, comme moururent don Carlos, la servante d'Escobedo, Montigny, et peut-être même don Juan d'Autriche (1), ce qu'on peut bien se hasarder à induire des paroles de Cabrera.

La princesse Elisabeth avait dû être la femme du malheureux prince don Carlos, et elle l'aima toujours tendrement. Pour noircir encore plus le tableau historique, peu de temps après la mort de cette intéressante et infortunée reine, une autre épouse, promise à don Carlos, doña Anne de Bohême, devint la femme de ce monstre de père que certains historiens considèrent cependant comme un des plus grands monarques de l'Espagne; celui

(1) Don Juan de Austria tomba malade de la fièvre maligne, le premier jour d'octobre; il passa de cette vie à une vie meilleure, avec une grande sévérité, à l'âge de trente-trois ans : pour l'embaumer, on lui ouvrit le corps, et on trouva la partie du cœur sèche, tout l'intérieur et l'extérieur noir et comme brûlé, et se défaisant au toucher; le reste était de couleur pâle et naturelle aux défunts. Tout cela fit soupçonner qu'il avait été empoisonné. Sa mort serait-elle comme la guérison de l'astrologue Hero. (Cabrera, *Histoire de Felipe II*, liv. XVI, chap. XI.)

dont la politique, la sagacité, la valeur et le fanatisme firent trembler les nations de l'Europe, l'Orient, les immenses continents du Nouveau-Monde et presque l'humanité tout entière. Hélas! qui sait si la mort de son fils ne fut pas l'holocauste pour la pensée ambitieuse d'être roi de l'Europe sous l'unité catholique, unité qu'il regardait comme sa meilleure épée, comme le plus solide appui du trône universel qu'il rêvait.

L'Eglise l'appela le monarque catholique; les Flandres et l'Allemagne ne l'oublieront jamais. Tant qu'il vécut, il saisit le sceptre d'une main de fer. Il conserva intacte l'unité religieuse en Espagne; il fit trembler les mers par la bataille de Lepante et par la flotte invincible qu'il lança contre l'Angleterre, flotte que purent seuls détruire les tempêtes et la puissance de Dieu. Il opéra des réformes en Espagne et y entreprit des travaux publics. Il porta partout la guerre : il s'empara du Portugal, parce qu'il considéra qu'il lui revenait de droit et, pour cela, il releva de l'exil, où il le tenait, le duc d'Albe, qui renouvela en Portugal ce qu'il avait déjà fait en Flandres.

Rien ne se faisait dans le monde sans son intervention directe ou indirecte. Cet esprit taciturne et infernal offrit à saint Laurent, après la bataille de Saint-Quentin, un hermitage et il s'y réserva une cellule. Voilà pourquoi il construisit l'Escurial où il passa les dernières années de sa vie, dévoré de tristesse, accablé de remords, pourri de corps et d'âme, comme jamais aucun homme n'a été pourri avant la mort, à tel point que, quelques jours avant qu'elle arrivât, les vers le dévoraient affreusement, et que l'odeur pestilentielle qu'il exhalait était si grande que personne ne pouvait rester auprès de lui.

Il pria beaucoup ; il parut se repentir avant de fermer les yeux. Cela lui aurait-il servi pour arriver dans la gloire où le martyre et sa cruauté ont porté tant de milliers de victimes? S'il en était ainsi, les criminels devraient vivre sans crainte; un repentir de quelques heures avant de mourir peut vous permettre de dévaster impunément l'humanité, et vous faire arriver tranquillement au ciel.

C'est là ce que pourront croire les méchants ; pour moi, je ne peux y ajouter foi.

CHAPITRE XII

Je terminerai l'histoire de l'arrestation et de la mort de don Carlos par les considérations suivantes.

Philippe II envoya cette lettre au duc d'Albe ; et pour tromper les Etats de Flandres, il en écrivit une autre en français ; il leur exposa la chose comme il l'avait déjà fait aux ayuntamientos d'Espagne, mais avec plus de réserve encore, et il demanda au duc de ne donner connaissance à personne de la lettre particulière qu'il lui adressait. En voici la teneur :

« Cousin duc, vous connaissez si bien le caractère du prince, mon fils, et sa manière de procéder, qu'il ne nous sera pas nécessaire de *nous étendre beaucoup avec vous* pour justifier ce qui a été fait à son égard, ni pour vous faire comprendre la fin qu'on se propose. Depuis votre départ d'ici, ses déportements ont été poussés si avant, il est intervenu des actes si particuliers et d'une si grande considération, et ils sont arrivés à un tel caractère, que je me suis finalement résolu à faire arrêter et enfermer sa personne. Et cette arrestation s'est opérée dans son appartement, avec garde et service particuliers, et ordre qu'aucune autre personne ne communique avec lui, excepté celles que j'ai désignées ou que je désignerai. Et quoique la démonstration ait été très grande et le procédé dont je suis venu à en user à son égard fort rigoureux, par ce que vous avez vu, vous, et parce que vous savez, vous pourrez bien juger avec quelle raison et avec quel fondement j'en suis venu à prendre cette résolution, que certainement lors même que je voudrais passer par dessus tout ce qui me touche et par toutes les espèces de manquements et de désobéissances, dissimuler avec le prince, ou tout au moins prendre un autre expédient, en considérant l'obligation que j'ai *pour le service de Dieu Notre-Seigneur*, pour le bien et le bienfait public de la chrétienté, de mes royaumes et de mes États, ayant présents les notables inconvénients et dommages que, *dorénavant*, il pourrait s'en suivre dans une affaire quelconque, et même ceux qui en résultaient pour le présent et qui étaient imminents, préférant comme je dois le préférer, ce devoir, *à tout ce qui touche à la chair et au sang*, je n'ai pu d'aucune manière me dispenser de prendre cette voie, qui m'a paru la voie droite, la vraie *pour prévenir tout*. Et, parce que cette affaire est si grande et qu'elle fera si grand bruit, il est juste qu'il en soit fait part aux membres de mes conseils d'Etat et conseil privé, aux autres tribunaux, villes et personnes de ces Etats, à qui il vous paraîtra que l'on doit et que l'on a coutume d'en faire part. J'ai ordonné de vous écrire une autre lettre en français, qui vous arrivera avec celle-ci; vous pourrez la montrer et en faire l'usage qui vous paraîtra convenable, sans déclarer à personne la *fin et le fondement qu'il y a et qui s'opère dans cette affaire*, sans en *venir à d'autres particularités* que celles qui sont contenues dans ma dite lettre. Ce que vous ferez et dirigerez avec *votre prudence habituelle* qui vous fait traiter de semblables affaires, et nous serons très heureux que vous nous avisiez immédiatement de ce qui s'offrira à cet égard, pour que je puisse plus sûrement me gouverner et procéder... et si Madame n'est pas partie, vous pourrez lui donner la lettre qui vient dans la créance, en *lui disant cette affaire, suivant la forme que je vous en écris en français.* — Madrid, le 23 janvier 1868. — Moi le roi : =Zaya s (1). »

C'est sans aucun doute en se reportant à l'esprit de cette lettre que M. Charles de Moüy écrit : « Il (Philippe II) se trouve en présence d'une entreprise qui menace la sécurité de l'Etat et dans le présent et dans l'avenir; ce n'est plus le père qui est en cause, c'est le Roi (2). » Est-ce par hasard la seule et unique

(1) Archiv. de Simancas. Est. leg. 539.

(2) Charles de Moüy, *Don Carlos et Philippe II*, p. 244.

fois qu'un pareil fait a eu lieu dans le monde? Avec des conseils et de la réflexion ne pouvait-on pas y remédier? Charles IV se trouva dans une situation pire que celle de Philippe II; non-seulement le prince des Asturies travailla à lui enlever le trône, mais il chercha encore à l'empoisonner; il ne pardonna pas moins à son fils qui devint ensuite un roi digne de sa nation.

M. de Moüy ajoute que ce rebelle, don Carlos, était son fils, qu'il se décide à agir : « Après avoir su par d'irrécusables témoignages que les instants sont précieux et que plus tard il sera trop tard (1). » Où a-t-il vu ces preuves? Où a-t-il eu le bonheur de lire ces témoignages irrécusables?

Il y a certainement, continue-t-il, « de nombreuses iniquités dans la vie politique de Philippe II, et il faudrait qu'un historien, au dix-neuvième siècle, fût frappé d'aveuglement pour oser faire son panégyrique (2). » Pourquoi cet historien, connaissant ces faits et racontant qu'il laissa son fils abandonné en Espagne, jusqu'à la mort de Marie Tudor; qu'il lui enleva ensuite la femme qu'il devait épouser, qu'il le traita toujours avec dureté et cruauté, l'appelle-t-il bon père et bon roi?

M. de Moüy dit encore « que l'histoire légère des siècles passés l'accuse avec une incroyable ignorance : il est temps que l'histoire analytique de nos jours

(1) Charles de Moüy, *Don Carlos et Philippe II*, p. 245.
(2) *Id.*

lui accorde courageusement, appuyée sur des faits, sur des preuves, sur une critique sérieuse et sincère, une réparation méritée (1). » Quels sont ces faits, je le redemande à M. de Moüy? Qu'elles sont ces preuves? Sont-ce la lettre du familier de Ruy Gomez et les communications d'Espinosa et de Ruy Gomez aux ambassadeurs? Juger d'après ces témoignages, ce n'est pas être un critique sérieux; les siècles futurs accuseraient de simplicité un historien pareil ; les hommes d'Etat, les hommes de loi le considéreraient comme un écrivain sans expérience, ou ayant sacrifié sa sincérité à tout autre intérêt inconnu.

Philippe II dit à la fin de sa lettre à la Reine mère de Portugal : « J'ai seulement voulu l'avertir que cette détermination ne procède d'aucune faute, ni d'aucune insolence commises par mon fils; ce n'est pas un châtiment, bien qu'il y ait pour cela cause suffisante, et l'on ne peut prévoir à un tel état de choses aucune issue, ni aucun terme (2). » Après ces paroles, M. de Moüy dit : « L'innocence absolue de don Carlos, non pas dans ses actes, mais dans ses intentions, est démontrée d'une façon irréfutable... » S'il en est ainsi, pourquoi son père peut-il le châtier? Il ajoute encore : « Il ne peut rien imputer directement à son fils, la mesure dont le prince a été l'objet est simple-

(1) Charles de Moüy, *Don Carlos et Philippe II*, p. 245.

(2) Lettre de Philippe II à la reine de Portugal. Ms. B. J. 1068. (St V.)

ment un acte nécessaire étranger à toute intention de punir. »

Toutes ces choses étaient douloureuses à dire et le mot terrible de folie, le père ne peut se décider à le prononcer (1). Pourquoi pas, si la chose était ainsi, le mot de folie était-il par hasard un déshonneur?

De manière que M. de Moüy avoue quatre pages plus loin, contrairement à ce qu'il avait écrit auparavant, que don Carlos était innocent parce que Philippe II l'écrit ainsi à la Reine mère de Portugal. C'est une bonté très grande de la part de l'historien, mais il lui vient à l'idée que don Carlos était fou, et il ne pense pas que pour guérir les fous on ne les a jamais mis en prison : que, pour une maladie pareille, on n'aurait pas d'abord privé le prince de toute communication, on n'aurait pas ensuite fermé les portes de sa chambre à son aïeule, à sa tante, à la reine doña Juana et à la reine Elisabeth (2). Doña Juana, reine de Portugal, sœur de Philippe II, lui offrit de venir assister le prince et envoya un chargé d'affaires qui le verrait peut-être. Philippe II, en réponse, lui mit au cou une chaîne de mille ducats et le fit repartir par où il était venu, sans qu'il en sût plus après qu'avant.

« Philippe II, dit M. de Moüy (3), était trop pro-

(1) Charles de Moüy, *Don Carlos et Philippe II*, p. 254.

(2) Fourquevaulx, dépêche du 26 mars 1568. Cabrera. ch. VII.

(3) Charles de Moüy, *Don Carlos et Philippe II*, p. 239.

fondément humilié de la situation mentale où se trouvait son fils, pour souffrir patiemment qu'il devînt l'objet d'une curiosité même affectueuse; il comprenait qu'il lui serait plus difficile de persévérer dans une résolution qu'il jugeait nécessaire, si des femmes justement vénérées, connaissant mal l'état du prince ou cédant aux inspirations d'une pitié respectable mais inopportune, venaient solliciter la liberté de don Carlos, donner à la Cour le spectacle de leurs larmes et apporter leur imagination, leurs idées préconçues, leur propre jugement au milieu d'une affaire d'Etat. »

M. de Moüy peut être sincèrement convaincu, mais il peut être sûr qu'il ne convaincra personne par son argumentation, parce que personne n'a jamais été humilié de la maladie mentale de son fils. Et si la Reine et la tante de don Carlos avaient sollicité sa liberté et l'eussent envoyé dans une maison de fous, elles n'auraient fait qu'une chose très raisonnable, une chose plus charitable que celle que fit Philippe II, en l'enfermant pour le faire mourir malheureusement et cruellement.

« Tandis que l'Espagne et les nations étrangères apprennent cet événement, le Roi examinait les papiers de son fils trouvés dans le coffret remis au prieur don Antonio, dans la nuit de l'arrestation (1), » dit encore M. de Moüy. Donc il n'était pas fou, et la cause de son arrestation n'est autre

(1) Charles de Moüy, *Don Carlos et Philippe II.*

que les papiers, ses intelligences avec Montigny, sa correspondance avec les Flamands de Séville et les personnages des Pays-Bas.

Le nonce dit, dans sa dépêche du 26 avril 1568, que les papiers du coffret consistaient en une lettre à son père, une autre à Sa Sainteté, une autre à l'Empereur, une quatrième aux princes catholiques, aux princes d'Italie, aux royaumes et Etats de son père, à tous les grands d'Espagne, aux conseils, aux chancelleries et aux principales députations.

Elles contenaient spécialement de nombreux griefs qui avaient été commis à son égard, prétendait-il, par Sa Majesté, depuis plusieurs années, et il s'en allait, disait-il, loin des siens, parce qu'il ne pouvait les supporter davantage. Il ajoutait aussi que Sa Majesté empêchait qu'on lui donnât une femme, pour que les enfants qui naîtraient de lui ne pussent régner en Espagne, mais bien ceux du Roi. Il rappelait qu'on lui avait prêté serment comme prince, et qu'on ne devait pas s'écarter de cette obligation et de l'accomplissement exact du serment... Il promettait, à ceux qui lui seraient fidèles et qui tiendraient leur serment, de grandes faveurs, de grandes grâces, entre autres, de leur rendre la gabelle que le Roi leur avait enlevée ; aux municipalités, il promettait de leur enlever les gabelles qu'on leur avait dernièrement imposées. Aux princes et aux sujets, il disait qu'il avait été obligé de prendre cette résolution, il leur demandait de la considérer comme bien faite ; il cherchait à se faire des amis par de bonnes paroles et beaucoup d'offres.

Ces pièces originales ne nous sont pas parvenues, parce que si le Roi lui-même ne les a pas brûlées, les personnes à qui il recommanda de les détruire, après sa mort, les ont anéanties. Ce qui est certain, c'est qu'on ne les a trouvées nulle part, et qu'on ne les trouvera jamais. Quant à moi, il me suffit que le nonce de Sa Sainteté ait envoyé ces dépêches au Pape, pour leur accorder toute la valeur qu'elles méritent. Des faits de cette nature, un nonce ne les avance pas sans en être parfaitement instruit, et si quelqu'un pouvait l'être, c'était le représentant du Pape pour qui étaient ouvertes les portes de l'Inquisition, et jusqu'au cœur pervers d'Espinosa.

Le nonce rapporte aussi qu'il se trouvait dans le coffret une liste des personnes qu'on devait poursuivre jusqu'à la mort, sur laquelle étaient inscrits le Roi, son père, Ruy Gomez et sa femme, le président Espinosa et le duc d'Albe. Et une autre contenant ses amis au nombre desquels étaient comptés la Reine qu'il aimait beaucoup, don Juan d'Autriche, don Luis Quijada et d'autres.

Avec des preuves pareilles, M. de Moüy veut-il encore ne voir, dans don Carlos, qu'un innocent que le Roi faisait enfermer comme fou, et dans la commission que nomma Philippe II, composée d'Espinosa, de Ruy Gomez, de Briviesca de Muñatones, dans la cause qu'il envoya chercher aux archives d'Aragon, intentée contre le prince de Viane, veut-il ne voir que des moyens de guérir un fou? Si don Cristobal Mora de Castel Rodrigo y Dieguez et don Diego de Yepes, son confesseur, chargés par Philippe II, n'avaient pas fait de ces papiers l'autoda-fé prescrit par le Roi, M. de Moüy aurait vu de quoi s'entretint cette junte, ce que les témoins y déclarèrent, et ce que contenaient les documents du coffret vert.

Pourquoi Philippe II relevait-il de la garde du prince, cinq jours après son arrestation, le duc de Feria à qui il l'avait confié, pour mettre à sa place Ruy Gomez de Silva? Pourquoi bouleversa-t-il la Maison du prince et prit-il à son service don Martin de Gaztelù, qui était celui qui signait les lettres pour Séville où l'on demandait de l'argent, et qui envoyait les communications? Etait-ce une manière de punir l'homme qui possédait toute la conspiration du prince don Carlos? Il faut être très simple pour ne pas comprendre le mobile de tous ces changements, de tous ces mouvements, pour ne pas comprendre pourquoi les seules personnes qui avaient leurs entrées franches dans la prison du prince étaient, selon Cabrera, le médecin Olivarès, Quintanilla et le confesseur Diego de Chaves. Olivarès qui tuait, Quintanilla qui répandait des calomnies, et Diego de Chaves qui soutirait du cœur les idées les plus secrètes pour les raconter au Roi.

Et pour guérir un malheureux fou, selon M. de Moüy, on l'enferma dans la pièce appelée de la Tour, qui n'avait qu'une petite fenêtre, haute et grillée, par où on ne pouvait passer la tête (1). Dans une pareille réclusion, on ne devait guère savoir au dehors ce que faisait le prince. Pour le guérir, en effet, suivant M. de Moüy, il fallait isoler le prince du monde, et que personne n'eût aucune nouvelle de lui, ni même la Reine, sa marâtre, ni son aïeule.

Après qu'il l'eût fait enfermer dans la prison, il ne vint pas le revoir, et, comme personne ne pouvait arriver jusqu'à lui, il lui fit parvenir, au mois d'avril, la lettre de Hernando Suarez dont nous avons déjà parlé. Je laisse à mes lecteurs le soin de deviner qui put être l'inspirateur de ladite lettre, et la nécessité qu'éprouvait Philippe II de voir le prince se confesser pour savoir ce qui se passait dans son âme. Tel est, et non un autre, l'objet de la susdite lettre : le Roi et l'Inquisition pouvaient tout.

Une fois que don Carlos eut confessé et communié, quand le Roi vit qu'à Rome et en Espagne même on regardait la confession comme une preuve qu'il s'était repenti des idées qu'il avait eues à l'égard de son père, et que la communion en était une autre, qu'il n'était pas fou, Philippe II écrivit alors ce qui suit à Zuñiga pour qu'il le communiquât à Sa Sainteté : « S'il paraissait à Sa Sainteté que cela présupposait, tant dans l'entendement que dans la volonté, la disposition nécessaire pour arriver à un si haut sa-

(1) Dépêche du Nonce et de Fourquevaulx du 19 janvier 1568.

crement, il est bien que vous compreniez pour y satisfaire, *si cela paraît convenable...* que c'est là une matière où il y a différence de temps, de plus ou moins d'obstacles, et une distinction de degrés ; en effet, il peut bien arriver qu'une personne soit en état de recevoir les sacrements, quoi qu'il n'y ait pas chez elle ni sujet, ni disposition pour la direction et le gouvernement, et les choses de cette qualité qui sont nécessaires (1). »

A cela, M. de Moüy répond que don Carlos était entièrement fou. Dans quelle consultation de médecins a-t-il vu cet état confirmé? Et s'il ne l'a vu dans aucune, pourquoi l'assure-t-il? Il sait parfaitement, et il le dit à la page 286 de son livre, qu'évidemment la résolution de Philippe II était inébranlable, et l'on ne pouvait imaginer d'autre suite que la mort à la détention du prince.

M. de Moüy attribue la maladie du prince au défaut d'exercice et aux ardeurs d'un été brûlant, et il ne pense pas que mettre sans communication, durant si longtemps, n'est pas une manière effective pour guérir un malade qui s'était confessé et qui avait communié. Le prisonnier se trouvant ainsi exclus de toute communication, qui assure à M. de Moüy qu'elles furent les causes de sa maladie, quand même elles sortiraient de la bouche de son médecin, Olivarès, et de ceux qui l'assistaient, lorsqu'il écrit

(1) Lettre de Philippe II à Zuñiga, Arch. Simancas. Est., leg. 906.

lui-même : « Quant aux lettres du secrétaire d'Etat, rien ne démontre la vérité de ce qu'elles avancent. L'unanimité même de ces documents n'en prouve pas la valeur, s'ils viennent tous de la même source, à savoir, d'un mot d'ordre donné par le cabinet espagnol.

« Cependant, et en présence de ces obscurités, une réflexion me frappe. Si Philippe II et le Conseil d'Etat ont accumulé ainsi, pendant deux mois, des mensonges destinés à tromper toute l'Europe et à dissimuler éternellement la vérité à l'histoire, il ne peut y avoir, sur la fin de don Carlos, qu'une seule hypothèse : le Roi l'a fait périr en prison. Un crime seul pourrait expliquer un si habile système pour prévenir tous les soupçons, et ce crime eût été longuement prémédité. Or, s'il est vrai qu'il n'y ait point de preuves absolument inattaquables, qui s'opposent à cette hypothèse, il faut bien convenir, d'autre part, qu'il n'en est pas une seule acceptable qui la confirme (1). »

Il y a des preuves qui confirment le crime et la conduite de Philippe II ; où il n'y a pas de preuves, c'est pour le délit du fils, pour le genre de sa maladie, parce que aucune sentence de tribunal n'a qualifié le délit, et qu'aucune consultation, ni rapport de médecins n'a caractérisé la maladie.

Ces précautions, ces mesures, la lettre au cardi-

(2) Charles de Moüy, *Don Carlos et Philippe II*, pp. 287, 288.

nal Pacheco, ne se prennent et ne s'écrivent que lorsqu'on veut commettre un crime. Ne pas laisser entrer dans la chambre ni l'aïeule, ni la tante, ni la belle-mère, ni les médecins, c'est une preuve qu'il n'était pas question d'une maladie qu'on traitait de guérir, mais d'un crime qu'on voulait commettre impunément ; sous la forme prudente de la raison d'Etat, sous le prétexte d'une malheureuse folie, d'une maladie gagnée à force de désordres.

J'accorde que le prince conspirait, comme l'affirment les pages de M. de Moüy ; je l'accorde, par les paroles de Philippe II sur Montigny et par la manière dont il fit mettre ce dernier à mort dans Simancas, par les lettres de don Carlos où il demandait de l'argent, et par la délation de Tassis, le directeur des postes.

Oui, le prince conspirait ; mais où sont les preuves de la conspiration ? Où est l'accusation, où est la défense, où est la sentence ?

La victime, nous la connaissons ; nous voyons les instruments qui exécutèrent le crime et le personnage qui l'ordonna. Ce qui n'a jamais été prouvé, ni juridiquement, ni historiquement ; par des documents dignes de foi, c'est le délit, c'est la folie, c'est la maladie du prince.

« Il est loisible, dit M. de Moüy, à n'importe quel ignorant de croire à un crime, mais il n'est possible à aucun savant de le démontrer (1). » Pour

(1) Charles de Moüy, *Don Carlos et Philippe II*, p. 288.

moi, je ne suis qu'un littérateur bien humble et bien modeste, mais je laisse au jugement des hommes honnêtes et justes l'appréciation de mes arguments et de ceux de M. de Moüy, qui commence sa carrière par un livre précieux, écrit avec beaucoup d'érudition, avec une grande abondance de citations et de dates, et un beau style, mais sans preuves ni arguments capables de porter la conviction dans l'âme du lecteur impartial.

C'est d'une manière bien différente que Gachard juge la conduite de Philippe II à l'égard de son fils, quand il écrit : « Est-ce à dire que Philippe II doive être réputé tout à fait innocent de la mort de son fils? Nous ne le pensons pas. Sans doute, le monarque avait eu de graves motifs pour priver don Carlos de sa liberté; il ne pouvait souffrir que le prince, appelé à lui succéder, se mît en état de rébellion ouverte contre lui, et, par des démarches inconsidérées, sinon factieuses, allât porter le trouble et la révolte dans les provinces de la monarchie. Mais ne lui suffisait-il pas d'avoir déjoué ses projets, en s'assurant de sa personne? Fallait-il le traiter en criminel d'Etat? le séquestrer d'avec ses amis et ses serviteurs? lui refuser l'air et l'espace? Soumettre à un espionnage de tous les instants, le jour et la nuit, ses actions, ses paroles, et jusqu'à ses pensées? Fallait-il enfin, le réduisant au désespoir, le pousser à attenter à ses jours par tous les moyens qui restaient en sa puissance? Il n'y a pas que le fer, le poison ou le *garrote* qui tue, les tortures morales sont aussi un supplice, et Philippe II pourra difficilement être justifié, auprès de la postérité, de celles qu'il fit endurer à l'infortuné don Carlos (1). »

Je n'accorde aucune importance aux rapports de Llorente, de Cabrera, du nonce, ni de Fourquevaulx, parce qu'ils ont tous la même provenance, Ruy Gomez et Espinosa ; leurs relations sur la maladie du prince n'en ont pas davantage à nos yeux ; le récit d'Olivarès même n'en aura aucune, s'il n'est certifié par d'autres médecins de réputation et de bonne renommée. Ces lignes de Cabrera ne suffisent-elles pas pour juger le rôle d'Olivarès : « Il était visité, dit-il, par le docteur Olivarès le proto-médecin, qui sortait ensuite pour se consulter avec ses collègues, en présence de Ruy Gomez et Silva; il continua de soigner le malade, il suivit les accidents de la maladie, et le purgatif resta sans effet, parce que la souffrance paraissait mortelle. » Pourquoi Olivarès entrait-il et sortait-il seul ? Pourquoi ses collègues ne revenaient-ils pas avec lui pour juger de l'état du malade ? N'est-ce pas là une preuve suffisante pour caractériser le crime ?

Quoi donc, allons-nous croire, comme des innocents, que don Carlos fut d'abord fou, puis qu'il fut sujet à des fièvres, à des vomissements et à des dyssenteries ; que ces fièvres devinrent, plus tard, tierces, doubles, malignes, et qu'il eut, enfin, l'estomac si ravagé qu'il ne pouvait rien conserver ? Et,

(1) Gachard, *Don Carlos et Philippe II*, p. 485.

pour donner à tout cela une couleur de vérité, le ministre Zayas écrit aux ambassadeurs d'Espagne à l'étranger : « Parce qu'il pourrait arriver qu'il paraisse à certaines personnes que les désordres auxquels il se livra, dit-on, pouvaient et devaient se remédier; qu'on pouvait faire d'autres diligences, le persuader, le supplier, ne pas lui donner ce qui devait lui nuire, ni lui permettre de se livrer à de pareils excès; là-dessus, Votre Seigneurie et tous ceux qui ont connu le caractère et la nature de Son Altesse, et qui l'ont fréquenté, n'éprouveront aucun scrupule, parce qu'il est certain que, si l'on en était venu à ce point à son égard, *il en serait venu à d'autres choses qui auraient été plus dangereuses pour sa vie et, qui pis est, pour son âme* (1). » Il faut regarder l'humanité comme stupide pour chercher à la tromper par des raisons pareilles.

N'aurait-il pas mieux valu, n'aurait-il pas été plus naturel, pour guérir le Prince, de le laisser sortir à l'air libre, en l'envoyant à l'Escurial, ou dans toute autre résidence royale, même en état d'arrestation et gardé à vue?

Mais ce qui était nécessaire, c'était de précipiter la mort de l'infortuné Prince. Voilà pourquoi, pendant qu'il a l'estomac malade et qu'il souffre de la dyssenterie, lorsqu'il eut mangé ce pâté bien fait,

(1) Lettre de Zayas aux ambassadeurs d'Espagne à l'étranger. Archives de Simancas. Est. leg. 904.

ce pâté de perdreaux dont nous avons déjà parlé au lecteur, et qui, quelques moments après, lui brûla l'estomac, le médecin Olivarès donna à don Carlos un purgatif qui, selon Cabrera, resta sans effet.

Hélas ! l'impudence des ministres et des écrivains de l'époque de Philippe II pour déguiser la vérité n'a pas de nom. Le 21 juillet, le nonce écrit au Pape : « Le Prince est à toute extrémité et Olivarès dit qu'il n'y a pas de guérison. » Comment pouvait-il y en avoir en ses mains ?

Le Prince se confessa, dit-on, mais il ne communia pas, parce que son estomac ne pouvait rien garder.

Mais personne ne raconte que le père se trouva au chevet du lit de son fils mourant pour le consoler par de douces paroles, ni que le fils lui ait demandé pardon, ni le père au fils, ni que le père lui ait pardonné. Ce qui me fait supposer que si on ne lui donna pas la communion, c'est parce qu'il ne voulut pas pardonner à son père. De sorte que le confesseur, Diego de Chaves, s'opposa à ce que le Roi s'approchât du lit de son fils. C'est pourquoi, d'après Cabrera, il lui donna sa bénédiction en se tenant entre les épaules du prieur don Antonio et de Ruy Gomez. Or, c'est là ce que je ne crois pas, pas plus que ce que raconte la communication du nonce, disant au Pape que don Carlos demanda au Roi pardon de ses offenses. Tout cela est faux, parce que tout cela n'est prouvé par aucun document d'aucune espèce.

Le 23 juillet commença sa dernière agonie, le médecin s'était retiré; il ne restait, dit-on, à ses côtés que le Père Chaves et quelques gentilhommes de son service. Pour cet infortuné, il n'existait ni le Roi, ni la Reine, ni sa tante doña Juana, ni personne qui eût pitié de son mal et de sa mort prochaine.

Le petit-fils de Charles-Quint périssait sans témoins; pour lui, l'affection de la famille n'existait pas; pour lui, il n'y eut ni tendresse paternelle, ni prières de la bonne tante qui lui avait servi de mère, ni les doux regards de cette princesse de France, de cette noble et pieuse dame doña Elisabeth de Valois, de cette vertueuse épouse, de cette Reine compatissante qui accepta son martyre, avec tant de grandeur et de dignité.

Je dédie à ce lis si pur de la couronne de France, les pensées les plus tendres, parce qu'elle fut l'unique consolation qu'eut ce Prince infortuné, qui mourut, à minuit et demi passé, en disant : « C'est temps, mon Père, secourez-moi, » et qui, frappant sa poitrine en signe de contrition, expira à la première heure du 24 juillet 1568, à l'âge de 23 ans six mois et seize jours.

Dans sa prison, don Carlos ne fit pas de testament, celui que l'on a est le testament qu'il dicta, en 1564, à son secrétaire Gaztelù, où il nommait pour exécuteur testamentaire l'archevêque de Séville, Honorato Juan, don Cristobal de Rojas, évêque de Cordoue, l'évêque de Plasencia, l'évêque de Sigüenza, Ruy Gomez de Silva, Figueroa, don Luis Quijada, Hernando Suarez, le secrétaire Eraso et d'autres personnes.

Le codicille ajouté, dit-on, à l'heure de sa mort, n'a jamais existé écrit. Le P. Chaves eut l'idée de donner à chacun de ses geôliers un bijou, parce que telle était, d'après lui, la volonté du Prince. Ce n'est encore là qu'une méchanceté de plus. Connaissant la haine féroce que le Prince professait pour Ruy Gomez de Silva, complice de sa mort, lui faire un cadeau pour avoir été son geôlier si cruel, est une trame grossièrement ourdie qui n'inspire que du mépris.

A la mort de don Carlos, les cités d'Espagne reçurent du secrétaire Zayas la circulaire suivante. Il est impossible de rien lire de conçu avec plus d'astuce :

« Sachez que, dans la nuit du 24 juillet, Notre-Seigneur a bien voulu appeler à lui le Sérénissime prince don Carlos, mon très cher et très aimé fils, après avoir reçu, trois jours avant, les saints sacrements avec une grande dévotion. Sa fin a été si chrétienne et d'un Prince si catholique, qu'elle a été pour moi une grande consolation dans le regret et la douleur que j'éprouve de sa mort. On doit, en effet, espérer avec raison de sa miséricorde divine qu'elle a voulu l'appeler pour en jouir perpétuellement : ce dont j'ai voulu vous informer, comme il est juste, et vous charger de faire faire dans votre ville les honneurs, service funèbre, démonstrations et regrets habituels dans des cas semblables. Madrid, le 27 juillet 1568 (1). »

« La postérité pensive, dit M. de Moüy, hésite entre le dédain et la pitié (2). » Il pourra en douter, lui, mais la postérité aura pitié du Prince et horreur de son père et de tous ses complices.

Si le poète Schiller eût connu l'histoire véritable de ce crime, il aurait écrit autrement son drame. Il l'aurait qualifié comme le contemporain de Philippe II, ce religieux si honnête, que l'Inquisition retint emprisonné dans les cachots de Valladolid pendant cinq ans, et qui, ne pouvant exprimer sa douleur que comme le font les hommes de génie, immortalisa pour toujours, en quatre vers, les malheurs de don Carlos :

Aqui yacen de Carlos los despojos,
La parte principal volóse al cielo :
Con ella fué el valor, quedóle al suelo,
Miedo en el corazon, llanto en los ojos (3).

Ce dernier vers veut dire que le crime laissa toute l'Espagne dans l'épouvante, et que, pour la victime, il y eut des pleurs dans les yeux de toute sa patrie.

Si Philippe II avait fait juger, même d'une manière irrégulière, le prince don Carlos ; s'il avait accusé son fils, écouté sa défense ; s'il l'avait fait juger et condamner à mort pour conspirer contre

(1) *Annales de Séville*, de Zuñiga, 1677, in-fol.

(2) Charles de Moüy, *Don Carlos et Philippe II*, p. 30.

(3) Fray Luiz de Leon.

l'Etat, contre l'unité religieuse de la nation ou contre sa personne ; si ce jugement avait été public et publique la sentence, cette sentence eût-elle condamné à mort, eût-elle été signée par lui, l'histoire dirait aujourd'hui qu'il a été un roi juste et fort, qu'il considéra plutôt le bien de la patrie et de la religion que son propre sang, et cet acte aurait paru plus grand que celui de Brutus. Mais, sur des soupçons, sur des délations, sur des preuves qui pouvaient être fausses et que son fils ne connut point; l'arrêter personnellement, la nuit, et de sa propre autorité ; se changer en alguazil pour le saisir, en fiscal pour l'accuser, en juge pour le condamner, et enfin en geôlier et en bourreau, et tout cela dans les ténèbres et sous le secret le plus impénétrable ; c'est une chose épouvantable et qui n'a pas de nom.

Trois jours après l'emprisonnement, il l'annonça à tous les souverains de l'Europe, mais de quelle manière : au Pape, il lui dit qu'il lui donnera plus tard des explications ; dans d'autres lettres, il écrit que cette mesure n'a rien d'intérimaire et qu'elle a une portée plus haute ; tout cela d'une façon déguisée, mais qui révèle le but qu'il se proposait et qui fait dire par l'ambassadeur de Gênes à son gouvernement, le 26 février 1568 : « On ne parle pas du Prince; il semble qu'il n'est que parmi les morts, au nombre desquels on peut, je crois, le compter... »

Personne ne peut pénétrer dans la prison de cet

infortuné, ni la reine de Portugal qui voulait venir l'assister, ni la reine doña Elisabeth, ni doña Juana, malgré tous leurs pleurs. Le monde comprendra-t-il que, pendant six mois de martyre, un père ait pu refuser à son fils toute espèce de consolation, pendant qu'il fait divulguer partout : premièrement, qu'il était fou ; secondement, qu'il s'était rendu malade à force d'excès, excès rendus impossibles par l'organisation qu'il avait donnée à la prison et par les instructions transmises aux personnes désignées pour la garde du Prince, qui le gardaient, pour ainsi dire, à vue ?

Quand, après quelques mois de martyre, le Prince se confesse et communie, ce qui prouve que le confesseur lui donnait l'absolution parce qu'il s'était sincèrement repenti, selon Fourquevaulx, qui l'écrit à son gouvernement, le 8 mai, s'il n'avait pas eu le jugement sain, on ne lui aurait pas administré le Très-Saint-Sacrement (1). Quand Madrid et l'Espagne entière attendent que Philippe fasse mettre son fils en liberté, c'est alors qu'il fait dire par ses ministres que, malgré la communion qu'on lui a donnée, le Prince continue d'être fou, et que sa folie est, comme sa fièvre, intermittente.

Pour faire voir que sa mort a été naturelle, il fait dire qu'il est entré dans la prison, qu'il a béni son fils, que le prince a fait testament. S'il est entré dans la prison, cela a été pour le voir de loin, pour se

(1) Dépêches manuscrites de Fourquevaulx, 8 mai 1568.

convaincre qu'il était à l'agonie, mais non pour lui parler et pour le consoler. L'histoire eût éprouvé un grand plaisir de trouver un motif quelconque pour disculper ce père si cruel.

Le testament qu'il laisse, c'est le testament qu'il avait signé, quelques années auparavant, alors que Ruy Gomez ne l'avait pas trahi, quoique Cabrera assure que Gaztelù entra pour livrer le testament et non pour le rectifier. De plus, on ne s'en occupa pas, parce que le Roi avait eu peur qu'un notaire, son scribe, et les témoins eussent vu la figure et entendu les gémissements de la victime.

Aussi, les paroles du P. Chaves, le confesseur, venant dire, par ordre du Roi, que don Carlos avait disposé qu'on donnât un souvenir à chacun de ses ennemis, établissent la question de la confusion du testament. Il est bien regrettable qu'il n'en ait pas fait un : au lieu des *trente mille* ducats que le Roi trouva dans la caisse, le soir de l'arrestation, don Carlos aurait pu donner des ordres pour faire rendre à leurs maîtres les *cent cinquante mille* qu'il avait reçus de Séville, la veille de son emprisonnement. Avec eux, il n'aurait pas eu besoin de demander un prêt de *cent écus* à son barbier Quintanilla, pour aller jouer, la veille de sa détention, dans la chambre de la Reine, comme on le fait raconter pendant qu'il était en prison.

Ce papier, qu'on fit paraître après la mort de don Carlos, et dans la pensée de le discréditer, était un reçu signé par son barbier, Ruy Diaz de Quintanilla, ainsi conçu : « J'ai prêté à Son Altesse deux cents écus d'or ; je lui en ai prêté cent, un soir, qu'elle emporta dans sa bourse à l'appartement de la Reine, notre maîtresse, pour jouer au *Clavo*. Quand Son Altesse descendit, sa bourse était vide ; elle la donna au comte (de Lerme) ou à don Rodrigo de Mendoza, afin qu'il me la remît, et que dans la matinée du jour suivant, je lui apportasse cent autres écus d'or, sans faute. Je me les procurai et les lui donnai en présence des gentilshommes de sa chambre. Ces derniers cent écus sont ceux que Son Altesse avait dans sa bourse au temps de son arrestation, comme Ruy Gomez et d'autres le savent (1). » Il n'est pas nécessaire d'approfondir l'esprit et la forme de ce reçu d'un barbier, pour savoir par qui il put être inspiré et le résultat public qu'on voulait en tirer. Cette misérable pièce est le comble de la perversité la plus raffinée. Il est vrai que, dès l'âge de sept ans, don Carlos fut l'objet de toute espèce de calomnie et de malveillance.

Son père, malgré sa piété si chrétienne, ne vit pas mourir son fils. Il eut le plaisir de voir sortir le cadavre, enfermé déjà dans un cercueil de plomb ; du haut de son balcon, il put assister à la procession et trancher un différend qui s'éleva entre les Grands, pour savoir s'ils devaient marcher plus en avant ou plus en arrière ; de voir se retirer le cardinal Espi-

(1) Collection de documents inédits pour l'histoire d'Espagne, tome XXVII, p. 81.

nosa, ce président de la cérémonie, dont la conscience était tellement oppressée qu'elle ne lui laissa pas la force d'arriver jusqu'à l'Église ! Il rentra chez lui pour que, dans les rues, le peuple de Madrid ne pût lire son crime sur son visage. Il n'était pas bien avec le prince, dit Cabrera, et sa mort ne lui avait pas déplu.

Les honneurs funèbres qu'on lui rendit, non pas à Madrid, mais à Rome (1), sont une preuve que

(1) Quand arriva la certitude de la mort du Prince N. S. qui est en gloire, Sa Sainteté proposa immédiatement de lui rendre les honneurs ; ainsi, le lundi six du présent mois, il y eut messe solennelle, dite par Tarragona. Sa Sainteté et presque tous les cardinaux se trouvèrent dans la chapelle, avec les vêtements noirs, comme il est requis pour un pareil acte, et Sa Béatitude mit même l'amulette, la barrette et souliers de drap. Le dix, ils se célébrèrent à Saint-Jacques avec beaucoup de decorum et d'ensemble ; à la messe se rendirent vingt-un cardinaux dans l'ordre suivant : Augusta, S. Clemente, Montepulcesiano, Pissa, Capihuca, Saurello, Cornaro, Bordifiera, Granvella, Pacheco, Amulio, Correggio, Gambava, Aragon, Colona, Belpsino, Vesino, Castillon, Alexandrino, Chiesia, Carafa ; les autres manquèrent parce qu'ils étaient absents ou malades. Il s'y trouva aussi un grand nombre d'évêques et d'archevêques. Celui de Sancta Gatta dit la messe : Otranto, Batocio, Tarragona et S. Severino se tinrent aux quatre coins du catafalque ou *castrum doloris*, et chacun d'eux suivant son rang par ancienneté, en fit deux fois le tour, en jetant de l'eau bénite, en l'encensant et disant une oraison différente ; ce qui parut très bien. Il y eut un très grand nombre de personnes en robe, indépendamment des Espagnols et des obligés, le prince de Sulmona et son frère Angelo de Cessis, Jean Georges Césarino,

don Carlos ne conspira pas contre la Religion. Le Collége des Cardinaux et le Pape savaient comment il mourait. Philippe II avait bien écrit à Pacheco, le 19 janvier, de ne pas permettre au Pape d'envoyer personne en Espagne, pour voir ce qui allait

Prosper Colona, la portaient. Ce fut une chose étonnante de voir la quantité de personnes en deuil qu'il y avait. On ne prononça pas d'oraison funèbre; je fis cette épitaphe et ces vers pour ma consolation. L'ambassadeur partit de chez lui pour se rendre à l'église, accompagné d'un grand nombre de personnes, la majorité en robes traînantes; sur la tête nous portions seulement des toques de drap, recouvertes de crêpe à l'usage de ce pays. La cérémonie eut lieu avec la même compagnie, les jours qui s'écoulèrent, depuis l'avis des décès, jusqu'à celui des honneurs funèbres; le temple fut visité par tout Rome, quoique beaucoup de cardinaux n'y vinssent pas, parce que, disaient-ils, une pareille cérémonie n'était pas dans les usages. La maison était recouverte par des tentures de drap noir. Dans la première salle se tenaient dix ou douze serviteurs en robes, qui accompagnaient ceux qui allaient et venaient avec l'ambassadeur. Nous restâmes toujours, don Gaspar de Mendoza et moi, avec nos robes. On donna aussi à tous les serviteurs de Sa Majesté et aux agents des ministres quatre cannes et demie de drap à chacun. Les Illustrissimes Granvelle et Aragon firent prendre le deuil à toute leur maison : de la plus grande dépense c'est la moindre ; ils la changèrent toute en noir. L'Illustrissime Pacheco et le prince de Sulmona portaient déjà le deuil, l'un pour don Antonio Pacheco, son neveu, l'autre pour le prince son frère, ils le prirent maintenant d'une manière plus complète. Angelo de Cessis a fait aussi une grande démonstration. Tous ceux de l'Inquisition ont rempli leur obligation, enfin tous les autres et parti-

arriver ; mais, trois mois après, le Pape, comprenant qu'on le trompait, demandait qu'on lui écrivît la vérité, et le 28 avril, Zuñiga écrivait de Rome : « Le Pape veut savoir la vérité par lettre de Votre Majesté », et don Francisco de Alba, ambassadeur d'Espagne à Paris, mande au secrétaire Zayas : « De Rome, on a écrit assez d'infamies et de méchancetés sur la mort du prince. »

Les papiers que le nonce déclara au Saint-Père avoir été trouvés dans le coffret, achevèrent de confirmer, à Rome, ce que Philippe II cachait et ce qui parvint à se savoir presque miraculeusement, parce que, dans les trente-neuf ans qu'il vécut après son crime, il détruisit toutes les preuves vivantes, fit brûler tous les papiers se rapportant à cette affaire et à don Carlos, fit anéantir tous ceux qui concernaient le duc de Sesa, ceux qui se rapportaient à la destitution qu'il tenta du duc de Parme, et beau-

culièrement les domestiques et serviteurs de l'archevêque de Tolède.

CAROLO HISPANIARUM PRINCIPI QUO NON — ALIUM HESPERIÆ MAIORI LETITIA NATUM — NEC MESTITIA MORTUUM PROSEQUITUR.

Tu magna, populusque tuus sorte excedit omnis
Carole ; tu, Dominus, Rexque futurus eras.
In tot regnorum : populus qui te quoque tuus
Sub domino et tanto Rege futurus erat
Cui tumuli imago tanta surgit, Carolo,
Hispaniarum principi, qui filius
Regis Philippi, Caroli Augusti nepos
Ætatis anno tercio et vigesimo
Decessit, atque christianis omnibus
Fletum reliquit, maximum risum impiis.

coup d'autres documents. Il institua, par testament, une commission chargée de brûler toutes les pièces qu'elle jugerait devoir être détruites, et surtout celles qui regardaient les morts.

Durant sa vie, partout où s'élevait sur cette affaire une rumeur, un soupçon ou une accusation, il arrivait, par sa diplomatie, son or, son poison, l'épée ou le poignard, comme le prouve l'édit qu'il lança contre le prince d'Orange, qui avait osé publier à Anvers, en 1585, un manifeste imprimé, où il était accusé de la mort de son fils et de celle de la reine Elisabeth.

Philippe II fit détruire, pendant sa vie, tous les écrits qui pouvaient le compromettre ou faire découvrir sa manière d'agir, tant en politique que dans les actes de sa vie privée. En 1576, il ordonna de brûler sa correspondance avec le commandeur Luis de Requesens, correspondance qui se conservait au palais d'Anvers; en 1593, les dépêches adressées au duc de Sesa et au comte de Fuentes. Des documents relatifs à don Carlos, il n'en reste aucun. Dans le paragraphe quatorze de son codicile, il nomma, comme nous venons de le dire, une commission de confiance pour brûler tous les papiers qu'il ne lui conviendrait pas de conserver, et spécialement ceux qui se rapportaient à des personnes défuntes.

Le prince d'Orange accusa, dans une pièce imprimée, et à la face de l'Europe, Philippe II d'avoir assassiné son fils. Philippe II ne répondit pas, mais le 16 mai 1586, il publia un édit dont un des paragraphes était conçu en ces termes : « Afin que ce qui est ordonné par moi soit accompli plus facilement et plus promptement, désirant punir le vice et récompenser la vertu, nous promettons, sous notre parole royale, et comme ministre du Seigneur, à quiconque aura assez de courage et d'amour du bien public, nécessaires pour exécuter nos ordres et nous délivrer de cette partie de la société (du prince d'Orange), de lui faire donner, en terres ou en argent, ce qu'il aimera mieux, la valeur de vingt-cinq mille écus ; si la personne avait commis quelque crime, si *énorme qu'il soit*, nous lui promettons de lui pardonner, et s'il n'est pas noble, de l'anoblir, lui, et tous ceux qui lui prêteraient aide ou secours. »

Sur cet écrit, Juan Jauregui et Baltazar Gérard tuèrent le prince d'Orange. Gérard déclara que ce qui l'avait poussé au crime, c'étaient les offres du roi d'Espagne. Et en effet, ses parents reçurent les vingt-cinq mille écus, trois villages de la Franche-Comté en Seigneurie et la noblesse héréditaire. C'est de cette manière que Philippe II faisait cesser les rumeurs contre ses actes.

Ceux qui espérèrent trouver des papiers dans un petit coffret vert qu'il laissa, dit-on, aux archives de Simancas, quand il vint les visiter, étaient des innocents. Si Philippe II dit, lors de la visite à Simancas, qu'il laissait des papiers dans le coffret, ce fut un acte d'une infernale sagacité. Ce qu'on trouva plus tard dans cette cassette, ce fut la cause de don

Rodrigo Caldéron, secrétaire du duc de Lerme, condamné en son temps à la décapitation, et qui ne put être exécuté avec son maître, qui, pour échapper à la mort, revêtit les habits de cardinal et s'échappa ainsi miraculeusement.

Mais si Philippe II put faire brûler le procès et tous les papiers relatifs à don Carlos, fermer la bouche de ses sujets, tuer ceux qui osèrent l'accuser, il ne put briser la plume de l'ambassadeur anglais, John Mann, qui écrivait à son gouvernement, le 5 août 1568 : « Il existe un fort soupçon que don Carlos est mort d'un breuvage empoisonné. » Il ne put faire disparaître la lettre qu'il écrivit au cardinal Pacheco, ni détruire l'écrit que le prince d'Orange lança contre lui ; ni la lettre de l'ambassadeur de Florence à Côme de Médicis, du 30 juillet 1568, où se trouvait ceci : « Les dires et les nouveautés qui se rapportent sont si indignes que non seulement on ne peut les écouter, mais encore les écrire. Et il ne lui est pas venu à l'idée d'inventer des relations de médecins qui prouveraient sa maladie ou leur assistance, ou l'espèce de sa folie. »

Le poignard, le poison ou le cordon avec lesquels il l'a tué ont disparu, mais la victime est toujours restée hors de la tombe, pour que l'histoire la défende. Pourquoi, trois cents ans après, malgré tant d'obscurité, tant de défenses, tant d'intérêts, tant de crainte qu'inspire le panthéon de l'Escurial et le pouvoir des descendants de ce roi, y a-t-il des écrivains qui, comme don Cayetano Manrique, font voir au monde les événements tels qu'ils se passèrent, en découvrant, à travers les siècles, la vérité que projettent les faits, les témoignages, les preuves et les plus simples inductions de la logique?

Je ne suis ni l'ami, ni l'ennemi du roi Philippe II qui, changé en poussière dans son sarcophage de porphyre, attend là le jugement dernier, si un cataclysme atmosphérique ne vient le priver de sa royale sépulture. Dans cette étude, j'aurais voulu trouver des motifs pour le défendre contre ses accusateurs : je voudrais l'avoir trouvé justicier, pieux, bon père pour avoir le droit de défendre sa mémoire et de chanter sa gloire. Mais, comme le grand poète Quintana, je dois le regarder avec horreur; et comme homme de cœur, je dois le condamner pour que l'histoire n'avilisse plus son malheureux fils, don Carlos, qui avait une âme généreuse, reconnaissante, loyale et chrétienne; don Carlos que son père abandonna dans son enfance, qu'il tourmenta dans son adolescence, qu'il condamna au célibat dans sa jeunesse, en ne lui permettant pas d'épouser aucune des princesses qui prétendaient à sa main, et que, enfin, il sacrifia, à l'âge de vingt-trois ans, de la manière la plus rusée et la plus infernale que l'histoire puisse enregistrer.

Et pour couronner son crime, non-seulement il fit peut-être mourir la reine Elisabeth et peut-être encore, par jalousie, peu de mois après la mort du prince, mais il se maria ensuite avec doña Anne de Bohême, princesse qui devait épouser don Carlos, si

Philippe II lui-même n'avait empêché le mariage, malgré les demandes réitérées de l'empereur Maximilien, père de la princesse, malgré les désirs des Cortès espagnoles et les prières de son propre fils.

Je le demande à tous ceux qui sont pères, en est-il un qui serait capable, après s'être marié avec la première fiancée de son fils, de se marier avec la seconde, après avoir fait mourir ce fils en prison, et l'avoir empêché, durant sa vie, de contracter mariage?

Quelle dureté et quelle noirceur d'âme ne lui fallait-il pas pour entrer dans le lit de l'infortunée princesse que la politique et la crainte condamnaient à être la qnatrième femme d'un monstre vieux et malade, taciturne, silencieux et fier, qui, comme les loups, ne pouvait vivre que dans l'obscurité ténébreuse et froide de l'Escurial?

Hélas! je n'ai pu décrire les angoisses et la mort du malheureux prince don Carlos. C'est lui qui aurait pu dire en mourant, comme Socrate : « Moi, je ne m'abattrai pas pour mourir injustement; je ne dois pas craindre l'opprobre pour moi, je le crains pour ceux qui me condamnent. » Son père, Philippe II, ne faisait que trembler, en mourant de la manière épouvantable que nos lecteurs vont voir dans les lignes suivantes. Je les copie sur un écrivain qui connaissait bien l'événement :

Outre toutes les afflictions d'esprit qu'éprouva Philippe II, il eut à souffrir de beaucoup de maux du corps. Dans sa jeunesse, il se laissa emporter en tous points par ses appétits et même pendant une bonne partie de l'âge mûr. Il paya à la fin l'intérêt et le principal, poursuivi par de grandes et graves maladies, quand la vieillesse lui amena, comme par inventaire, toutes les imperfections et toutes les infirmités de la nature, qu'il mourait pendant sa vie et qu'il souffrait une mort continuelle, sans avoir besoin d'un page pour lui dire, comme l'on répétait à Philippe de Macédoine : « Philippe, souviens-toi que tu es homme. » Il avait trop souvent l'occasion de se ressentir des misères et des calamités auxquelles tous les hommes sont sujets, quelque grands qu'ils soient.

. . . .

Plusieurs fois on lui ouvrit une jambe, avec des douleurs excessives. Quelques jours avant sa mort on lui coupa un doigt de la main pour arrêter le cancer. C'était là les intérêts d'une longue hospitalité, la nature se résolvait à ne pas lui accorder pour rien une vie si longue. La mort ne voulut pas l'enlever, avant de lui avoir fait sentir que les Princes et les Monarques de la terre sortent de la vie d'une manière aussi misérable et aussi honteuse que les plus pauvres. Elle l'envahit à la fin par une désagréable phriciasis et par une armée innombrable de poux dans laquelle il était lui-même le champ du combat, le combattant et le combattu. Mais la misère présente ne lui causait pas autant d'appréhension que la misère future : il se représentait les abîmes de la justice de Dieu, le compte qu'il avait à rendre de tant de jours, de tant d'actions, de tant de peuples, de tant de sang versé et perdu ; il aurait voulu être né pauvre berger plutôt que roi d'Espagne, ou être mort dans sa jeunesse ; il regrettait de voir que ce n'est pas une faible preuve que Dieu aime un homme que de l'enlever de bonne heure aux incommodités et afflictions de cette vie.

Les bons princes qui règnent heureusement sont récompensés au double de la félicité du royaume des cieux. Les méchants sont toujours en peine dans ce monde, sans être exempts des maux qui les attendent dans l'autre. Ces derniers ressemblent à ceux qui, après de périlleuses bourrasques sur mer, abordent chez des populations si inciviles qu'elles les mettent en pièces.

Avant de mourir, Philippe II fit venir devant lui le prince, son fils, pour lui dire qu'il ne se sentait pas la force, ni la capacité de l'informer de ce qui était nécessaire dans le gouvernement de tant de peuples qui lui restaient, mais qu'il laisserait au pouvoir de son confesseur un papier où il trouverait les plus salutaires conseils de son expérience, les plus justes avis de sa conscience : qu'il voulait seulement en sa présence, à ce dernier point de sa vie et dans son dernier adieu, lui faire entendre les dernières paroles du plus grand, du plus saint et du plus juste roi du monde.

Il fit alors lire ce qu'en mourant le roi saint Louis dit à Philippe-Auguste, son fils. Après cela, au lieu de suivre la coutume ancienne, qui était de donner les plus chers anneaux que les rois portaient aux doigts, il ordonna qu'on lui apportât un petit coffret d'ivoire, d'où il voulait tirer le gage le plus cher qu'il avait, et le joyau de sa mémoire auquel il désirait attacher le prince, son fils. C'était un crucifix, et une discipline; en les donnant à son fils, il lui observa que l'Empereur, son père, était mort en tenant ce crucifix dans la main ; qu'il voulait mourir, lui, en le tenant de la même manière, et qu'il priait Dieu de faire à son fils la grâce de pouvoir tenir ce même crucifix, à l'heure de sa mort ; qu'il aurait en lui, comme dans le cœur, le triomphe de la victoire sur les hommes ; que, dans la discipline, il pourrait mêler son sang à celui de son père et de son aïeul.

Après cela, il lui recommanda l'infante doña Elisabeth qu'il aimait de l'affection la plus tendre. Il ne lui parla pas des enfants de l'infante doña Catalina, duchesse de Savoie, à qui il avait ordonné, quelques jours auparavant, de donner, comme dernier souvenir, une image de Notre-Dame de Lorette.

Dans les plus violents assauts de la maladie, il luttait, en récitant le psaume 43 de David représentant, sous la comparaison d'un cerf poursuivi par des chiens et par le chasseur, l'ardeur excessive d'une âme qui désire arriver à la vigne, source de la vie, qui ne meurt pas et ne se dessèche jamais dans cette ardeur.

Dans les derniers cinquante jours de son existence, il communia quatorze fois, après avoir fait une confession générale, avec l'examen le plus étroit et le plus rigoureux possible. Il protestait devant son confesseur, il lui demandait d'ordonner tout ce qui lui paraîtrait nécessaire et juste pour le repos de sa conscience, qu'il était prêt à l'exécuter en tous points. Cette résolution à la mort était si fervente que son confesseur désirait qu'il mourût de cette maladie et dans l'état où il était, de crainte que, la santé recouvrée, il ne vît se changer ou se refroidir une si profonde et si heureuse résolution.

La fièvre lente qui l'avait combattu pendant trois ans, et la goutte la plus violente qui peut tourmenter un corps humain, l'avaient préparé à la mort, bien avant la fin de ses jours. Il avait son attention tellement éloignée de toute pensée de vivre qu'un gentilhomme de sa chambre, voyant qu'au milieu de la rigueur de ses souffrances il éprouvait parfois quelque trêve, quelque allégement, lui dit que s'il changeait d'appartement, s'il passait dans une autre chambre plus grande et plus agréable, les médecins assuraient qu'il pourrait vivre deux ans ; il ne lui répondit que ces paroles : donnez cette image de Notre-Dame à l'Infante, elle a appartenu à ma mère, et je l'ai portée sur moi pendant cinquante ans.

Il parlait de sa mort, comme d'une entrée royale dans la meilleure de ses cités ; de sa sépulture, comme il aurait pu le faire de son couronnement ; il disait : il faut m'attacher au cou un cordon d'où descendra, sur ma poitrine, une croix de bois ; je veux mourir avec ce crucifix qui est celui que tenait l'Empereur, mon seigneur, lorsqu'il est mort. Il y a là quelques voiles de Notre-Dame de Monserrat, préparez-m'en un, et tenez-le tout prêt. La caisse où vous devez m'ensevelir aura cette forme. Allez, dit-il à deux religieux; prenez la mesure de la bière de mon père, ouvrez-la, regardez attentivement comment il est enveloppé; je veux être ainsi. Considérez que je veux être enterré sans autre cérémonie que celle d'un pauvre religieux de ce couvent. Ceux qui se trouvaient avec lui disaient de sa constance ce qu'a dit saint Augustin de l'admirable résolution d'un saint espagnol : la violence de la douleur était grande, mais plus grande était encore l'énergie de son courage : d'un côté, il souffrait; de l'autre, il chantait; la chair souffrait, mais l'esprit parlait.

La seule chose qui vivait chez le Roi, c'était le sentiment de ses péchés, sentiment qui lui causait une douleur si vive que lorsqu'on lui eut ouvert le genou, le prince, son fils, lui ayant demandé si la douleur, que lui faisait éprouver la nouvelle plaie, était bien forte? *Je souffre bien plus de mes péchés,* répondit-il. Il se résigna tout entier en la volonté de Dieu. Il répéta un million de fois ces paroles : Mon père, que votre volonté soit faite et non la mienne. Toutes ses plaintes et tous ses soupirs se terminaient par : que ce soit pour la rémission de mes péchés.

Il reçut l'Extrême-Onction le premier septembre,

à neuf heures du soir, après avoir demandé à l'archevêque de Tolède la manière et la forme avec lesquelles ce sacrement s'administrait, parce qu'il ne l'avait jamais vu donner.

Il avait résolu d'envoyer le Prince et l'Infante à Madrid pour les délivrer par là du sentiment de sa mort, mais il changea d'idée et il voulut que le prince fût présent quand on lui donnerait l'Extrême-Onction. Ensuite, il ordonna de le laisser seul avec son fils à qui il adressa ces paroles : « J'ai voulu, mon fils, que vous vous trouviez présent à cette heure, afin que vous vissiez comment j'ai reçu le sacrement de l'Extrême-Onction; d'abord, pour qu'il ne vous arrive pas ce qu'il m'arrive à moi-même, et que vous ne soyez pas dans l'ignorance où j'étais moi-même sur la manière dont s'administre ce divin sacrement, ensuite pour que vous voyiez où vont les monarchies de ce monde. Vous voyez, mon fils, comment Dieu m'a dépouillé de la gloire et de la majesté de Roi pour vous donner à vous cette investiture. Moi, on va me revêtir, dans quelques heures, d'une pauvre bière, et on me ceindra avec une pauvre corde; déjà la couronne de Roi tombe de ma tête, la mort me l'enlève pour vous la donner. Je vous recommande deux choses : la première, de persévérer toujours dans l'obéissance de l'Église; la seconde, de rendre justice à vos vassaux. Un temps viendra où la couronne tombera de votre tête, comme elle tombe de la mienne. Vous êtes jeune, moi, je l'ai été aussi; mes jours étaient comptés, et ils sont achevés ; Dieu sait le nombre des vôtres qui s'achèveront aussi. »

Il lui recommanda avec passion, dit-on, la guerre contre les hérétiques et la paix avec la France.

Le prince croyant que tout était déjà fini et désirant installer de bonne heure le marquis de Denia, son favori, demanda à don Christobal de Mora la clé dorée du cabinet. Celui-ci s'excusa en disant qu'il ne pouvait la donner tant que le Roi vivait. Le prince s'offensa de ce refus, et témoigna immédiatement le sentiment que cet acte lui avait causé. Don Christobal se plaignit au Roi qui, sans louer la demande comme un peu prématurée, ordonna à don Christobal de donner la clé au prince, et de lui demander pardon.

Jusqu'à ce moment, le Roi eut sa part dans les graves affaires du royaume. Le prince, son fils, ordonnait les moins importantes. La maladie ne troublait ni son intelligence, ni l'exécution de ses ordres. Son Conseil jugeait que l'autorité du pouvoir suprême pouvait être, en lui, toujours vivante et saine, jusqu'au dernier soupir. Après l'Extrême-Onction, il tourna, comme Ezéchias, le visage à la muraille et le dos aux affaires. Il ne voulut plus avoir son esprit attaché aux choses d'ici-bas, mais il voulut le tenir élevé vers le ciel.

Il mourut enfin, le dimanche treize septembre, vers les cinq heures du soir. Ce mois a été remarquable par la mort de très grands princes et, en particulier, par celle de Charles-Quint, père de

Philippe II. Ce roi avait accompli soixante-et-onze ans.

Malgré le récit de la mort de Philippe II que je viens de transcrire, la narration qu'en donne le chapelain, don José de Quevedo, illustre bibliothécaire de l'Escurial, est si intéressante, que je ne puis m'empêcher de l'insérer à la fin de ce livre, pour que, hors de l'Espagne, où je le publie, on connaisse exactement les derniers moments de cet homme extraordinaire. Le lecteur sera surpris, comme moi, quand il arrive au moment où, pour garantir le complément de ce qui lui était imposé dans l'acte de la confession pour son absolution, il le déclare par écrit devant un témoin, afin qu'il pût en certifier. S'il ne restait que cet acte de Philippe II, il suffirait pour juger de la confiance qu'il avait en ses propres paroles, puisque au tribunal même de la pénitence, il avait besoin d'une personne qui témoignât de son intention, comme si, par elle et au moyen de l'intérêt, il devait acheter la rémission de ses péchés.

« Il y avait (1) plus de deux ans qu'une fièvre dévorante, presque imperceptible, le consumait insensiblement, et ses souffrances infinies l'avaient ruiné et affaibli, jusqu'au point de ne pouvoir pas même faire un pas. Seule, la vigueur et l'énergie de son esprit, d'une trempe extraordinaire, semblaient sou-

(1) *Histoire de l'Escurial*, par don José de Quevedo. Madrid, 1849, pp. 81-89.

tenir ce corps amaigri et cadavérique. Toutefois, les nouvelles de la fête de l'Escurial parurent le ranimer un peu et, malgré l'état de prostration où il se trouvait, il résolut de se rendre où il trouvait ses délices. Il fit faire une chaise à porteurs dans ce but, et là, presque couché et porté à bras d'hommes qui marchaient très lentement et également, pour ne produire aucune forte secousse, il partit de Madrid, où il ne devait plus revenir.

Il entreprit le voyage, le dernier jour du mois de 1598; mais sa faiblesse et sa fatigue étaient si grandes, les douleurs que son corps éprouvait si poignantes et si cruelles, qu'il resta six jours à parcourir ce court chemin. Le cinq juillet, entre cinq et six heures du soir, il arriva à la Fresneda, accompagné de ses enfants. Là, il rencontra le prieur et quelques autres religieux plus décorés qui étaient venus le recevoir; leur vue ranima un peu le visage moribond du monarque qui, aux affectueuses questions des religieux sur l'état de sa santé, leur répondit : *Je me trouve très bien, et j'ai les mains meilleures qu'autres fois;* et, comme pour le prouver, il prit un des livres qu'il portait avec lui et il commença à l'ouvrir et à le fermer avec assez de légèreté; tant est grande chez certains hommes la force de volonté.

Malgré cette apparente amélioration, il n'osa pas arriver jusqu'au monastère et il passa cette nuit à la Fresneda, ce qu'il n'avait jamais fait. Le Prince et l'Infante allèrent se retirer à Val de Morillo, localité distante d'une lieue et demie de l'Escurial, pour ne pas arriver à destination, avant leur auguste père, et pouvoir passer la nuit avec plus de commodité. Le lendemain matin, ils se réunirent à lui, dînèrent en sa compagnie et montèrent ensemble, le soir, au monastère. La communauté vint les recevoir avec la solennité accoutumée. Le jour suivant, le Roi se fit porter à l'église, où il resta longtemps en prière, devant le Très-Saint-Sacrement. Le huit, il commença, pour ainsi dire, sa dernière revue et le dernier adieu à tous et à chacun de ces grands objets qu'il avait conçus dans son imagination hardie et qu'il avait réalisés par son énergie et sa puissance.

Etendu dans son siége, presque sans mouvement et porté à bras par ses serviteurs, il parcourait tous les départements; il les examina avec attention et prescrivit quelques dispositions dans les reliquaires où se mettaient en ordre les nombreuses reliques qu'il avait dernièrement envoyées; il s'arrêta assez longtemps et contempla avec plaisir les riches voûtes et l'ensemble si beau de la bibliothèque principale qui venait de se terminer; il passa à la salle des manuscrits, qui est contiguë, et se fit monter à la salle haute, où le P. Siguënza venait de faire une nouvelle distribution dans les dépôts, et où il avait placé les livres avec son intelligence si connue et son savoir. Il parcourut successivement tout l'édifice, inspecta les choses moins importantes qu'on avait faites de nouveau ou terminées pendant sa dernière absence ; enfin, durant quatre jours consécutifs, il occupa tous les instants possibles à cet objet, qui le réjouissait et distrayait tant.

Mais, dans son état de faiblesse, cette même distraction, qui lui faisait oublier ses douleurs, et les douces émotions qu'il ressentait, produisirent une altération assez grande dans ses humeurs malignes. Le dernier jour, il se sentit extraordinairement fatigué ; la fièvre se développa beaucoup plus que d'ordinaire, enfin des fièvres tierces se déclarèrent qui, sans être bien fortes, donnèrent beaucoup de soucis à ses médecins. Ces médecins étaient le premier médecin de la chambre, le docteur Garcia de Oñate, le second, le docteur Andres Zamudio de Alfaro, auxquels s'était joint le docteur Juan Gomez de Sanabria. La complication des infirmités qui affligeaient le monarque était si grande, qu'ils ne pouvaient combattre directement la fièvre tierce ; ils finirent cependant par la couper, mais avec difficulté, et encore la coupèrent-ils mal, puisque, quelques jours après, le 22 juillet, à minuit, la fièvre l'attaqua de nouveau avec plus de force.

Cette nouvelle attaque pouvait avoir de graves conséquences chez un homme de plus de soixante-dix ans, d'une nature si déchue et attaquée par tant de maladies, dont une seule suffisait pour l'achever. Il y avait plus de quatorze ans que la goutte s'était notablement développée, et, dans les sept dernières années, où, à cause de son grand âge, on avait cessé de le saigner, elle l'avait envahi avec tant de force qu'elle lui faisait souffrir de terribles douleurs, presque continuelles, et qu'elle l'obligea d'avoir toujours une petite canne pour s'appuyer. A cette souffrance vint se joindre la fièvre étique, qui le consumait et l'amaigrissait au point *de ne lui laisser que la peau et les os*, et d'épuiser entièrement ses forces. Dans les deux dernières années, il fallait le conduire partout dans un fauteuil. En conséquence de cette prostration, il se déclara une hydropisie qui, sans être fort aiguë, l'incommodait beaucoup ; ses jambes et son ventre s'enflaient et il était tourmenté par une soif enragée qu'il apaisait au prix d'horribles souffrances. Les humeurs malignes, dont il était plein, firent éruption, un an et demi avant sa mort, par les parties les plus faibles, à l'index et au majeur de la main droite ; trois plaies s'ouvrirent dans le premier et quatre dans le second ; il s'en ouvrit une autre au pouce du pied droit ; ces plaies étaient si sensibles qu'il ne pouvait pas même supporter que le drap du lit les touchât et qu'elles lui causaient des douleurs des plus aigües, surtout quand on les lui soignait.

Il se trouvait déjà attaqué par de si terribles et si mortelles infirmités, quand la force de la volonté le conduisit pour la dernière fois à l'Escurial. Ce fut peut-être la Providence qui l'y amena pour que, à la vue de cet incomparable édifice, qu'il avait élevé pour la gloire de son siècle et l'admiration des siècles futurs, et dont la réalisation devait tant l'enorgueillir, il expérimentât toute la misère de la nature humaine ; il expérimentât la faiblesse de la puissance humaine contre les dispositions de Celui qui touche du doigt les montagnes les plus escarpées et les réduit en fumée.

La fièvre, qui l'avait attaqué le 22 juillet, augmenta extraordinairement, les accès se succédaient l'un à l'autre, et mettaient à chaque moment sa vie en grand danger. Le septième jour, il se déclara à la cuisse droite, un peu au-dessus du genou, un abcès maligne qui grossit prodigieusement, sans que les médicaments appliqués par les médecins pussent parvenir à le résoudre. En conséquence, ils convinrent qu'il était indispensable de l'ouvrir ; mais le douloureux de l'opération et la trop grande faiblesse du malade faisaient craindre qu'il ne pût résister. Averti du danger où il se trouvait, il en fut convaincu et il commença à se préparer à la mort. Premièrement, il appela son confesseur, Fr. Diego de Yepes, et le supplia de l'aider de ses lumières pour faire une confession générale. Il y mit trois jours, et il y manifesta un tel repentir de ses fautes, un si grand désir de les réparer, qu'il protesta non-seulement en paroles qu'il exécuterait tout ce que son confesseur lui ordonnerait pour décharger sa conscience, mais qu'il le transmit par écrit à Cristobal de Mora, et voulut que, devant lui, on lût à son confesseur les paroles suivantes : « *Mon père, vous êtes à la place de Dieu, et je proteste devant vous de tout mon respect, je ferai ce que vous direz être nécessaire pour mon salut ; c'est sur vous que retombera ce que je ne ferai pas, parce que je suis prêt à faire tout.* »

La confession terminée, deux jours avant qu'on lui ouvrît la jambe, il voulut qu'on lui apportât en toute solennité quelques reliques pour lesquelles il professait une dévotion particulière, en prévenant que chacun des ecclésiastiques qui les porterait fût préparé à le faire par une pratique spirituelle. Son confesseur, celui du Prince, qui était Fr. Gaspar de Cordoue, et Fr. Garcia de Sainte-Marie, prieur de l'Escurial, revêtus de surplis et d'étoles, prirent, le premier, le genou de saint Sébastien ; le second, la côte de saint Alban, que le pape Clément VIII lui avait envoyée et une indulgence plénière pour le moment de sa mort, avec une autre indulgence pour que tout prêtre, qui dirait la messe à un autel quelconque du monastère, et toutes les fois qu'il le voudrait, fît sortir une âme du purgatoire. Le prieur portait le bras de saint Vincent Ferrier. Tous récitèrent leurs antiennes et leurs oraisons et adressèrent ensuite quelques réflexions spirituelles qui lui servirent de grande consolation. Ensuite, il adora et baisa les saintes reliques, avec une dévotion et une foi admirables, puis il se livra à discrétion aux mains des médecins. Ceux-ci se décidèrent enfin à lui faire l'opération ; le six août, la cuisse lui fut ouverte par le chirurgien de chambre, Juan de Vergara, à qui Dieu avait accordé, selon le P. Sigüenza, autant de grâce dans la main que dans la langue et sur la plume. L'opération s'effectua avec rapidité et succès ; elle n'en était pas moins des plus douloureuses ; mais le patient monarque ne laissa échapper ni une seule plainte, ni un seul soupir ; il semblait entièrement absorbé dans la contemplation des mystères de la Passion selon saint Matthieu, qu'il avait ordonné à son confesseur de lui lire pendant qu'on l'opérait. Quand il vit que l'opération était heureusement terminée, il ordonna à tous ceux qui se trouvaient présents de rendre grâces à Dieu, et à l'instant même tous tombèrent à genoux et prièrent avec ferveur et tendresse.

Indépendamment de la blessure que fit la lancette, il s'ouvrit deux autres fissures qui laissaient couler une si grande quantité de pus qu'il semblait impossible qu'une nature si maigre et si consumée pût fournir des matières à une si grande et si continuelle évacuation. Il en sortait deux pleines écuelles dans les pansements qu'on faisait matin et soir. Ce qu'il souffrait quand on lui seringuait les plaies et qu'on soutirait la matière ne peut s'expliquer.

La main du Seigneur semblait agglomérer les maux et multiplier les douleurs sur ce patient monarque. La faiblesse produite par des maladies si longues, l'ardeur de la fièvre qui le consumait, la soif insupportable de l'hydropisie, les furieuses douleurs des ulcères, tout le mortifiait et l'anéantissait à la fois. Les maux devenaient plus grands de jour en jour ; chaque minute qui prolongeait son existence semblait un miracle, et, malgré tout cela, on découvrait encore cette âme de fer, cet esprit invincible, luttant face à face et défiant un si grand mal. Il resta cinquante-trois jours dans cet état, toujours dans la même posture, la bouche en l'air, sans pouvoir se remuer d'aucun côté, sans qu'il fût possible de lui changer le linge qu'il avait sous lui, de sorte que les évacuations naturelles, le pus des abcès, ce qui coulait des emplâtres, la sueur de la phthisie le plongeait au milieu d'une saleté des plus dégoûtantes, dans le cloaque le plus immonde qu'on puisse imaginer ; il s'exhalait une odeur insupportable, qui faisait horriblement souffrir un homme qui avait été, toute sa vie, si soigneux et si délicat; qui n'avait jamais pu supporter la plus petite tache sur le sol, ni la raie la plus légère sur la muraille. La dégoûtante pourriture où il gisait se communiqua à son corps. Ses épaules et ses reins se changèrent en une plaie énorme, aussi fétide, aussi dégoûtante que la cause qui l'avait produite, de sorte que, depuis le pouce du pied jusqu'au sommet de la tête, il n'avait rien de sain. Après trente-cinq jours de lit, on lui donna un lavement avec du bouillon de volaille et du sucre, qui produisit des évacuations pestilentielles si abondantes et si continues, qu'elles auraient suffi, à elles seules, pour détruire en peu de temps la nature la plus robuste. Ce nouvel accident augmenta ses souffrances d'une manière extraordinaire, parce que ces vapeurs corrompues, qu'il ne pouvait pas ne pas aspirer, ou lui causaient des léthargies des plus profondes, dont il fallait l'éveiller, ou des insomnies terribles qui ne lui permettaient pas un moment de repos. En un mot, le tourment qu'il souffrait à toute heure était inappréciable. . . . .

Il ordonnait continuellement de remettre à son confesseur ou à son aumônier, qui était Garcia de Loaisa, nommé déjà archevêque de Tolède, des sommes considérables pour faire célébrer des messes, doter des orphelines, secourir des pauvres et des veuves, fonder des maisons religieuses, ériger des autels, enrichir des sanctuaires, sans oublier les hôpitaux et les autres œuvres de charité, de sorte que, seulement en argent, les sommes réparties en ces jours-là dépassèrent plus de quarante mille ducats.

Cependant il gouvernait toujours; il donnait toujours quelques ordres à son favori Cristobal de Mora. Lorsqu'il apprit que les bulles étaient arrivées pour l'archevêque élu de Tolède, il voulut le faire sacrer immédiatement; à cet effet, il fit appeler le nonce de Sa Sainteté, Camilo Cayetano, don Andrès Pacheco, évêque de Ségovie, l'évêque d'Osma, et, le 16 août, la cérémonie eut lieu, avec toute la solennité et la pompe possibles, dans la grande chapelle du temple, afin qu'il pût la voir de son lit.

Quand le sacre fut terminé, il appela le Nonce et lui demanda de lui accorder, au nom du Pontife, la bénédiction apostolique, l'indulgence plénière pour l'article de la mort, et toutes les indulgences et grâces que Sa Sainteté avait coutume d'accorder, l'assurant que toute son ambition se bornait à mourir en état de grâce et à obtenir le pardon de ses fautes. Le Nonce le fit ainsi ; il expédia immédiatement un courrier à Rome, et le Saint-Père confirma tout ce que son légat avait accordé, même avant la mort du Roi.

Cette vie, toutefois, s'éteignait sensiblement ; on entendait à peine ce qu'il disait parce qu'il avait à peine la force de parler. Elle semblait même tenir du miracle, cette vie difficile et horrible, qui se prolongeait au mépris d'une nature dissolue et exténuée. Lui-même, connaissant que le terme de sa pérégrination ne pouvait tarder d'arriver, et voulant recevoir dans la plénitude de son jugement le sacrement de l'Extrême-Onction, demanda instamment qu'on le lui administrât. Il n'avait pas une connaissance parfaite des cérémonies qui devaient se pratiquer, parce qu'il ne l'avait jamais vu administrer, et, afin de le recevoir dignement, il ordonna à son confesseur de lui lire, dans le rituel romain, tout ce que l'Eglise avait coutume de faire dans l'administration de ce sacrement. C'est ainsi qu'il s'instruisit de tous les détails ; il demanda ensuite aux médecins s'il était déjà dans le cas où on pourrait le lui administrer ; ils convinrent que oui et on avertit le Roi. Alors il ordonna de lui laver les mains et de lui couper les ongles ; il appela don Cristobal de Mora et lui dit qu'il voulait que le Prince son fils se trouvât présent à cet acte ; de plus, le prieur et quelques religieux, et les officiers de sa maison. Dès que tout fut préparé, à neuf heures du soir du premier jour de septembre, l'archevêque de Tolède, don Garcia de Loaisa, lui administra le sacrement; près du lit se trouvaient le Prince et l'Infante, ses enfants et les autres personnes déjà nommées. Il se montra si courageux, il vit s'effectuer toutes les opérations avec tant de calme et de fermeté, qu'à part la faiblesse, il ne paraissait avoir aucun mal; au point que le P. Sigüenza, qui était présent, crut qu'on lui avait donné trop tôt le sacrement que l'Eglise veut ne voir administrer qu'au dernier moment.

La cérémonie terminée, il resta seul avec le prince son fils et héritier de sa couronne à qui il dit alors : « *J'ai voulu, mon fils, que vous vous trouviez présent à cet acte, afin que vous vissiez où tout aboutit.* » Il le chargea ensuite de veiller surtout pour la religion et la défense de la foi, pour l'observation de la justice, et de travailler à vivre et à gouverner de manière qu'arrivé au même point il se trouvât avec la conscience tranquille. Il ajouta quelques instructions particulières pour le gouvernement des royaumes dont il allait hériter, quelques conseils comme roi et comme père. Le prince sortit extrêmement attendri et son père continua, sur ce lit de douleur, ses longues souffrances.

A partir de ce jour, il abandonna presque entièrement les affaires du gouvernement, et il commença à s'occuper minutieusement de sa mort et de ses funérailles. Premièrement, il ordonna d'ouvrir et d'examiner la caisse qui contenait le corps de l'empereur et roi, son père. Ensuite, il fit une solennelle profession de foi, d'après celle que Ludovico Blosio expose au livre deux de ses œuvres. Quelques jours après, il ordonna à Ruiz de Velasco de lui apporter une caisse dont il lui avait spécialement confirmé la garde, six ans auparavant, à Logroño, et dans laquelle se conservaient deux voiles et un crucifix consacré, crucifix qui était le même que l'empereur son père avait tenu, dans ses mains, au moment de sa mort. Il voulut qu'on le suspendît aux rideaux de son lit, devant ses yeux. Il disposa que sa bière fût faite du bois qui restait de la croix où était placé le crucifix du grand autel, bois extrait de la quille d'un galéon portugais appelé *cinco chagas*, les cinq plaies, galéon qui, depuis plus de vingt ans, était démoli dans le port de Lisbonne, lorsqu'il alla prendre possession du royaume de Portugal. Le bois de ladite quille venait d'un de ces arbres énormes qui croissent dans les Indes orientales et que les naturels appellent angeli.

La bière fut faite de ce bois, doublé intérieurement de satin blanc et à l'extérieur d'une toile d'or noire, avec une croix de satin cramoisi dessus et des clous dorés. On la porta près de son lit pour qu'il la vît, et lui-même comprenant l'état de putréfaction où il se trouvait, l'odeur insupportable qu'il exhalait, il voulut qu'on fît pour l'intérieur de cette caisse une autre caisse en plomb et qu'on l'y déposât sans l'embaumer. C'est admirable et presque incroyable, paraît-il, que se trouvant dans cet état de martyre et d'anéantissement, puisque les liquides qu'on lui donnait ne passaient qu'avec une extrême difficulté, il pût s'occuper si minutieusement de ce qui regardait son enterrement, sans négliger entièrement les affaires du royaume. En effet, don Cristobal de Mora répétait souvent qu'il était surpris de voir la facilité avec laquelle il passait des choses les plus graves de son gouvernement aux détails les plus insignifiants de son enterrement, comme s'il se trouvait en pleine santé.

Deux jours avant sa mort, sentant qu'elle approchait, il voulut dire adieu à ses enfants et les bénir. Le prince et l'infante se présentèrent, il les embrassa tendrement, leur dit quelques paroles, pas longues, son extrême faiblesse et son état de prostration ne le lui permettaient pas, toutes relatives à l'observation de la foi et à la conservation de la religion. Il dit en particulier à l'Infante que puisqu'il n'avait pas plu à Notre Seigneur qu'il la vît mariée, comme il l'eût désiré, avant qu'il se retirât de cette vie, il lui demandait de se gouverner avec la prudence dont elle avait fait preuve jusque-là et de chercher à augmenter la foi dans les Etats qu'il lui laissait. Telle avait été son intention principale en les lui donnant, espérant d'elle qu'elle ferait comme il lui en laissait la charge, et qu'elle le dirait aussi à son cousin, et le lui demanderait de sa part quand elle le verrait (1). Ensuite, livrant à son confesseur un papier où était écrite une instruction que saint Louis, roi de France, avait donnée à son héritier à l'heure de sa mort, pour qu'il la lût au prince, sans manquer une parole, il leur présenta à baiser sa main décharnée et presque inerte ; il leur donna ensuite la bénédiction, avec un singulier courage et force d'âme, et il les congédia, les yeux pleins de larmes et le cœur rempli d'amertume.

Le lendemain, quand son confesseur dit la messe à l'autel qui était au pied du lit, il manifesta les plus vifs désirs de recevoir la Sainte Communion qu'il avait déjà reçue deux fois depuis l'Extrême-Onction. Mais les médecins avaient prévenu qu'il ne pourrait avaler l'hostie à cause de son extraordinaire faiblesse, et le confesseur dut lui refuser sa demande. Enfin l'heure arriva où devait se terminer cette si longue et si pénible agonie, quoique la tranquillité du patient semblait faire croire que toutes les douleurs avaient cessé. Les médecins avisèrent

(1) Philippe II mourut en exprimant le désir de voir sa fille unie à l'archiduc Albert, son cousin germain, à qui il cédait les Pays-Bas en fief perpétuel, dépendant des rois d'Espagne. A la suite de son dernier codicile, octroyé à Saint-Laurent, le 23 août 1597, et de la même main et écriture que ledit codicile, se trouve un papier dont voici la teneur : « Les conditions par lesquelles Sa Majesté a bien voulu disposer des Etats de Flandres en faveur de la Señora Infante et de l'archiduc Albert avec qui elle doit se marier. » Elles se composent de neuf articles ou paragraphes, sans signature. — Archives du monastère.

don Cristobal de Mora pour qu'il lui fît connaître que sa dernière heure était arrivée. Il entendit cet avis sans trouble aucun ; il fit appeler son confesseur, les deux Altesses, l'archevêque de Tolède, le prieur du monastère pour l'aider dans ce pas. L'archevêque lui adressa une longue et dévote exhortation qui dura plus d'une demi-heure; il l'exhorta à confesser sa foi et à protester pour elle ; il y répondit d'une voix assez claire et assez intelligible : « *Oui, je confesse et je proteste.* » Il demanda ensuite qu'on lui donnât lecture de la Passion selon Saint-Jean, ce que fit l'archevêque de Tolède lui-même, en mêlant à sa lecture des réflexions dévotes que Sa Majesté écouta avec des marques de tendresse et de regret. A une heure de la nuit, son confesseur lui adressa un autre discours non moins saint et tendre. A peine ces exhortations cessaient-elles que le malade répétait : *Père, dites encore, dites encore*, de sorte qu'il s'écoula quelques heures pendant lesquelles il entendait, sans cesse, des paroles spirituelles et affectueuses. Le docteur Juan Gomez craignant de le voir par là finir plus tôt, lui conseilla de se reposer un moment pour prendre haleine, mais il lui dit : *Il n'est déjà plus temps.*

En effet, peu d'instants après, et une heure et demie avant de mourir, il fut pris d'un évanouissement mortel ou d'une syncope qui fit croire à tous qu'il avait cessé d'exister, parce qu'elle dura assez longtemps ; mais tout à coup il ouvrit les yeux avec vivacité et les fixant sur don Fernando de Tolède qui tenait dans ses mains le crucifix que son père baisait au moment où il expira, il le prit et le baisa plusieurs fois. Le même don Fernando lui présenta ensuite le voile de la Vierge de Monserrat; le roi le regarda, le prit en souriant tranquillement et lui dit : « *Donnez-le ici qu'il est déjà l'heure.* » Alors le prieur du monastère lui lut la recommandation de l'âme selon le rituel romain, il montra qu'il l'entendait et qu'il recevait une consolation dans ses paroles pleines d'onction. Il resta plus d'une demi-heure avec le voile dans une main et dans l'autre le crucifix qu'il baisait fréquemment, jusqu'à ce qu'enfin à cinq heures du matin, aux premières lueurs du jour, il protesta qu'il mourait catholique; il éprouva un petit tressaillement, entr'ouvrit deux ou trois fois la bouche, et cette âme si énergique et si forte abandonna le corps déjà consumé, corrompu et dissous, le 13 septembre 1598.

Ce grand monarque était né le 21 mai 1527. Il avait commencé à régner par suite de l'abdication de son père, l'empereur Charles-Quint, en 1556. Il commença la construction du monastère de Saint-Laurent, monastère qui n'a jamais été assez apprécié, en 1563; il en vit poser la dernière pierre le 13 septembre 1584; et quatorze ans après, ce même jour, mourut à l'âge de soixante-onze ans, trois mois et vingt-deux jours, Philippe II, après une maladie des plus longues, des plus terribles, remplie des plus cruelles souffrances et qui peut servir de puissant exemple, afin de prouver que le monde entier vaut bien peu pour soulager la destinée d'un homme durant la maladie et dans la tombe.

MANIÈRE D'AGIR DE PHILIPPE II DANS L'AFFAIRE DU PASTELERO DE MADRIGAL

Avant de terminer ce livre, je veux faire connaître au lecteur un événement du temps de Philippe II où se retrace son âme. Les documents dont il se compose, et parmi lesquels se trouvent des lettres écrites de la main du monarque, pourront l'instruire de la manière de procéder en justice de ce roi, dans les affaires qui l'intéressaient.

Les personnes contre qui il procédait étaient des coupables ; elles méritaient un châtiment. Mais être Roi et faire violer les lois, ordonner la torture qu'on devait donner aux accusés, régler la sentence qu'on devait prononcer, pousser l'esprit d'inquisition jusqu'à se faire rapporter par les confesseurs les dernières pensées des accusés, c'est une conduite qui dépasse toutes les bornes.

Tout ce qui pouvait l'accuser, Philippe II l'a détruit de son vivant ou fait brûler, comme je l'ai déjà dit. Mais la cause dont je vais m'occuper, celle du *pastelero de Madrigal*, du pâtissier de Madrigal, se conserve intégralement aux archives générales de Simancas; l'historien peut y faire là l'étude de ce qu'était ce Roi (1).

Il y avait à Madrigal un couvent sous l'invocation de Notre-Dame-la-Royale. Philippe II y avait fait faire profession de religieuse, et contre sa volonté, à doña Anne d'Autriche, fille naturelle de don Juan d'Autriche.

Dans ce couvent vint, comme vicaire, un moine Augustin, Portugais de nation, qui avait eu ses grandes entrées à la cour de ce Royaume, et qui s'était réfugié en Espagne, à la suite de révolutions politiques.

Ce moine, appelé Miguel de los Santos, audacieux et diabolique, tout en étant vicaire du couvent de Notre-Dame-de-Grâce-la-Royale et connaissant parfaitement le caractère ambitieux de l'infortunée nonne doña Anne d'Autriche, conçut le plan, qui n'était pas nouveau dans l'histoire, de supposer un roi. Don Sébastien de Portugal était mort dans une bataille contre les Maures, il ne lui parut pas difficile de le remplacer par un homme obscur et audacieux qui se prêtait à tout. Ce dernier, né à Tolède de parents inconnus, avait été pâtissier en Portugal

(1) Archives de Simancas Estado, legajos 172, 173.

et était venu, dans la même condition, au village de Madrigal.

Le moine Miguel de los Santos dut connaître, paraît-il ce dernier à Oporto, et quand il se retrouva nouvellement avec lui, à Madrigal, sûr de sa condition, il lui révéla son projet, que le pâtissier accepta, avec la hardiesse propre à un aventurier audacieux.

Le moine prépara doña Anne d'Autriche, lui dit qu'il avait des révélations à lui faire, au moment de la messe; que le roi don Sébastien était vivant; qu'il le lui présenterait, et que Dieu lui annonçait qu'elle devait se marier avec lui. Plus tard, il fit venir au couvent des personnes qui assurèrent à la religieuse que don Sébastien existait, mais qu'il voulait rester inconnu par suite d'un vœu qu'il avait fait pendant la bataille pour sauver sa vie, finalement il présenta à doña Anne Gabriel d'Espinosa, qui lui déclara avoir pris ce nom et l'état de pâtissier, pour cacher sa dignité de roi et pouvoir vivre inconnu. Le moine l'obligea de lui donner un papier, qui est comme une espèce d'acte de fiançailles, où il s'engageait de se marier à doña Anne d'Autriche, le jour où il recouvrerait le trône de Portugal.

Dès ce moment, la religieuse commença de bien traiter le pâtissier, et le moine d'écrire aux personnes les plus importantes du Portugal.

Dans Madrigal, on commença à murmurer. Espinosa vivait avec une femme, appelée Inès Cid, dont il avait une fille, née à Oporto, du nom de Claire Eugénie. Il lui fut nécessaire de s'éloigner quelques jours de Madrigal, et il laissa dans le couvent sa fille, que doña Anne d'Autriche considérait comme la fille du roi don Sébastien ; et, dans l'espérance de se marier avec lui, elle la traitait comme son enfant.

Le pâtissier était arrivé depuis peu à Valladolid, quand, sur la dénonciation d'une vieille femme à qui il avait montré un vase d'unicorne précieusement orné, et qui était un don d'Anne d'Autriche, un alcalde de Valladolid le prit pour un voleur, le poursuivit, le découvrit. Ses réponses obscures le font arrêter, et l'ardeur qu'apporte doña Anne à le faire mettre en liberté, donne lieu à l'intervention du roi, à qui on communique la chose. Dès ce moment, la comédie commence à se changer en drame. Après avoir été barbarement torturés, au point d'avoir les mains mutilées, accusés et témoins finissent par être condamnés, doña Anne d'Autriche et les religieuses ses compagnes, à une réclusion de quatre à dix ans, les domestiques au fouet et aux galères ; Espinosa et le Père Miguel à être pendus, écartelés et à avoir leurs têtes mises dans des cages et placées dans des endroits indiqués par la justice.

C'était un grand crime, que celui d'un moine voulant inventer un roi qui usurpait des droits de Philippe II ; ce n'était pas un moins grand crime que commettait ce scélérat d'Espinosa, qui se prêtait à ce projet ; mais la pauvre religieuse, fille de don Juan d'Autriche et petite-fille de Philippe II, qui était la victime innocente de ces deux méchants, finit par être la martyre du roi Philippe. Quand la malheureuse lui rend compte de ce qui se passe, au lieu de protection et de miséricorde, le roi dicte la sentence et la transmet immédiatement au juge, pour que ce dernier l'inflige à son infortunée petite-fille. En voici la teneur, extraite de la sentence prononcée le 16 octobre 1595, par le docteur Llano Valdès, contre le frère Miguel de Los Santos, établissant la culpabilité de sœur Anne d'Autriche :

« ...... Il persuada à une religieuse professe de Notre-Dame-la-Royale, que le roi don Sébastien, qui est au ciel, était vivant et qu'il voyageait dans ce monde, accomplissant un certain vœu ; qu'il devait se marier avec ladite sœur ; il imagina à cet effet des révélations et des visions divines, que Notre Seigneur lui manifestait, pendant la messe et pendant d'autres oraisons, au point que ladite religieuse et d'autres sœurs, qui savaient l'affaire, le crurent. Pour ce méfait et pour d'autres causes, il est condamné à la dégradation et livré au bras séculier de la justice. »

Le frère Miguel avait été deux fois Provincial de son ordre en Portugal.

Parce qu'elle avait été trompée, un procès fut intenté à l'infortunée religieuse doña Anne, fille de don Juan d'Autriche, enfermée, à six ans, et par ordre de Philippe II, dans un couvent, sans secours et sans expérience. Vainement, elle écrivit la lettre suivante au roi pour qu'on lui permît de se défendre ; tout fut inutile.

« Seigneur,

« Ma grande nécessité et la grande confiance que j'ai dans la bonté infinie de Votre Majesté, jointe à la permission que Votre Majesté m'a fait envoyer pour agir ainsi, lorsque j'en ai supplié Votre Majesté, m'ont donné le courage de vous écrire. Puisse cette lettre, quand elle arrivera aux mains royales de Votre Majesté, me représenter aux pieds de Votre Majesté, lui demandant grâce de mon ignorance, qui me cause une douleur telle qu'elle suffirait, si ce n'était pour mes péchés, à me rendre sainte. Et je supplie humblement Votre Majesté, puisqu'elle a vu mon erreur et ma souffrance, d'avoir pitié de mon honneur, puisque je suis la fille du frère de Votre Majesté, et qu'il n'est pas convenable aux sentiments chrétiens de Votre Majesté que, par la faute de mon ignorance, le souvenir de tant de services rendus ou tant de bonne volonté soit perdu. Que Votre Majesté veuille bien considérer combien de faux témoignages ont entaché mon honneur dans le monde, témoignages que sont venus confirmer huit mois d'une prison si rigoureuse, qu'étant dans un monastère, on me prive des sacrements et de la messe ; on m'abreuve de mille dégoûts, de mille outrages que je veux faire connaître à Votre Majesté, pour la décharge de ma conscience, car cela importe aussi à la vôtre. J'ai demandé au docteur Llano que, puisqu'on me traite avec une telle rigueur de justice, de m'accorder, puisque cette justice le permet et que la chose ne se refuse même pas à un scélérat, de m'accorder un avocat et un procureur; et ceux-là, non pour qu'ils me défendent auprès de Votre Majesté, dont je suis la créature et aux pieds de qui je me jette, afin que Votre Majesté ordonne de moi suivant son plaisir, mais afin de pouvoir rendre librement compte à Votre Majesté des injustices que me fait souffrir ledit docteur ; et parce que, pour le dire, pour raconter sa manière d'agir dans cette maison, j'ai de très grandes occasions et que je ne peux le faire par lettre, je supplie Votre Majesté, au nom de Dieu seul, de me faire accorder une personne d'une conscience sûre, qui ne désire pas ma perte, afin qu'elle examine ma vie et les plaintes que je lui communiquerai ; pour qu'elle puisse, comme témoin oculaire, donner connaissance de tout à Votre Majesté, et que Votre Majesté ne permette pas que je sois condamnée sans qu'une personne, exempte de passion, admette mes moyens de décharge ; devant laquelle je puisse, moi, les produire librement. Sans cela il y aura des inconvénients, si c'est ledit docteur qui le fasse, ou si la chose se fait de manière qu'il ait la juridiction d'y apporter du trouble. En effet, devant lui personne ne dira la vérité, et lui ne vérifiera pas ce qui lui paraîtra bien. Il convient donc que Votre Majesté soit informée et moi déchargée; je supplie donc Votre Majesté de donner des ordres à cet effet, sans que cette lettre ni ma démarche ne vienne à la connaissance du docteur; il suffira pour cela que

Votre Majesté m'accorde la grâce de conclure, tant en ce qui me touche particulièrement qu'en ce qui regarde cette maison, le plus brièvement; ce sera en effet pour le service de Dieu que d'éviter de si grandes offenses qu'on commet à son égard, et de voir Votre Majesté secourir une infortunée, plongée dans tant de malheurs, qu'on ne peut les raconter. Que Votre Majesté veuille bien remarquer que c'est pour son service qu'il faut prouver que mon ignorance et ma bonne vie se trouvent telles qu'elles sont, en m'accordant la grâce que je demande. Et comme pour plus de secret, j'ai écrit au confesseur de Votre Majesté, plus longuement, pour qu'il le raconte à Votre Majesté, je ne m'étends pas davantage. Que Dieu garde la catholique personne de Votre Majesté pour l'accroissement de sa sainte religion et la défense des orphelins, ainsi que je le demande chaque jour. De ma prison, le 26 juin 1595. — Doña Ana de Austria. »

Toutes les supplications furent inutiles. En effet, la lettre autographe du docteur don Juan de Llano, juge apostolique commissionné, adressée à Sa Majesté, à l'occasion du procès de doña Anne d'Autriche et de Fray Miguel de los Santos, est ainsi conçue : « Seigneur, dès que j'eus reçu la dernière lettre de Votre Majesté, avec la résolution de ce que je devais faire, à l'égard de doña Anne et des religieuses qui étaient à ma charge, j'ai commencé à mettre à exécution ce que Votre Majesté m'ordonne, en interrogeant les prisonniers afin de pouvoir prononcer la sentence, ainsi que je l'ai fait hier vendredi, 21 du courant, conformément aux ordres de Votre Majesté (1). »

Maintenant, que le lecteur veuille bien fixer son attention sur cette lettre de l'alcalde de cour, juge en cette cause, et il verra qu'on n'y faisait que ce que le Roi commandait, que le Roi accusait, qu'il ordonnait les tortures, qu'il jugeait, qu'il condamnait à mort, sans permettre aucune défense. Il faisait avouer ce qu'il voulait aux accusés par les tortures et les violentes douleurs, et ces aveux étaient ensuite rétractés, comme on le voit dans le procès du pâtissier de Madrigal.

En voici encore une preuve dans un billet de l'écriture du secrétaire, don Martin de Idiaquez, à Sa Majesté, en lui envoyant la minute de certaines affaires pour qu'il les connût et les signât :

« Don Cristobal a dit d'expédier cette affaire comme il est dit, et tout a été traité avec le président du Conseil royal.

« Tout est signé ; c'est bien, avec ce que j'ai ajouté et écrit de ma main ; qu'on exécute ainsi ; demandez à don Cristobal s'il a su, du Provencial, les monastères de religieuses de cet ordre qui existent, et vous, écrivez à l'Alcalde et à Juan de Llano de l'aviser. » (2)

(1) Archives générales de Simancas. Estado, Legajo, n° 173. — Culpas y sententias de Gabriel de Espinosa y de alguno de sus complices.

(2) Tout ce paragraphe est de la main du Roi.

Minute de la dépêche de Sa Majesté à don Rodrigue de Santillane.

« Il est déjà temps que cette affaire se termine, elle a tant duré; ainsi, je trouve convenable que vous *condamniez* tous les prisonniers, conformément à l'avis que vous avez envoyé ici; je reviens à présent vous avertir seulement de faire exécuter, dans Madrigal, la sentence que vous prononcerez dans l'affaire de Gabriel d'Espinosa; que la publication se fasse conformément à *ce qui est marqué*, sur un papier à part, après la copie de l'avis que vous avez demandé sur la sentence; c'est ce qui convient, et qui doit se faire avec brièveté.

« Quant à un autre prisonnier que vous avez à Medina, il n'y a pas ici votre opinion sur ce qu'on doit en faire, vous verrez ce qui sera conforme à la justice; vous examinerez aussi s'il peut être à propos de faire les autres vérifications qui devraient avoir lieu à l'égard de Fray Miguel et des autres personnes qui ont été saisies en Portugal. Pendant que cet homme est détenu, et, d'après ce que vous jugerez le mieux, vous pourrez vous gouverner dans cette affaire. Vous m'informerez de tout cela, je suis très satisfait de toute votre conduite dans cette affaire, et je tiendrai, de vos services, le compte qu'il est juste d'en tenir. »

(De la main de Sa Majesté). « Cherchez encore à savoir qui est la mère de la petite fille, question à laquelle on n'a jamais bien satisfait; on pourrait

le savoir avec la gouvernante, qui est la mère, dit-on ; pour moi, je soupçonne fort qu'elle ne l'est pas. J'interrogerai aussi Espinosa à un moment où, il faut croire, il dira la vérité. »

Les deux lettres arriveront avec ce que j'ai ajouté de ma main, et les sentences se *rédigeront de nouveau comme je l'ai écrit.*

Crime de Gabriel d'Espinosa.

Contre Gabriel d'Espinosa, qui l'avoue, il est prouvé que, persuadé par Fray Miguel de los Santos, il supposa qu'il était le roi don Sébastien, qu'il voyageait déguisé par suite d'un vœu qu'il avait fait après une bataille, en Afrique, et cela dans l'intention de se faire proclamer roi de Portugal ; qu'il voulait persuader aux habitants de ce royaume qu'il l'était, en effet, sur l'autorité de Fray Miguel ; que, par certains signes qu'Espinosa avait, dit-on, sur le corps, semblables à ceux qu'avait également le roi don Sébastien ; par les informations et avertissements qu'il lui avait donnés, et qu'il devait lui donner, sur des choses particulières et secrètes qui s'étaient passées avec le roi don Sébastien, pendant que Fray Miguel était le prédicateur de sa mère, la reine doña Catalina, et provincial de l'ordre de Saint-Augustin, pour la province de Portugal, charge qu'il remplit deux fois ; que, pour donner plus d'autorité à leur entreprise, pour couvrir d'un plus grand crédit et d'une plus grande opinion cette affaire et l'invention qu'ils répandaient, ils s'occupèrent de le faire croire à doña Anne d'Autriche, sœur professe du monastère de Madrigal ; que lui ayant persuadé que Gabriel d'Espinosa était le roi don Sébastien, ils lui conseillèrent de se marier avec lui et de devenir ainsi reine du Portugal. C'est ainsi que doña Anne d'Autriche et Gabriel d'Espinosa, qui se supposa être le roi don Sébastien, se donnèrent la parole qu'ils s'uniraient par le mariage. Gabriel d'Espinosa en dressa une cédule écrite de sa main q'il remit à doña Anne, et conçue dans les termes suivants : « Moi, don Sébastien, par la grâce de Dieu, roi de Portugal, etc. Par la présente, je me déclare immédiatement époux et mari de la Sérénissime doña Anne d'Autriche, fille du Sérénissime Infant don Juan d'Autriche, qui est en gloire, dès que j'aurai, à cet effet, les dispenses des deux Souverains-Pontifes. La signature portait : Moi, le Roi.

Voici l'extrait de la sentence prononcée contre doña Anne d'Autriche, corrigée de la main du Roi :

« Qu'il lui soit ordonné de sortir du monastère où elle se trouve pour se rendre dans un autre (1) dès qu'on le lui indiquera; que, lorsqu'elle s'y rendra, et pendant qu'elle restera dans celui où elle est maintenant, elle reste recluse dans sa cellule, pendant l'espace de quatre ans, sans qu'elle puisse

(1) L'écriture du Roi : « Il pourrait se faire qu'il n'y en eût pas de son ordre. »

la quitter autrement que pour aller entendre la messe les jours de fêtes; qu'elle se rende droit au chœur, accompagnée de deux religieuses graves et anciennes *que la supérieure indiquera* (1), et qu'elle rentre de la même manière dans sa cellule; que personne ne puisse y entrer, ni lui parler; qu'elle jeûne, au pain et à l'eau, les vendredis de ces quatre années, qu'elle ne puisse, à perpétuité, être supérieure dans aucun monastère, qu'elle ne soit servie par aucune autre religieuse, excepté par les domestiques communs dudit monastère qui servent les autres religieuses, et qu'elle soit traitée, *en tout*, comme une religieuse simple, *tant dans l'appellation qu'en tout le reste* (2).

Quand on notifia la sentence à Doña Anne d'Autriche, elle adressa au Roi la lettre autographe que voici, à la date du 22 juillet.

« Seigneur, hier, 21 juillet, on m'a notifié la sentence que Votre Majesté a daigné prononcer contre moi, et la mettant sur ma tête, la respectant comme une chose émanant de la main de Votre Majesté, et ordonnée pour moi, dont Votre Majesté peut faire ce qu'elle veut, comme d'une chose qui lui appartient et sienne; j'ai voulu oser par cette lettre témoigner à Votre Majesté, si des paroles peuvent le faire, combien grande est ma peine d'avoir offensé Votre Majesté, peine plus grande que toutes celles

(1) Les mots soulignés sont ajoutés de la main du Roi.

(2) Archives de Simancas. Estado, legajo 173.

qui peuvent m'affliger dans cette vie. Elle suffirait pour en finir si, désireuse que mes erreurs fussent le résultat d'une pure ignorance, il y en avait parmi elles qui fussent le produit de la malice ; mais je ne trouve pas ce caractère en ce qui touche le service de Votre Majesté ; j'ose me prosterner de nouveau aux pieds de Votre Majesté, et la supplier humblement de prendre pitié de mon honneur, tant de mon honneur passé que de celui qui me reste dans l'avenir, en me voyant châtiée avec tant de rigueur. Mon âme est bien préparée à tout ce que Votre Majesté pourra ordonner, mais mes forces n'en peuvent autant. Je ne crains pas de perdre la vie, ce qui vaudrait mieux, mais l'âme ; la solitude en effet, les considérations et les discours qui se répandent à ce sujet, me font pencher vers le mal. Je suis une fourmi, une branche sèche ; que gagne Votre Majesté, à ma perte et à mon honneur ? Votre Majesté n'obligera-t-elle pas davantage Dieu, pour le moment où d'ici à longues années, Elle se verra dans ses mains privée de tout ce qui est de cette vie, de m'avoir pardonné et fait grâce, pour son amour plutôt que pour toute autre chose. Que Votre Majesté ressemble à Dieu, en pardonnant une pécheresse si repentante. Et s'il ne suffit pas que mes yeux soient presque aveugles à force de pleurer, qu'il suffise, Seigneur, de ce que je suis la petite fille du père de Votre Majesté, la fille de l'esclave le plus fidèle que personne ne possède. Si lorsqu'un maître à un esclave fidèle, il ne retient pas ses enfants en captivité et leur donne la liberté et leur accorde leur entretien, à plus forte raison Votre Majesté doit-elle me faire miséricorde. Car je ne peux, ni ne veux, puisque la chose n'agrée pas à Votre Majesté, obtenir la liberté, mais, comme, depuis six ans, je suis retenu dans une prison perpétuelle, avec tant de souffrances et si peu de santé, que conserver de la patience, ce serait ne pas avoir beaucoup de connaissance, je supplie Votre Majesté de vouloir bien considérer que si j'étais tombée dans un péché qui ne mériterait pas de pardon par sa malice, Votre Majesté devait m'enlever honorablement la vie et ne pas me laisser au monde, comme un spectacle d'infamie, infamie qui, en ce qui me touche, m'offense le moins, et la plus grave offense reste pour Votre Majesté et pour sa famille si souveraine. Si ce sont des ennemis de Votre Majesté qui me l'infligent, Votre Majesté devait l'éviter à tout prix, puisque c'est une chose qui la touche. Bien plus, elle devait aussi ne pas permettre un tel bruit dans le monde, comme le répandra la nouvelle que Votre Majesté a ordonné, pour châtiment, de me sortir de cette maison, avec quatre ans de prison et tous les autres dédains contenus dans ma sentence. Je n'ai, je l'avoue, ni l'esprit, ni la force nécessaires pour cela. Il est moins pénible de sentir une mort brève qu'une mort si longue et si vile. Votre Majesté doit agir, comme la personne qu'elle est, considérer ma condition d'orpheline : que je n'ai personne qui agisse pour moi, qui m'obtienne la grâce de Votre Majesté, si ce n'est Votre Majesté elle-même ; qu'être de son sang, doit me défendre de sa juste colère et finir ces tortures, mieux que je ne le mérite, en me permettant de m'exercer, dans cette maison, à toutes les pratiques religieuses, les offrant toutes à Dieu, afin qu'il conserve la catholique personne de Votre Majesté, comme le monde en a besoin et, en particulier, pour le remède à ses maux, cette infortunée. — Doña Ana de Austria (1). »

Pendant que ces déclarations, ces lettres et ces sentences se succédaient, l'aumônier du couvent écrivait ce qui suit au ministre du roi Philippe II :

« Quoiqu'il paraisse à Votre Seigneurie une chose nouvelle que je lui écrive, moi, qui suis l'aumônier de ces dames de Madrigal, maintenant venu depuis peu : mais ce n'est pas une chose nouvelle de penser que Votre Seigneurie fera dans la situation où elle est tout ce qui s'offrira pour rendre service à ces dames, en considérant qu'elles sont renfermées entre des murailles. Dans cette confiance, j'ose supplier Votre Seigneurie, de leur part et de la mienne, de nous faire la grâce de donner des ordres pour que le docteur Llano n'entre pas au couvent, après la fermeture du monastère ; il y entre chaque jour, sans qu'il soit jour de fête ; il est très dévoué à une religieuse, fort jeune et fort belle ; le secrétaire est aussi très dévoué à une autre : on leur a donné des robes, couleur changeante. Il s'y passe là des choses fort

(1) Archives de Simancas. Estado, leg. 173.

étrangères à la religion, au point de les embrasser plusieurs fois, de les tenir par les mains et de rester même la nuit, et de ne pas vouloir de lumière, de la faire éteindre, de rester dans l'obscurité ; on n'en finirait pas d'entendre ce qui s'y passe. Je m'en remets à l'envoyé qui porte cette lettre et au rapport qui y est joint, rapport où tout est vrai, d'après ce que racontent les religieux. Et maintenant c'est avec grande rage et profond ennui, et je parie des excommunions nombreuses, qu'ils ne diront pas le moindre mot de ce qui se passe là-dedans. Je le crois, lui, fort ennuyé ; on l'a averti d'ici de ses entrées si remarquées, sans nécessité autre que celle qu'il veut bien supposer. Confiant dans les sentiments chrétiens de Votre Seigneurie, qui a toujours voulu le service de Notre Seigneur, je la supplie de prendre pitié de ces religieux cloîtrés, et je reste pour toujours le chapelain perpétuel de Votre Seigneurie. Que Notre Seigneur garde de nombreuses années. Amen. — Madrigal, le 4 juillet. — Fray Andrès Ortez. — Adresse, à don Cristobal de Mora comte de Castel Rodrigo, du conseil d'Etat et du conseil de guerre de Sa Majesté (1). »

Au milieu des scandales que les juges commettaient dans l'intérieur des couvents, les moines de cette époque donnaient lieu, dans les tribunaux, à des plaintes pareilles à la suivante. Elle est extraite d'une lettre autographe adressée par don Rodrigo de

(1) Archives de Simancas. Estado, legajo, 173.

Santillan à don Martin Idiaquez ; elle est datée de Madrigal, le 20 octobre 1594 :

« Par la lettre de Sa Majesté, votre Grâce comprendra l'état où se trouvent les affaires ; je promets à Votre Grandeur, étant tel que je suis, que si les moines m'avaient laissé et ne m'eussent pas troublé si impertinemment, depuis que j'ai eu l'affaire, elle serait déjà hors de doute, et l'aumônier aurait dit tout ce qui se passe. Mais, comme il sentit appui et faveur chez son provincial, il se retira immédiatement, et moi j'attends que Sa Majesté veuille bien, à ce sujet, faire une très grande démonstration. J'assure à Votre Grandeur que si Sa Majesté ne l'a fait pas, je ne sais comment nous pourrons rendre justice, car les moines qui ne servent au monde qu'à l'empêcher, qu'à l'embrouiller, qu'à couvrir les affaires, qui, de religieux recueillis se sont faits solliciteurs captieux et rusés ; car, la Cour de la chancellerie est aussi remplie de moines que de laïques. Pour l'amour de Dieu, que vos grâces donnent des ordres afin qu'ils restent chez eux et qu'ils se recueillent, c'est à mon avis une question d'Etat des plus importantes. En effet, jamais il n'y a eu, en Portugal ou en Castille, de soulèvements ni de troubles, sans que les moines n'y aient pris une très grande part, et certainement si la chose ne paraissait pas l'effet de peu de dévotion, je dirais qu'aujourd'hui on se fait moine, comme en d'autres temps on se faisait soldat, pour vivre avec plus de liberté. Ils me tiennent moi-même maintenant dans un si grand ennui, que votre grâce doit m'en faire une, en me pardonnant d'avoir été si long. Que Dieu garde Votre Grandeur, comme je le désire. — Madrigal, 20 octobre 1594. — Don Rodrigo de Santillan. — Adresse, à don Martin de Idiaquez, du conseil de Sa Majesté et son secrétaire d'Etat (1). »

Pendant ce temps, on condamnait les prisonniers de la manière suivante, que nous empruntons de la minute de la condamnation d'Espinosa, minute corrigée par Philippe II (1).

« Dans le procès soulevé entre le fiscal de Sa Majesté, acteur accusant, et Gabriel d'Espinosa, prévenu accusé, pour le crime qui résulte contre lui du procès développé dans cette cause, je juge que je dois condamner et condamne ledit Gabriel d'Espinosa à être extrait de la prison où il est retenu prisonnier, mis dans un grand cabas, traîné dans la forme accoutumée par les rues publiques habituelles, jusqu'à ce qu'il arrive à la place où il sera pendu, jusqu'à ce que naturellement il meure, à une potence dressée à cet effet; qu'après l'avoir descendu de ladite potence il soit écartelé et mis en quatre quartiers par les chemins que j'indiquerai; que sa tête soit mise sur un pieu, dans une cage en fer, au lieu qui par moi sera indiqué, et pour que ma sentence, etc., etc. »

En tête de l'écriteau :

(1) Archives de Simancas. Estado. Legajo, 172.

(1) Cet arrêt et cette publication se trouvent, avec les minutes, sur un papier détaché corrigé par Sa Majesté.

El Rey nº Sºʳ (1)

Esta es la justicia que mando Su Mº

J. Dⁿ Rodrigo Sanctillan en su nombre

Su Mº

a este hombre por traydor al Rey Nʳᵒ Sʳ

y haverse fingido persona Real Siendo hom

bre baxo y embustero, etc.

A la marge, le Roi mit de sa main : « Esto se trueque que va mejor (2). » Que ceci se change, c'est mieux.

La sentence s'exécuta, comme le prouve la lettre autographe du docteur Juan de Llano de Valdes à Sa Majesté, datée de Madrid, le 19 octobre 1595 :

« Seigneur, j'ai rendu compte à Votre Majesté, mardi dernier, par un courrier exprès, de la dégradation de Fray Miguel de los Santos, dégradation effectuée la veille; je vous ai envoyé copie de sa sentence, de ce qui s'était passé dans cet acte, de la manière dont il avait été livré à la justice séculière et comment il restait dans la prison royale de cette capitale, en attendant que justice se fasse. Je raconterai dans cette lettre ce qui s'est passé ici depuis, afin que Votre Majesté le sache et soit délivrée de tout souci. Aujourd'hui, jeudi, 19 du cou-

(1) C'est ainsi que sont écrits les mots effacés et interlignés.

(2) En conséquence de cette résolution, le señor Idiaquez écrivit les mots qui sont interlignés.

rant, à onze heures du matin, ledit Fray Miguel, accompagné dans la prison, des Frères de Saint-François, qu'il a demandés, et d'autres religieux, après avoir traité des affaires de son salut et reçu les saints sacrements, l'alcalde don Diego de la Canal, qui avait connu de son crime, l'ayant condamné à mort par la potence et ayant ordonné qu'après qu'il en serait descendu on lui couperait la tête, qui serait portée à la ville de Madrigal, où, au bout d'un pieu, exposée sur la place, pendant l'espace de dix heures, on l'a traîné à travers les rues publiques de cette capitale, on l'a pendu sur la place, au milieu d'un grand concours de personnes de tous les états, venues pour le voir mourir. Il était monté, à cet effet, sur l'échelle, lorsqu'il appela le greffier de la commission qui assistait la justice, et il s'entretint un bon moment avec lui pour lui dire qu'il mourait sans être coupable, que les aveux qu'il avait faits dans la torture étaient faux, et, à ce propos, il ajouta certaines choses qui, ne paraissant pas fort importantes, ne se sont pas consignées par écrit; elles ont semblé être dites plutôt afin de retarder sa mort, ou même pour s'en délivrer, puisqu'il est hors de doute que le contraire est la vérité. C'est ainsi que ledit Fray Miguel finit sa vie, par là se termina aussi cette affaire, qui avait causé tant de soucis et de contrariétés à Votre Majesté, et à la grande satisfaction du monde qui était dans l'attente. C'est pourquoi on doit rendre de grandes actions de grâces à Dieu, qui a bien voulu la conduire ainsi, et à Votre Majesté, qui exerce avec tant de zèle une si grande vigilance pour les choses de son service, pour le bien et la paix de ses royaumes. J'ai la confiance que Dieu, dans sa clémence et sa miséricorde, doit prolonger la vie et conserver la santé de Votre Majesté, afin que, par Elle, son Eglise catholique conserve la paix et la tranquillité qu'il convient, pour le plus grand bien de la chrétienté, comme je le demande par mes supplications chaque jour, tout indigne que je suis. Que Dieu garde et maintienne prospère la catholique royale personne de Votre Majesté pendant de longues et heureuses années, ainsi qu'il est nécessaire. — Madrid, le 19 octobre 1595. — Le docteur Juan DE LLANO (1).

Dans l'intérieur de la lettre précédente se trouve la lettre suivante, adressée par Juan de Fuensalida à don Martin de Idiaquez, datée de Medina del Campo, le 9 août 1595 :

« En visitant, hier, le señor don Rodrigo de Santillan, qui est malade, il m'a dit que Votre Grâce lui avait écrit de lui envoyer la relation de la mort du pâtissier, et, qu'étant dans la situation où il se trouvait, il ne pouvait le faire, et que, lorsqu'il recouvrerait la santé, il ne pourrait écrire que ce que je lui dirais, moi, qui avais été présent, pendant tant de temps, en ces jours-là ; il me demanda de l'écrire à Votre Grâce, puisque je la connaissais.

(1) Archives de Simancas. Eslado-Legajo, n° 173.

J'ai accepté la chose de bonne volonté, je l'ai, en effet, très grande pour les choses de votre service, et c'est avec plaisir que je saisirai les occasions de vous le témoigner. Certes, malgré le peu de temps que nous nous sommes vus au couvent de Veles, la dernière semaine sainte, je n'en reste pas moins très attaché au service de Votre Grâce. Je suis venu dans cette province, par ordre de notre Père Général, il y a peu de jours, et, me trouvant comme hôte dans cette maison, le Père Recteur me dit que, puisque je me trouvais là dans cette conjoncture, je vinsse au secours de l'âme de cet homme qui devait mourir à Madrigal, et je fis ainsi. . . . . J'acceptai d'écrire à Votre Grâce la relation de tous ceux que j'ai généralement confessés ; et, quoique pour Votre Grâce et pour toutes les personnes intelligentes, il est clair que je ne dois pas écrire une chose qui s'est passée en confession, parce qu'elle peut être publiée, il m'a paru convenable de mettre à la troisième personne, pour ne pas laisser à quelque ignorant l'occasion d'y voir ce qui ne passe pas par la pensée. Et, comme je comprends que votre pensée est de savoir la vérité tout entière, je vous transmettrai avec sincérité tout ce dont je me rappellerai, bien qu'il y ait certains détails peu importants. C'est un grand honneur pour moi de servir Votre Grâce, et je le ferai, en tant que chapelain, dans mes sacrifices, en priant Notre-Seigneur de conserver Votre Grâce, etc. — Medina del Campo, août 9 de 95. — Juan DE FUENSALIDA. »

Dans cette lettre, et de la même écriture, est contenue la relation suivante de Juan de Fuensalida :

« Pour préparer les choses, le señor don Rodrigo de Santillan envoya un des Pères de la Compagnie s'entretenir avec Gabriel d'Espinosa, le vendredi matin, 28 juillet, lequel Père le trouva disposé à mettre en règle les affaires de son âme, parce qu'on lui avait dit que sa sentence était arrivée et en quoi elle consistait, bien qu'on n'en fût pas certain, mais qu'on le craignait. Il resta, cette matinée, trois heures environ à l'écouter et à lui persuader, par de nombreuses raisons, de chercher véritablement son salut, puisqu'il devait être nécessaire de mourir, sans grand retard. Gabriel d'Espinosa demanda au Père de s'informer de la sentence, du lieu et du moment de son exécution, et, là-dessus, il se sépara de lui, ce matin-là. Le soir, le Père revint et lui annonça que, dans quatre jours, la sentence devait s'exécuter, et que la sentence portait qu'il devait être traîné, pendu et mis en quartier; il ne goûta aucune des trois choses ; il n'aurait pas voulu qu'elle s'exécutât là (à Madrigal), par amour pour la señora Anne d'Autriche, ni la sentence de mort.

. . . .

. . . .

« Le Père Recteur de la Compagnie de Jésus de Medina l'entretint le mardi matin; il lui donna à entendre qu'il n'était pas celui qu'il avait dit; il soutint à son confesseur, auquel il s'est généralement confessé, qu'il ne l'avait pas dit, il répondit :

« Non, Señor, parce que je n'ai d'autre obligation, à l'égard de mon confesseur, que de lui dire mes péchés, » et, comme il lui répliquait que, pour leur intelligence, il convenait de déclarer la personne, il se tut, en disant qu'il avait consulté des avocats et qu'il savait l'obligation qu'il avait. . . . .

. . . .

« En marchant au supplice, il entendit le crieur public dire : « Comme traître à Sa Majesté, » il répondit : « Non, pas traître ; » plus loin : « Il se fit personne royale, étant homme vil et bas, » il dit : « Dieu le sait. » Celui qui écrit cette relation ne l'a pas entendu ; mais le fait lui a été rapporté par un de ceux qui l'avaient entendu et qui était un de ceux qui portaient le cabas. Enfin, étant arrivé au pied de la potence, quand on le sortit du cabas, il regarda de tous côtés, toutes les personnes ; il se mit à genoux aux pieds de l'échelle, se réconcilia, reçut l'absolution, monta les marches, aidé par le Père de la Compagnie qui montait sur une autre échelle, et le Frère déchaussé sur l'échelle où il se trouvait lui-même. Puis, ayant demandé pardon à tous pour le mauvais exemple qu'il avait donné, sur la demande du Frère, il tourna les yeux vers la fenêtre de la prison où se tenait le señor alcalde pour subvenir à ce qui pourrait être nécessaire dans l'exécution de la justice, ou si le condamné voulait faire quelque déclaration, il s'écria deux fois : « Ah ! señor don Rodrigo ! » et la troisième, avec des yeux courroucés : « Ah ! señor don Rodrigo ! » Le Frère qui était près de lui lui mit le crucifix sur la bouche, en lui disant : « Qu'est-ce que cela, frère? que Jésus soit avec celui qui l'aime, » il lui répondit de lui demander pardon, mais le Frère récita alors le *Credo*, le bourreau le lança, et il tarda un bon moment à mourir. *Resquiescat in pace*, dit alors le Père. »

. . . .

APPENDICE N° I.

—

§ Ier

Le comte de Fabraquer, magistrat du tribunal suprême de justice, esprit droit et éclairé, a écrit un livre intitulé : *Causes célèbres espagnoles*. Il l'a dédié au savant don Tomas Corral y Oña, marquis de San Gregorio, un des hommes les plus justes et les plus généreux. Dès le début de la relation du procès de Florès de Montmorency, seigneur de Montigny, il s'exprime ainsi :

« C'est avec peine que nous prenons la plume pour écrire les sanglantes pages de ce procès ; noire tache, suffisante à elle seule pour souiller l'histoire de Philippe II.

« Nos lecteurs frémiront d'horreur, en voyant le sang-froid, l'artifice et la manière avec laquelle Philippe II disposait, au milieu des fêtes et des réjouissances de son mariage avec la princesse Anne, les détails du supplice d'un des seigneurs des plus distingués de sa cour, avec lequel il avait vécu dans une intimité apparente jusqu'à ce moment, et les moyens qu'il employa pour cacher cet acte aux yeux du monde.....

« Les despotes meurent, après les despotes viennent les historiens pour les châtier, comme le remords vient après le crime. »

Cette conduite de Philippe II à l'égard de Florès de Montmorency, seigneur de Montigny, chevalier de la Toison-d'Or, est empreinte d'un caractère de cruauté telle que je réserve de m'en occuper de nouveau avant de terminer ce livre, parce que rien, autant que cet événement, ne confirme la manière de procéder de ce monarque contre son fils don Carlos.

Montigny était venu à Madrid avec les pleins pouvoirs de ses concitoyens et le consentement de la princesse Marguerite, gouvernante des Pays-Bas, pour exposer la situation de ces provinces à Philippe II.

Ce dernier l'écouta volontiers, le retint quelques mois à la cour et lui fit toutes sortes d'avances. Puis, un jour, au retour d'une chasse dans la forêt de Ségovie, il fut arrêté en rentrant à l'Escurial, le 21 septembre 1567. Sur une lettre autographe du roi au comte de Chinchon, il fut enfermé dans l'Alcazar de Ségovie ; c'est là que, neuf mois après, il connut la nouvelle du supplice du comte de Horn et du comte d'Egmont, son frère, exécutés à Bruxelles, le 5 juin 1568.

On ne lui adressa aucune question, durant le mois de sa détention. Pendant ce temps, le duc d'Albe lui intentait un procès devant le *Tribunal de sang*, où l'on ne le fit pas comparaître, où sa défense ne se fit pas entendre ; mais où l'on écouta les dépositions de tous ses ennemis. Le duc d'Albe, sur l'avis des juges, de qui il exigea une opinion séparée, signée de leur main, fit dicter une sentence de mort contre Montigny, avec cette disposition que l'exécution en serait suspendue jusqu'à ce que la volonté du roi Philippe II serait déclarée.

Cet arrêt arriva justement au moment où Philippe II se trouvait à Séville, occupé des préparatifs de son mariage avec la princesse doña Anne.

Le roi voulut d'abord faire donner un bocado à l'infortuné chevalier, c'est-à-dire lui administrer un poison dans le boire ou dans le manger. Et, pendant qu'il se rendait à l'Escurial, pour ordonner de là l'exécution de la sentence, il écrivait au duc d'Albe, lui disant : « Vous veillerez à ce que ses biens soient réunis à mon domaine, et vous prendrez aussi toutes les autres mesures qui se présenteront à vous à ce sujet. »

Pendant ce temps, il faisait transférer le malheureux chevalier dans la forteresse de Simancas et le livrait, le 17 août 1570, à don Eugenio Carrillo de Peralta.

C'est chargé de fers et placé sur une charrette qu'on transporta dans cette prison le noble seigneur de Montigny, décoré de la Toison-d'Or et honoré des plus hautes dignités de l'Etat. Plus tard, le Roi écrivit une lettre au gardien de la forteresse, l'accompagnant du terrible document qui existe aux archives de Simancas, liasse 543 des papiers d'Etat, et conçu en ces termes :

« L'ordre, que le señor licencié don Alonso de Arellano, alcade de l'audience et chancellerie de Valladolid, doit avoir et qu'il convient qu'il observe dans l'accomplissement et l'exécution de ce que Sa Majesté lui a confié relativement à l'affaire de Florès de Montmorency, seigneur de Montigny, chevalier de l'ordre de la Toison-d'Or, présentement prisonnier dans la forteresse de Simancas, est ce qui suit :

« Premièrement, on a donné et livré au susdit seigneur licencié, don Alonso de Arellano, la sentence originale que le duc d'Albe, gouverneur et capitaine général des Etats de Flandres, a prononcée contre ledit Florès de Montmorency, sentence où, entre autres peines, il le condamne à la mort naturelle. Cette sentence originale, écrite en langue française, fut prononcée, à Bruxelles, le quatre mars de la présente année mil cinq cent soixante-dix. Avec ladite sentence originale en français, on lui a donné et livré conjointement une copie ou traduction en langue espagnole. On lui a aussi donné et livré une lettre rogatoire, donnée par le même duc et adressée aux alcades et magistrats de ces royaumes, contenant la dite sentence en langue française, pour que lesdits magistrats l'exécutassent sur la personne dudit Florès de Montmorency ; ladite commission rogatoire a été donnée en ladite ville de Bruxelles, le dix-huit mars de ladite présente année. On lui a également donné une cédule de Sa Majesté qui lui ordonne d'observer et de remplir tout ce qui est contenu dans ladite commission rogatoire, conformément aux dispositions qu'elle contient. Quant à la requête et à la demande qu'on lui a adressée à ce sujet, elle porte une autre cédule de Sa Majesté pour don Eugenio de Peralta, gardien de la forteresse de la ville de Simancas, pour qu'il lui donne et lui livre la personne dudit Florès de Montmorency, et pour qu'il observe et remplisse les ordres qu'il lui transmettra. Lesquelles dites sentence, commission rogatoire et cédule à lui adressées, il gardera et conservera en son pouvoir, ainsi que les autres actes qui devront se faire et se passer pour l'accomplissement de ce qui lui est confié, jusqu'à ce que Sa Majesté lui ordonne ce qu'il devra faire du tout.

« Conformément au contenu de ladite sentence et de la commission rogatoire, l'exécution de la justice sur la personne dudit Florès de Montmorency devait se faire publiquement, par crieur public et dans la forme qu'elle prescrit. Mais Sa Majesté, par de justes considérations qui l'y portent, a bien voulu et veut que ladite justice se fasse secrètement et dans l'intérieur de ladite forteresse, de manière que, recevant complètement son effet, on évite toute autre forme, toute autre publicité.

« Et telle est la volonté de Sa Majesté pour l'observation de ce qui est contenu dans le paragraphe précédent qu'Elle ne veut d'aucune manière que l'on puisse comprendre que ledit Florès de Montmorency est mort par exécution de justice, mais bien de mort naturelle et qu'on le dise mort ainsi, qu'on le publie et qu'on l'entende. A cet effet, il sera nécessaire de procéder avec le plus grand secret, en usant de la dissimulation et de la forme dont on l'avertit à part et qu'on lui a communiquée verbalement : par conséquent, il convient de ne faire part de cette mort, ni de faire intervenir d'autres personnes que celles qui seront absolument nécessaires. Encore doit-on leur imposer un secret absolu et de telle manière que ce secret soit assuré, autant qu'il est possible au monde.

« Pour toutes ces dispositions préalables, le señor licencié don Alonso partira immédiatement d'ici et pourra se rendre immédiatement à la ville de Valladolid ; il préviendra ledit don Eugenio de Peralta, afin qu'il l'attende dans l'Abrojo, au moment où ledit Alonso devra passer par là : là, il traitera de tout avec lui particulièrement, et lui communiquera tout, la disposition et l'ordre de tout ce qui doit se faire ; il lui donnera la cédule de Sa Majesté qu'il porte pour lui et lui montrera la sienne, ainsi que ladite sentence, la commission rogatoire qu'il a reçue, cette instruction, les avis qu'elle porte ; il traitera et se concertera avec lui très ponctuellement sur tout ce qui devra se faire, sur le temps, la forme, l'heure et toutes les autres choses qui doivent précéder ladite exécution, et soit pendant, soit après ; et tout doit s'ordonner de manière à obtenir la fin que Sa Majesté veut obtenir, qui est que l'exécution de la justice se fasse en effet, mais avec la plus grande dissimulation et le plus grand secret.

« Tout ce qui précède étant fait, après avoir concerté et établi avec ledit don Eugenio de Peralta tout ce qui doit se faire, don Alonso passera à Valladolid, où étant arrivé et ayant pris possession de sa charge, il communiquera au président de cette audience la commission dont il est porteur. On écrit particulièrement à ce président, afin que s'il était nécessaire d'avoir besoin de lui en quelque chose, spécialement en ce qui regarde le religieux qui devra se rendre et les employés qu'il faudra forcément avoir, quoique l'intervention dudit président ne soit pas nécessaire, à cause de la qualité de l'affaire et de son caractère criminel, toutefois, il est bon qu'il en soit instruit, il est même convenable qu'il le soit, en ce qui regarde ledit religieux et les employés.

« En ce qui touche au temps et à l'heure où ledit seigneur licencié, don Alonso de Arellano doit se rendre à ladite forteresse de Simancas pour effectuer l'exécution ; à la forme où elle doit s'effectuer, c'est entre lui et ledit don Eugenio de Peralta qu'il doit y avoir l'accord le meilleur, pour que la dissimulation et le secret soient le mieux observés. Et l'idée qui se présente à ce sujet la meilleure, c'est qu'il serait bon qu'il partît de Valladolid, une veille de fête, sur le soir, de manière à arriver à Simancas un peu de nuit, emmenant avec lui seulement un greffier de confiance et la personne qu'il doit employer pour l'exécution de la justice, et le moins de serviteurs possible ; que, pour ce moment, il prévienne don Eugenio de Peralta du lieu et du point par où ils doivent entrer dans ladite citadelle de Simancas, en quel endroit ils doivent s'y tenir pour que ce soit dans le plus grand secret ; que dès leur arrivée, ils entrent dans l'habitation qu'occupe ledit Florès de Montmorency ; que lui, en présence dudit don Eugenio de Peralta, avec une ou deux autres personnes de confiance et devant le greffier qu'il emmenera, il notifie ladite sentence et la commission rogatoire, l'acte de la réquisition qui lui a été faite par le fiscal, son acceptation, et que tout s'établisse par acte. Ladite notification faite et toutes les précautions nécessaires prises pour que ledit Flores de Montmorency ne puisse porter aucune atteinte à sa propre personne, ni pour qu'il ne puisse lui arriver aucun mal, lui don Alonso et don Eugenio le réconforteront, le consoleront, le ranimeront par toutes sortes de bonnes paroles possibles, et le laisseront avec le religieux ou les religieux qui doivent l'assister, conformément à ce qui conviendra de soi.

« Les dispositions du paragraphe précédent étant prises, il semble qu'on pourrait différer l'exécution, cette nuit-là et le lendemain qui sera jour de fête, et jusqu'après minuit, afin que ledit Florès de Montmorency ait plus de temps pour se confesser et recevoir les sacrements, si bon lui semble, pour se convertir à Dieu, se repentir et remplir ses devoirs, de manière que sur ce point si important, il n'y ait aucune négligence, ni qu'on laisse de l'aider, tant dans le temps qui lui sera accordé qu'en tout le reste.

« Minuit, une ou deux heures passées, suivant qu'il comprendra ce qui sera le mieux, pour que ledit licencié ait le temps de rentrer chez lui, à Valladolid, avant le jour, l'exécution de la justice pourra se faire, en présence du religieux ou des religieux qui doivent assister le condamné pour bien mourir, dudit don Eugenio de Peralta, du greffier, de la personne qui doit procéder à l'exécution ; et, si la chose paraissait nécessaire et convenable, en présence d'une ou deux autres personnes de confiance pour aider et assister. Un avis surtout important, c'est que l'exécution doit se faire de manière que ceux qui, après la mort, doivent le mettre dans la bière, ne soient pas, autant que possible, de ceux qui étaient présents. Il semble qu'il serait bon que ce fut d'autres et que pour plus de dissimulation on ne puisse connaître que la mort a été violente, particularité et forme qui peut mal se conseiller d'ici et qui sur place pourra mieux se prévenir.

« Quant au religieux qui doit intervenir et assister à cette affaire, pour ce qui regarde son âme, il convient que ce soit une personne très docte et fort prudente ; qu'il soit prévenu du soupçon et du peu de sécurité que l'on a en la personne dudit Florès de Montmorency, en ce qui regarde la foi, afin que conformément à ces avis, il cherche à le conduire et à le guider ; à le détourner des erreurs et des opinions mauvaises, où il s'est trouvé, où il se trouve, en le traitant avec toute la prudence et la réserve convenables, et qu'il saura le mieux employer. Ce religieux le confessera et il verra si on doit lui donner le Très-Saint-Sacrement. En cela, il faudra forcément se conduire suivant ce qu'il jugera convenable.

« Ce religieux, on devra, paraît-il, l'emmener de Valladolid, et, suivant l'idée qui se présente ici, il semblerait à propos que ce fût Fray Hernando del Castillo qui se trouve au collège de Saint-Paul, ou tout autre de cette qualité, du même ordre ou de l'ordre de Saint-François, suivant qu'il paraîtra convenable au président à qui on communiquera l'idée. Le président fera appeler le religieux, lui recommandera beaucoup cette affaire, surtout en ce qui regarde l'âme et conjointement le secret. Comme on ne pourra refuser à ce religieux d'amener un confrère pour l'aider, principalement par ce qu'il y a une messe à dire, et qu'un religieux seul ne pourrait suffire pour assister le condamné durant tant d'heures, il faudra s'assurer avec lui-même que le compagnon gardera aussi le secret.

Si le religieux doit aller avec le señor licencié don Alonso ou arriver avant lui, c'est un point qui se décidera d'après le plan et le dessein qui s'arrêtera relativement à la dissimulation ; conviendra-t-il, qu'arrivant avant, quoique le señor licencié ne soit pas arrivé et qu'on ait notifié la sentence, il commence à s'occuper avec ledit Florès de Montmorency et lui signifie ce qui doit être fait ; c'est encore un point qui se traitera et se verra entre ledit señor don Alonso et don Eugenio, et dont on pourra informer le président, puisque sur ce fait il pourra bien intervenir.

« *Si ledit Flores de Montmorency voulait faire des dispositions testamentaires, il n'y aura pas à le lui permettre, puisque tous ses biens sont confisqués, et, pour de tels crimes, il ne peut ni tester, et il n'a pas de quoi.* S'il voulait toutefois faire mention de quelques dettes ou de décharge, on pourrait le lui permettre, *pourvu qu'en cela on ne fasse aucune mention ni de la justice, ni de l'exécution qui se fera, mais qu'on en a pris note comme souvenir d'un homme malade et qui craignait de mourir.* On ne lui permettra pas non plus d'écrire des lettres ni tout autre espèce d'écrit, s'il ne le rédigeait en la forme dite, comme acte d'un malade qui craint de mourir, et en des termes qui n'entraînent aucun inconvénient. Quant aux choses présupposées, quêtes et autres écrits de lui, on doit les recevoir, mais ni les donner, ni les publier, excepté ceux pour lesquels il semblera qu'on pourra le faire sans inconvénient. Tous les biens appartenant audit Florès de Montmorency, argent, bijoux, et le collier de la Toison-d'Or, s'il se trouve parmi eux, tous les papiers, les écrits, et tout ce qui lui appartiendra, sera inventorié, mis de côté, et l'on en informera Sa Majesté afin qu'elle ordonne ce qu'on doit en faire.

« Quand ladite exécution sera faite et que la mort sera publiée, ce qui doit s'opérer suivant la dissimulation prescrite, sans donner à comprendre que ledit Florès de Montmorency a été mis à mort par exécution de justice, on donnera des ordres pour ce qui regarde son enterrement qui doit avoir lieu dans l'église de la même ville de Simancas, par voie de dépôt. Il doit se faire publiquement avec une pompe ordinaire, et suivant la forme et dans l'ordre avec lesquels on traite d'ordinaire des personnes de sa qualité. On le placera en dépôt dans un endroit convenable avec sa tombe. On chantera la messe et l'office; on dira d'autres messes basses, en nombre suffisant pour le moment, plus tard on verra ce que l'on devra faire; il n'y aura pas d'inconvénient à ce que l'on donne le deuil à ses serviteurs, qui sont en petit nombre. Pour l'un et pour l'autre, on se pourvoira de l'argent nécessaire, pour le cas où il n'en aurait pas en son pouvoir. Quoique en ce qui touche au secret, à la dissimulation et à la forme que l'on doit, paraît-il, observer dans toute cette affaire, on avertisse, dans les paragraphes de ce memorandum et dans ce qui a été dit verbalement à part, et dans ce qui a été écrit à don Eugenio de Peralta, de ce qui est arrivé ici, tout cela ne regarde pas la forme, on le comprend, d'une manière si précise que, s'il s'en présentait, là-bas, une meilleure par laquelle on arriverait mieux au but qu'on se propose, en ce qui regarde le secret et la dissimulation susdites, on ne puisse en user.

« Daté dans la ville de Ségovie, le premier octobre mil huit cent soixante-dix. — Le docteur Velasco. »

Pour exécuter cet ordre, dans la nuit du quatorze octobre, arrivèrent, comme par hasard, dans la forteresse de Simancas, Fray Hernando del Castillo, de l'Ordre de Saint-Dominique, et, après dix heures, enveloppés dans les ténèbres, l'alcalde de la chancellerie, Alonso de Arellano, le greffier Gabriel de Santesteban, et le bourreau.

Dans une pièce, dite du *cubo*, était jeté sur un mauvais lit le seigneur de Montigny. Là entrèrent l'alcalde et le greffier pour lui notifier la sentence. Grande fut la surprise du gentilhomme qui avait laissé, dans son pays, sa femme, ses enfants, qui avait tout abandonné pour servir sa patrie et Philippe II. Grande fut sa douleur et son désespoir; mais il était chrétien et courageux et il se résigna à la volonté de Dieu.

Deux jours entiers, il s'entretint, avec le frère Hernando del Castillo, en des pratiques religieuses, et lui dicta une déclaration de chrétien, apostolique et romain, qu'il signa de sa main le 14 octobre 1570.

Dans la nuit du lundi, où devait s'exécuter la sentence, suivant l'ordre du Roi, le seize octobre, à deux heures du matin, entrèrent dans la chambre du comte l'alcalde, le greffier et le bourreau, qui étaient restés cachés, trois jours, sans que personne les eût vus. Le bourreau s'approcha du lit et donna la garrotte au représentant des intérêts des Flandres et retira immédiatement les instruments du supplice. Une heure après sortaient ensemble, par la porte secrète du château, protégés encore par l'obscurité, le juge, le greffier, le moine et le bourreau.

Dans cette même nuit, les domestiques du gardien de la forteresse revêtirent Montigny d'un habit de moine franciscain, le capuchon ramené sur la tête pour qu'on ne pût voir qu'on lui avait donné la garrotte. Le matin, on publia que le seigneur Florès était mort de maladie. On avait édité la peine de mort contre le bourreau et le greffier, s'ils proféraient le moindre mot sur ce qui s'était passé. Personne ne sut rien de cet événement, excepté ce qu'on peut lire aux archives de Simancas, dans la liasse n° 544 des papiers d'Etat. Là se trouve la lettre où don Eugenio de Peralta rend, le 17 octobre, compte au Roi de la mort de Montigny, par suite d'une maladie résultant de son emprisonnement. Philippe II s'empressa de transmettre ce document au duc d'Albe pour qu'il le répandît dans les Pays-Bas. En voici la teneur :

« Par une autre lettre du dix de ce mois, j'ai rendu compte à Votre Majesté de la fuite (ceci était une invention dudit gardien) que le seigneur de Montigny avait tenté d'opérer de cette forteresse; j'ai envoyé le rapport sur les indices que j'en avais trouvé, comme Votre Majesté aura pu le voir, et j'ai raconté ce que j'avais fait pour retenir le prisonnier en sûreté comme il convenait; le ressentiment qu'il avait éprouvé de se voir renfermer et resserrer si étroitement, avait causé chez lui une recrudescence de fièvre qui, jointe à la prédisposition de la maladie passée que les médecins jugeaient dangereuse, l'augmenta, à ce qu'il semble. En effet, malgré les remèdes et toutes les visites possibles du licencié Viana, qui l'avait soigné dans la maladie précédente et dont le malade avait été satisfait; malgré la consultation du licencié Luis Fernandez de Tordesillas, médecin de la reine doña Juana, notre dame, qui est dans la gloire, rien n'a suffi, parce que le malade se secondait mal, par suite de l'excessif regret de voir cette trame découverte; ou bien comme il l'affirmait avec de grands serments, de voir qu'il souffrait sans être coupable, et dans un moment où il concevait les plus grandes espérances que Votre Majesté lui accorderait grâce entière. Aussi Dieu a-t-il bien voulu l'appeler à lui, hier, lundi, entre trois et quatre heures du matin. Il se trouva ici, dans cette conjoncture, le Père fray Hernando del Castillo, et dès qu'il parut en avoir besoin il le demanda; le frère l'assista, le confessa et lui donna le Très-Saint-Sacrement; le prisonnier fit tout ce qu'il devait faire comme chrétien, et il est mort, autant qu'on peut en juger par l'extérieur, en si bon catholique qu'on peut concevoir la plus grande espérance de son salut. Il a laissé un certain mémoire de décharge pour ses serviteurs. Il n'a pas voulu tester devant notaire, parce que ses biens étant, disait-il, sous séquestre, il n'avait pas le pouvoir d'en disposer. A cette lettre se trouvent joints tous les autres papiers que j'ai trouvés en son pouvoir... J'ai dressé un inventaire de ses biens, et quoiqu'il y ait peu de ce qu'il fallait, son enterrement s'est fait ici du mieux que l'on a pu, suivant la localité où il s'est trouvé. De tout cela, j'enverrai à Votre Majesté une relation plus particulière. Que Notre-Seigneur garde Votre Majesté, etc. — Simancas, le 17 octobre 1570. »

Philippe II écrivait en même temps au duc d'Albe : « Tout a si bien réussi que, jusqu'à présent, tout le monde croit qu'il est mort de maladie ; et c'est là aussi ce que vous devez comprendre là-bas, en montrant, avec dissimulation, les lettres de don Eugenio de Peralta qui vous arriveront d'ici. » ... Il ne vous reste plus maintenant qu'à faire *immédiatement juger son procès comme s'il était mort de mort naturelle, de la manière que s'est jugée l'affaire du marquis de Berghes.* » Tels sont les termes de la lettre de S. M. le Roi au duc d'Albe, chiffrée de sa main et partie de l'Escurial, à la date du 3 novembre 1570. (Archives de Simancas, papiers d'Etat, liasse n° 544).

Pour exécuter cet ordre, le duc d'Albe fit prononcer *deux mois après, par le tribunal, la sentence de mort,* déclarant confisqués tous les biens de Montigny dont la valeur s'élevait à onze mille deux cent cinquante florins qui furent appliqués au Roi, et la malheureuse femme du comte resta dans la plus profonde misère.

Le lecteur peut apprécier, par ce récit, la conduite politique de Philippe II, et l'astuce avec laquelle il expliqua au monde le procès et la mort de Florès de Montmorency, comte de Montigny.

§ II

Pour que le lecteur puisse se former un jugement des procédés de Philippe II, je ne peux m'empêcher de rappeler, afin de donner une nouvelle preuve de son caractère, que ce fut lui qui fit mettre en liberté Fray Miguel de los Santos, alors prisonnier et exilé à Madrid, par suite des événements de Portugal. Voulant même lui témoigner combien il appréciait ses vertus, il le nomma vicaire du couvent de Sainte-Marie-la-Réal, dans la ville de Madrigal, et lui recommanda la direction de doña Ana, sa nièce, fille naturelle de don Juan d'Autriche, née à Naples, de l'italienne Diane de Sorrento. Doña Ana joignait aux grâces de la jeunesse une candeur et un caractère angéliques ; c'était l'innocence même. Dès ses premières années, elle fut enfermée au monastère de Madrigal, par ordre de Philippe II. Et si elle n'avait pas prêté l'oreille aux conseils du directeur, que le roi lui-même lui imposait, l'infortunée religieuse n'aurait jamais commis de faute. De sorte que la cause des fautes de doña Ana, ce fut l'homme fatal que Philippe II plaça à côté d'elle comme directeur spirituel.

Les sentences prononcées contre elle et Miguel de los Santos, contre Espinosa, dictées par le roi lui-même ; la mort du comte de Berghes, l'exécution de Montigny, celle de l'esclave d'Escobedo, le mode d'exécution de tous ces actes et de beaucoup d'autres sans nombre, que je n'énumère pas dans ce livre pour ne pas le rendre diffus, suffisent pour donner une idée de la conscience de ce roi. Et celui qui l'appuyait et le confirmait dans ses décisions, c'était son confesseur, comme on peut le déduire des paroles suivantes, écrites et signées de sa main, dans une lettre adressée à Antonio Perez. « Et en cela je vous avertis, d'après l'intelligence que je puis avoir des lois, que si le prince séculier, qui a pouvoir sur la vie de ses sujets et vassaux, peut la leur ôter pour un juste motif et par jugement en forme, il peut le faire sans lui, en ayant des témoins ; puisque l'ordre, dans le reste et la base des jugements est nulle par ses lois, dans lesquelles il peut lui-même introduire des dispositions. Lors bien même que le Prince serait en quelque sorte coupable, en procédant ainsi sans ordre, il ne le serait point, le vassal qui, par son ordre, en tuerait un autre, vassal aussi, parce qu'il y a lieu de penser que l'ordre est fondé sur un motif juste, comme le présume le droit, et que ce motif existe dans toutes les actions du chef suprême. Si donc il n'y a pas faute, il ne peut y avoir ni peine, ni châtiment (1).

C'est en vertu de cette théorie que fut ordonné l'empoisonnement d'Escobedo, et comme le poison ne produisait pas son effet, le roi écrivit de sa main à Antonio Perez : « Certainement il conviendra d'abréger, en ce qui touche la mort du Verdinegro, avant qu'il fasse quelque chose, et de peur que nous n'y soyons plus ensuite à temps ; il ne doit pas dormir, lui, ni se négliger dans ses façons accoutumées ; agissez et dépêchez-vous avant qu'il nous tue (2). »

Donc le 31 mars, près de l'église de Sainte-Marie, une nuit du lundi de Pâques, Insausti, amené d'Aragon à cet effet, lui traversa la poitrine avec une longue épée que lui avait donnée dans cette intention Diego Martinez, majordome d'Antonio Perez. Et quand ce dernier rendit compte de l'assassinat au Roi, le Roi écrivit de sa main à la marge de la lettre la recommandation à Antonio Perez de garder le plus grand secret. Il lui dit qu'il ne convient pas que les assassins sortent de la capitale, où ils doivent rester, pour le moment, tranquilles, et il lui donna du courage en lui offrant de rester toujours à ses côtés.

Plus tard, il s'éleva des questions de jalousie entre Mateo Vazquez et Antonio Perez, à l'instigation du Roi. Et pendant qu'elles avaient lieu, le Roi écrivait à Perez dans le sens suivant : « Vous n'avez... que des motifs d'être plein de cou-
« rage et de force... ne vous chagrinez pas, n'ayez aucun
« tourment de toutes ces choses et croyez *que tout doit se ter-*
« *miner très bien* (3)... Quant à eux (les ennemis de Perez), ils
« éprouvent, paraît-il, une peine mortelle de la bonne vo-
« lonté que je professe pour vous (4)... et quoiqu'ils ne s'ar-

(1) Relation, p. 71.

(2) Manuscrit de la Haye.

(3) *Memorial del hecho*, pag. 320, 321, par Antonio Perez.

(4) Réponse marginale du Roi à une lettre d'Antonio Perez. *Alteraciones de Aragon*, par le marquis de Pedal, tom. I, appendice page 2.

« rêtent point, croyez qu'ils n'arriveront à rien... il ne doit « pas régner aujourd'hui une fort belle humeur, ne croyez « pas ce que vous me dites ici, mais plutôt tout le contraire (1)... « On avisera à tout, comme il convient, et l'on ne vous fouet- « tera pas par les rues (2)... Tant que Dieu me prêtera vie, « vous n'avez rien à craindre, parce que si d'autres changent, « moi je ne changerai pas (3)... Je ne vous ferai pas défaut, « vous pouvez en être sûr ; ayez bon courage, remettez-vous « de cette douleur et de cette peine, puisque je suis avec « vous (4). »

En mars 1579, Philippe II répond au président de Castille, qui lui représente le mauvais effet de la lutte élevée entre les deux secrétaires, qu'il prendra une résolution, mais qu'auparavant il veut se confesser, communier et se recommander à Dieu, et il le fait ainsi. Le 26 juillet il se confesse de nouveau, il communie pour mieux résoudre ; le 28 il expédie des affaires dans son cabinet avec Perez. Jusqu'à dix heures du soir, il s'entretient avec lui des affaires qu'il lui avait apportées. Il lui écrit alors en lui rendant quelques papiers qu'il lui avait remis, la lettre suivante : « Les papiers relatifs à l'Italie je vous les rends, et avec eux je vous note ce qui doit se faire... Votre affaire particulière sera expédiée avant que je parte (5). »

Et à onze heures, Alvaro Garcia de Tolède, alcalde de Cour, se présente à Antonio Perez et lui intime un ordre du Roi qui lui inflige la prison et le ramène prisonnier chez lui.

Peu d'instants après, on saisit de la même manière la prin-

(1) *Relaciones*, pag 17, par Antonio Perez.

(2) *Relaciones*, pag. 21, par Antonio Perez.

(3) Lettre du Roi à Antonio Perez, datée du 8 avril 1579. M. Mignet. *Antonio Perez et Philippe II*, p. 123.

(4) Lettre du Roi à Antonio Perez du 4 mai 1579. *Memorial del hecho*, par Antonio Perez, pag. 287.

(5) Lettre citée par don Gaspar Muro dans la *Vie de la princesse d'Eboli*. Madrid 1877 p. 126.

cesse d'Eboli, qui s'était rendue chez Antonio Perez, accompagnée d'une de ses servantes. On lui dit que Perez est arrêté, elle veut rentrer chez elle, mais elle est alors arrêtée par le capitaine don Rodrigo Manuel, en présence du Roi, qui assistait à l'arrestation, caché et déguisé sous son manteau, à la porte de l'église de Sainte-Marie. Quand on lui intima l'ordre de son emprisonnement, la princesse répondit : « Quand a-t-« on vu saisir une femme de mon rang pour ne pas vouloir « contracter certaines amitiés. » Doña Anna fut transférée, cette même nuit, au château du Pinto, où elle resta six mois ; puis à celui de San Torcaz, où elle séjourna une année, et enfin à sa maison de Patrana, où elle fut retenue prisonnière pendant douze ans et demi, et où elle mourut, le 2 février 1592, à l'âge de cinquante-deux ans.

Antonio Perez fut enfermé huit mois et gardé à vue. Le Roi fit dire à sa femme, doña Juana de Coello, par l'intermédiaire de l'archevêque de Tolède, de n'avoir aucun souci de ce qui se passait. Cette situation se prolongea jusqu'en 1585, année où l'on intenta divers procès contre Antonio Perez. Le Roi témoignait que ces cinq années de détention avaient pour cause les inimitiés et les antipathies qui avaient surgi entre Perez et son autre secrétaire, Mateo Vazquez. Pour les justifier, on inventa un *procès* appelé *jugement de visite*, pour les cadeaux que Antonio Perez avait reçus, aux jours de sa faveur, et pour les mots qu'il mettait, était-il dit, ou qu'il ajoutait dans ses dépêches.

Perez se plaint amèrement de la manière dont on procéda contre lui dans cette enquête, et il dit qu'il appela le confesseur de Sa Majesté, l'un des juges, et lui mit sous les yeux les billets originaux du Roi, où ce dernier lui ordonnait de retrancher et d'ajouter les passages qui paraissaient devoir l'être à Sa Majesté, dans les dépêches chiffrées qui devaient se lire au Conseil d'Etat ; que le confesseur lui aurait dit de ne faire aucun cas de cette enquête, puisque tout n'était que « cérémonie et plan » pour d'autres objets ; il l'aurait assuré qu'il

« ne serait pas condamné à deux paires de gants (1). »

Antonio Perez, suivant les conseils du Père Chaves, confesseur du roi, qui lui disait que tout cela n'était que pure forme, ne présenta aucune défense. Aussi fut-il condamné à être suspendu de ses fonctions pendant dix ans, à payer trente mille ducats, à deux ans de réclusion dans une forteresse, à huit années de bannissement de la capitale, à payer, en outre, deux millions soixante-dix mille trois cent quatre-vingt-cinq maravédis aux héritiers du prince d'Eboli, à leur rendre tous les cadeaux qu'il avait reçus de la princesse, d'après la sentence prononcée le 23 janvier 1585.

Le Roi fit ensuite retenir dans une étroite prison la femme d'Antonio Perez, doña Juana Coello, et il ne lui rendit la liberté que lorsqu'elle lui eut livré deux caisses pleines des papiers de son mari et qui contenaient toute sa défense. Puis il fit ramener le prisonnier à Madrid.

Le marquis de Pidal continue d'apprécier la conduite de Philippe II à l'égard d'Antonio Perez :

« Tout était dans un calme apparent, lorsqu'éclata une nouvelle persécution plus grave que les précédentes et de résultats plus tristes. Ce fut l'action qu'on intenta ouvertement contre lui pour le meurtre d'Escobedo. Jusqu'ici on comprend bien Philippe II. Il veut punir le ministre coupable, le faux ami, et il le fait de la manière, plus ou moins arbitraire, que lui permettait sinon la législation de la Castille, du moins la pratique introduite par les jurisconsultes de la Cour et le pouvoir absolu sur toutes choses que les Rois continuaient à s'arroger peu à peu. Mais on ne conçoit pas comment il en vint à permettre qu'on poursuivît directement Perez comme auteur du meurtre d'Escobedo. Il y avait en cela, de la part du Roi, un fond d'injustice ; il y avait, en

(1) *Alteraciones de Aragon*, par le marquis de Pidal, traduit en français par J. G. Magnabal, sous le titre de *Philippe II, Antonio Perez et le royaume d'Aragon*. Tome I, pag. 203.

outre, un danger imminent que, l'affaire livrée à la justice, on ne parvînt à découvrir, comme il arriva en effet, le secret de ce meurtre, et qu'il ne résultât clairement que, d'une manière ou d'une autre, le meurtre avait été commis par son ordre. Don Juan d'Autriche n'existait plus, c'est vrai, et les dangers de cette découverte étaient moindres. Mais Philippe II avait toujours manifesté le désir qu'on ne sût pas qu'Escobedo avait été mis à mort par son ordre. Nous ne pouvons donc nous persuader que, malgré les papiers livrés par Perez, malgré ceux qu'on avait saisis, le Roi pût croire que Perez n'avait pas les moyens de prouver l'ordre que le monarque lui avait écrit par tant de billets sur ce meurtre (1). »

. . . .

. . . .

« Il permit (le Roi) les poursuites contre son ministre, certainement coupable, mais principalement coupable d'un homicide qui, quelle qu'en soit la cause, avait été ordonné par Philippe II lui-même (2). »

Quand Philippe II se rendit aux Cortès de Monzon, en 1585, le secrétaire Rodrigo Vazquez profita de son séjour en Aragon pour amener un des complices de l'assassinat d'Escobedo, Enriquez, à se déclarer contre Antonio Perez. Philippe II chargea Vazquez de suivre ce procès, et alors Pedro de Escobedo, fils de la victime, intenta un action criminelle contre le ministre du monarque espagnol, qui, de Pinto, avait été transféré à Madrid, dans la maison de Benito Cisneros, à l'extrémité de la place de la ville. Quand Perez apprit, dans sa prison, qu'on avait donné l'ordre d'appréhender son majordome Diego Martinez, il écrivit au Roi une lettre où il lui disait : « Par les plaies du Christ, je supplie Votre Majesté de compatir à nos douleurs, d'avoir pitié de notre innocence, de la fidélité et des loyaux services de ma per-

(1) *Alteraciones de Aragon*, pag. 207.

(2) Id.

sonne, de mon père et de mes aïeux ; que Votre Majesté compatisse à notre abattement ; qu'Elle soit juge, qu'Elle satisfasse le monde, comme le fit le roi Assuérus : je le demande, Seigneur, avec quelques considérations pour votre service, afin que le monde ne pense pas qu'une telle privation de tout ce qui a été possédé, avec de pareilles démonstrations, est le fruit de mon infidélité, infidélité que je n'ai jamais eue. » En échange de ces supplications, il y avait dans les lettres de nombreux passages allusifs au meurtre que l'on poursuivait et qui rendaient clairement transparent le fond du secret. Mais le Roi, loin d'accéder aux supplications de Perez, intervint dans le procès d'une manière défavorable, livra ses lettres à Rodrigo Vazquez qui les fit attacher à la procédure (1).

Le procès se continua, et quand, le 29 décembre, Antonio Perez produisit le pardon et le désistement d'Escobedo, Rodrigo Vazquez resserra plus étroitement la prison ; il ordonna aux alguazils Ariza et Zamora (2), à chacun en particulier et à tous deux réunis, « d'avoir grand soin de garder et de surveiller Antonio Perez, de ne le laisser parler, ni communiquer avec personne, de ne pas lui parler eux-mêmes sous peine de mort. » Après avoir pris ces dispositions, le juge Rodrigo Vazquez dicta le remarquable document qui suit :

« Ayant fait au Roi, notre seigneur, le rapport qu'il paraissait que, dans l'ordre relatif au meurtre du secrétaire Juan d'Escobedo, Antonio Perez avait agi par la volonté et avec le consentement de Sa Majesté ; qu'il semblait dès lors convenable que ce consentement parût au procès, afin qu'il servît de décharge à Antonio Perez, et que, conformément à lui, on pût l'absoudre de tout, comme c'était juste ; que, par conséquent, il serait nécessaire qu'on en montrât les motifs pour qu'on ne pût, en aucun point, porter atteinte à la réputation

(1) *Alteraciones de Aragon,* pag. 210.

(2) Proceso, p. 153.

de Sa Majesté et à ses hauts sentiments chrétiens ; il avait décidé qu'il serait ainsi fait. Il ordonna donc que l'on sût les dits motifs d'Antonio Perez, puisque c'était lui qui les connaissait, qu'il en avait donné connaissance à Sa Majesté, qu'il voulût bien en attester la sincérité et en produire les preuves. Quant à savoir si on les joindrait ou non au procès, il aviserait et agirait selon sa volonté. Tel fut l'ordre que dicta ledit président à Antonio Marquez, greffier du procès. Ce dernier se rendit à la prison d'Antonio Perez et lui demanda de déclarer, sous serment, tout ce qui s'était passé dans cette affaire. — Fait et signé le 21 décembre 1589. — RODRIGO VAZQUEZ DE ARCE. »

Dans sa réponse, Perez se renferma dans le secret qu'il devait garder sur des affaires qui se rattachaient au Roi ; Rodrigo Vazquez en rendit compte à Philippe II, le 29 décembre. Le greffier notifia de nouveau à Perez que Sa Majesté avait entendu sa déclaration, et, à cet égard, je reproduis ici, d'après la traduction qui en a été faite sons le titre que j'ai indiqué plus haut, les pages que le savant don Pedro José de Pidal consacre à ce fait avec tant de sagesse et d'impartialité. Le lecteur y trouvera plus que je ne pourrais lui dire :

« Sa Majesté, est-il dit, avait entendu sa déclaration et Elle « lui donnait l'autorisation pour que, nonobstant l'obligation au secret que lui imposait sa charge ou toute autre « obligation, ou tout serment qu'il avait déjà fait, il déclarât « sincèrement la vérité sur la manière dont le meurtre d'Escobedo s'était commis, sur son auteur, sur les motifs qui « firent que ledit déclarant intervint et donna des ordres à « à cet effet, sur les causes qui amenèrent le consentement « de Sa Majesté. Et comme Sa Majesté n'en sait pas d'autres « que celles que lui dit et lui manifesta alors Antonio Perez, « il ordonne à ce Perez, qui dépose, de les déclarer. »

« Antonio Perez, de plus en plus serré, persista dans ses réponses négatives et dit : « Que, sauf le respect et la révé-

« rence due aux ordres qu'on lui disait venir de Sa Majesté, il « n'avait rien à ajouter à ce qu'il avait dit dans ses aveux, « parce que lui, déclarant, ne sait rien du meurtre, qu'il n'y « est intervenu en rien. » Le greffier lui répliqua encore que, « malgré ses dires, il eût à déclarer comment et de quelle ma- « nière s'était commis le meurtre, les motifs qu'on avait eus « de le commettre ; que, dans le cas contraire, on procéderait « contre le déclarant, ainsi que de droit et comme contre un « sujet désobéissant aux ordres du Roi, » Antonio Perez con- « tinua de répondre : j'ai dit ce que j'ai dit (1) ! »

« Vu les réponses négatives et si résolues de Perez. et avec le désir de lui arracher un aveu, coûte que coûte, on crut nécessaire l'intervention du Roi, et Sa Majesté écrivit à Rodrigo Vasquez le billet suivant de sa main et de son écriture :

« Vous pourrez dire à Antonio Perez de ma part, après lui « avoir montré au besoin ce billet, qu'il sait fort bien la con- « naissance que j'ai qu'il a fait, lui, donner la mort à Escobedo « et les motifs qu'il m'a dit avoir d'agir ainsi. Que pour ma « satisfaction et pour la satisfaction de ma conscience, il con- « vient de savoir si ces causes furent ou non suffisantes ; que « je lui ordonne de les dire et d'en rendre un compte par- « ticulier ; qu'il expose et rende véritables celles qu'il m'a dites « à moi et que vous connaissez, parce que je vous les ai parti- « culièrement répétées ; afin que, après avoir entendu les cau- « ses qu'il vous aura ainsi énumérées et la raison qu'il vous en « donnera, j'ordonne de voir ce qu'il conviendra de faire en « tout. — Madrid, le 4 janvier 1590. — *Moi le Roi.* »

« Avec cet écrit dans la main, Rodrigo Vasquez se rendit à la prison d'Antonio Perez, il le lui lut et lui dit de faire sa déclaration et de répondre aux ordres de Sa Majesté. Perez bien conseillé et instruit déjà de ce qu'il avait à répondre, lui répartit : « Qu'avec tout le respect qui était dû, il avait récusé

(1) *Testimonio coetaneo de la declaracion de Antonio Perez*, manuscrit extrait des papiers du señor Lafuente Alcantara.

« le señor président Rodrigo Vasquez et que, par ce même « motif, il demandait qu'il ne procédât pas dans le jugement « de cette cause, plein de confiance dans les sentiments chré- « tiens de Sa Majesté qui ne le laisserait pas sans défense, « qu'en ce qui concernait les ordres du billet, il en appelait à « Sa Majesté même, bien informée de sa juste prétention. » Rodrigo Vasquez ne se tint pas pour vaincu, au contraire, il fit sonner bien haut le nom du Roi et dit : « Que la question « dont il s'agissait maintenant, n'était pas du ressort du juge- « ment, mais une chose que Sa Majesté ordonnait et voulait « savoir ; qu'ainsi de la part de Sa Majesté il lui enjoignait de « répondre clairement et ouvertement au contenu de l'écrit ; « que telle était la volonté de Sa Majesté et que pour cela, « comme chose étrangère au procès, la susdite récusation « n'apportait aucun obstacle. » Perez insista sur les réponses « qu'il avait déjà faites, suppliant très humblement Sa Ma- « jesté d'ordonner un examen attentif du procès, de ses char- « ges et décharges, et qu'elle verrait par tout cet examen, « comment le nouvel interrogatoire dépend de la même cause « à laquelle il a satisfait par sa décharge, étant prêt, ajou- « tait-il, à répondre, si on lui opposait de nouvelles char- « ges. »

Rodrigo Vasquez insista de nouveau en disant : « Que le « contenu de l'écrit de Sa Majesté, ayant ou n'ayant pas de « rapport au jugement et à l'accusation principale sur laquelle « portait la récusation, Sa Majesté n'en voulait pas moins être « servie, et lui ordonnait de la satisfaire sur le contenu dudit « écrit ; qu'ainsi il le lui mandait et le lui ordonnait de la part « du Roi, en lui laissant entendre que s'il ne le faisait pas, on « procéderait contre lui comme contre un homme qui n'obéit « pas aux ordres de Sa Majesté. » Perez continua et répondit « qu'il dit ce qu'il a dit, confiant dans l'extrême justice de Sa « Majesté qui ne permettra pas qu'on lui fasse d'outrage, ni « qu'il ne sera pas considéré comme désobéissant à ses ordres, « en en appelant de Sa Majesté à Sa Majesté même bien in-

« formée par sa justice (1). » Dès lors Rodrigo Vasquez se retira : Sa Majesté admit sa récusation et lui donna pour assesseur afin qu'il assistât à tous les actes et à toutes poursuites du procès, le licencié Juan Gomez, du conseil et de la chambre de Sa Majesté. »

« Ces deux juges intimèrent, les jours suivants, plusieurs fois à Perez l'ordre de faire ses déclarations, et voyant qu'il répondait toujours par des termes également négatifs, ils lui firent mettre, comme moyen de contrainte, une chaîne et des fers aux pieds (2). Perez eut immédiatement recours au Roi, lui demanda de lui faire enlever les fers, parce qu'il était très malade, qu'il y avait plus de onze années qu'il était en prison, que son procès était terminé ; qu'il avait obtenu le pardon de la partie adverse, et que pour se défendre contre « la nouvelle charge » il voulût bien ordonner qu'on la lui notifiât, afin qu'il pût contester sa justice (3). « Mais ne pouvant rien obtenir, on « employa contre lui les dernières rigueurs. » Ici nous préférons abandonner la narration de ce qui se passa aux actes judiciaires eux-mêmes : rien n'est capable de remplacer leur terrible contenu.

« Dans la ville de Madrid, le vingt-troisième jour du mois « de février mil cinq cent quatre-vingt-dix, les señores Ro- « drigo Vasquez Arce, président du conseil des finances, et « Juan Gomez, du Conseil et de la Chambre de Sa Majesté, « se rendirent dans le lieu de prison d'Antonio Perez, et, par- « devant moi, le présent greffier, lesdits seigneurs lui dirent « que Sa Majesté veut que ledit Antonio Perez réponde aux « questions contenues dans le papier écrit de la main royale « de Sa Majesté et qui lui fut lu. Par conséquent, qu'il doit « répondre comme le veut et l'ordonne Sa Majesté. Il dit qu'il « s'en rapportait à ce qu'il avait déjà dit, sauf toujours le res-

(1) *Testimonio*, cité.

(2) *Proceso*, p. 169.

(3) *Id.*, p. 157.

« pect dû au billet de Sa Majesté, qu'elle lui ordonne de dé-
« clarer les motifs qu'il avait exposés à Sa Majesté pour faire
« donner la mort au secrétaire Juan Escobedo ; que c'est ainsi
« convenu pour la satisfaction de la royale conscience de Sa
« Majesté et la bonne administration de la justice. Perez
« affirme qu'il n'a pas à répondre autre chose que ce qu'il a
« dit; qu'il se fie à Sa Majesté, à ses grands sentiments chré-
« tiens ; qu'il répond, lui, ce qui convient à sa défense. Les-
« dits seigneurs l'avertirent de nouveau qu'il eût à faire sa
« déclaration telle que la demandait Sa Majesté, lui donnant à
« entendre qu'on le mettrait à la question et à la torture, au
« seul effet de lui faire déclarer ce que Sa Majesté a ordonné
« de lui faire déclarer. Incontinent lesdits seigneurs lui dirent
« que les indices et preuves du procès restant dans toute
« leur force et leur vigueur, sans innovation, sans altération
« aucune, et dans la pensée seule de lui faire déclarer les
« motifs qu'il avait exprimés à Sa Majesté, pour faire mettre
« à mort ledit secrétaire Juan d'Escobedo, ils ordonnaient de
« le mettre à la question ; que s'il venait à mourir, s'il éprou-
« vait quelque lésion de membre, ce serait sa faute, et qu'il en
« aurait toute la responsabilité. Perez répéta ce qu'il avait dit
« et protesta contre la question pour deux motifs : le premier,
« parce qu'il était un hidalgo ; le second, parce que sa per-
« sonne aurait évidemment à éprouver des lésions et des
« fractures, attendu qu'il était notoirement paralysé et per-
« clus par suite d'un long emprisonnement de onze années.
« Lesdits seigneurs lui firent enlever les fers et la chaîne qu'il
« portait aux pieds et qui lui furent ôtés par les alguazils
« de garde. Par ordre des deux juges, le serment devant Dieu
« fut pris et reçu dudit Antonio Perez, suivant les formes du
« droit ; sous l'autorité de ce serment, il promit de dire la
« vérité. Dès qu'il fut prêté, lesdits juges l'engagèrent de
« nouveau à déclarer les motifs qu'il eut et qu'il avait ra-
« contés à Sa Majesté, pour commettre le meurtre dudit se-
« crétaire Escobedo. Comme il ne les déclarait pas, et dans le

« seul but de les lui faire déclarer, ordre fut donné de le « dépouiller de ses vêtements ; et il fut mis à nu par Diego « Ruiz, le bourreau, qui ne lui laissa que des caleçons de coton. « Pendant que le bourreau n'était pas présent, les seigneurs « juges l'avertirent encore de déclarer, comme l'ordonnait Sa « Majesté, les motifs qu'il avait eus pour faire mettre à mort « ledit secrétaire Juan d'Escobedo, en le prévenant qu'on lui « donnerait la question par l'eau et la corde, suivant l'avis « desdits seigneurs ; que s'il venait à mourir ou à souffrir « quelque lésion dans l'un de ses membres, ce serait sa faute, « qu'il en serait responsable. Antonio Perez répondit qu'il « répétait ce qu'il avait dit et qu'il n'avait pas d'autres motifs. « Immédiatement, en présence du chevalet et des autres appa-« reils de torture, ledit Diego Ruiz croisa les bras d'Anto-« nio Perez l'un sur l'autre, et l'on commença à lui donner un « tour de corde. Perez poussa de grands cris en répétant : « qu'il n'avait rien à dire, qu'il mourrait à la question, qu'il « n'avait rien à dire et qu'il mourrait. » Dans ces cris, il di-« sait : « *Frère, vous me tuez*, » cri qu'il répéta souvent. A « ce moment on avait déjà donné quatre tours de corde à ses « bras, et il criait encore plus fort, il exhalait ses plaintes en « disant : *Frère, vous me tuez*. Quand on lui eut donné six « tours de corde, les juges l'avertirent encore de déclarer ce « qu'on lui avait ordonné ; il répéta, à grands cris et avec des « vociférations, qu'il n'avait rien à dire, qu'on lui brisait le « bras : *Vive Dieu ! je suis perclus d'un bras ; les médecins le* « *savent bien*, et il ajoutait en gémissant : *Seigneur, pour l'a-* « *mour de Dieu, ils me tuent et ils m'ont brisé la main. Par le* « *Dieu vivant !* Il dit encore : *Seigneur Juan Gomez, vous êtes* « *chrétien ; pour l'amour de Dieu, mon frère, vous me tuez, et je* « *n'ai rien de plus à déclarer*. Les juges lui répliquèrent de « nouveau de répondre, et il ne fit que répéter : *Mon frère,* « *vous me tuez. Seigneur Juan Gomez, qu'on m'achève d'une* « *seule fois... Qu'on me laisse, je dirai tout ce qu'on voudra.* « *Pour l'amour de Dieu, mon frère, ayez pitié de moi*. A l'instant

« même, il demanda qu'on le tirât de la position où il était; « qu'on lui donnât des vêtements, qu'il parlerait. Ses bras « avaient déjà eu huit tours de corde. Dès que Perez eut « commencé à déclarer ce qui sera rapporté plus tard, ledit « seigneur licencié Juan Gomez ordonna au bourreau de sor- « tir de la pièce où se donnait ladite torture. Sa Grâce et moi, « le présent greffier, nous restâmes seuls. On dégagea les bras « d'Antonio Perez des tours de corde, on lui mit des vête- « ments et il fit la déclaration. »

« Perez déclara alors les motifs qu'il avait eus, selon lui, de faire mourir Escobedo dans les termes qu'il développa plus tard, d'une manière étendue, au *Memorial del hecho de su causa.* »

« On lui dit, continue la procédure, que Sa Majesté ordon- « nait, dans le billet écrit de sa main royale, que le déclarant « eût à montrer et à prouver la réalité des motifs qu'il lui « avait dits, et on le somma de le faire ainsi. Perez répondit « que tous ses papiers lui avaient été pris deux ou trois fois, « pendant ses divers emprisonnements; qu'il se trouverait « parmi eux de nombreuses preuves de ce qu'il déclarait avoir « dit à Sa Majesté... Qu'il se serait trouvé plusieurs témoins, « tous dignes de foi, telles que les personnes qu'il avait nom- « mées, pour attester les points principaux de toutes ces « affaires; mais la mort d'Escobedo remontant déjà à qua- « torze ans, lesdites personnes manquaient aujourd'hui; que, « d'ailleurs, c'étaient là des matières et des avis que le vassal « soumet à son Prince comme il les sait, d'autant que les « particularités que ledit Escobedo rapportait à lui, déclarant, « étaient des communications à part, pour lui seul, et que, « pour de pareilles choses, on ne pouvait jamais avoir des té- « moins sous la main. Telle était, disait-il, la vérité, et il si- « gna cette déclaration. C'est dans cet état que fut arrêtée la « question, pour être continuée et reprise toutes les fois que « lesdits seigneurs juges le croiraient opportun. »

« Perez ainsi humilié, meurtri, livré par le Roi, à qui il

avait voulu complaire par le meurtre d'Escobedo, payait, maintenant au moins, le consentement qu'il avait donné d'être l'assassin et l'empoisonneur de son ami ; l'infortunée et innocente esclave d'Escobedo, livrée à la torture et à la mort pour ce crime, dut, dans ces moments de remords et d'angoisses, tourmenter aussi son âme abattue et inquiète.

« Le lendemain de cette scène douloureuse et terrible, Diego Martinez ne crut plus nécessaire de garder le secret qu'il avait gardé jusque-là, et, dans une déclaration des plus circonstanciées, il confirma dans toutes ses parties la déposition de l'alférez Antonio Enriquez sur le meurtre d'Escobedo, déposition que nous avons déjà transcrite (1). Il resta donc prouvé au procès, d'une manière évidente, que Perez avait été l'auteur du meurtre d'Escobedo ; mais il resta reconnu par tous et par le Roi lui-même que ce meurtre avait été préparé et consenti par Sa Majesté. »

La cause en était là et Antonio Perez, voyant que toute défense était impossible, décida son évasion, qu'il réalisa d'une manière surprenante avec l'aide de Gil Mesa, Gil Perez et Francisco Mayorini. Il se dirigea sur l'Aragon et courut, en poste, trente lieues, sans se reposer, malgré les horribles douleurs que lui faisaient éprouver les tortures qu'il avait souffertes.

En Aragon, les lois avaient encore conservé leur force, et c'est là qu'Antonio Perez alla chercher justice. Mais à peine se fut-il sauvé que Philippe II fit arrêter de nouveau doña Juana Coello et ses enfants, dont un était encore si petit qu'il ne pouvait marcher. Il les enferma tous dans une étroite prison.

Le Roi écrivit aussi au gouverneur d'Aragon, le 19 avril, de s'emparer immédiatement d'Antonio Perez, qui se réfugia et alla chercher asile au couvent de Saint-Pierre-Martyr, de l'ordre des Frères-Prêcheurs. Don Manuel Zapata se présenta

(1) *Proceso*, p. 174.

pour l'en extraire par ordre du Roi. Mais les priviléges du monastère et de Calatayud l'en empêchèrent. Le Roi, instruit qu'Antonio Perez se trouvait à Bribiesca, donna ordre à don Alonso de Seldran, coadjuteur du gouverneur d'Aragon, de le saisir. Or, dans ces temps-là, l'extradition de Perez était chose impossible, les fueros d'Aragon le défendaient. Les lois étaient justes, et l'innocence était difficilement punie.

Seldran s'arrangea de manière à faire trembler les religieux et à faire sortir Antonio Perez du couvent ; mais alors Mateo de Ferrer, alcalde à verge, de la cour du justicier d'Aragon, sortit à sa rencontre, accompagné d'un notaire, lui montra l'ordre du tribunal suprême du pays de lui livrer le prisonnier.

Antonio Perez fut conduit de Calatayud à Saragosse, sur une voiture, accompagné de cinquante arquebusiers et de plus de cent personnes de ses amis. Il fut déposé dans la prison de la Manifestation, où il resta à la disposition du justicier d'Aragon. C'est de là qu'il entreprit sa défense contre les accusations de Philippe II.

La lutte de Perez contre les influences puissantes que le Roi entassait en Aragon est admirable. « Du fond de sa prison, dit le marquis de Pidal (1), il excita, en sa faveur, les généreux sentiments des Aragonais. Il sut deviner les éléments de sa défense qu'il pouvait trouver en Aragon ; il relia étroitement sa cause à celle des fueros et des libertés de ce pays, qui les croyait menacés ; il réunit tous les éléments d'opposition contre la Castille qui pouvaient s'y rencontrer, pour des raisons générales ou particulières. »

Pendant ce temps, Rodrigo Vazquez et Juan Gomez, juges du procès contre Antonio Perez, prononçaient la sentence suivante :

« En la ville de Madrid, résidence de la Majesté le Roi,

(1) *Alteraciones de Aragon*, page 249, tome II de la traduction indiquée.

« notre Seigneur, D. Philippe II, que Dieu garde, le premier « jour du mois de juillet de l'année mil cinq cent quatre-« vingt-dix. Vu par les seigneurs Rodrigo Vazquez de Arce, « président du Conseil des Finances, et le licencié Juan « Gomez, du Conseil et de la Chambre de Sa Majesté, le « procès et la cause d'Antonio Perez, ex-secrétaire du cabinet « général de Sa Majesté ; ils ont déclaré que, par la faute qui « résulte de tout cet examen contre ledit Perez, ils devaient « le condamner et le condamnaient à la peine de mort natu-« relle par la potence ; et à être d'abord traîné publiquement « par les rues en la forme ordinaire. Qu'après la mort il ait la « tête coupée avec un couteau de fer et d'acier, et qu'elle « soit placée dans un lieu public tel qu'il conviendra auxdits « seigneurs juges ; que personne n'ose l'enlever sous peine de « mort. Ils le condamnent aussi à la perte totale de ses « biens, qui devaient être appliqués à la Chambre et au Fisc « de Sa Majesté, aux dépenses personnelles et aux frais du « procès qui ont été occasionnés par sa cause. Telle a été la « sentence qu'ils ont prononcée, ordonnée et signée. — Le « licencié RODRIGO VAZQUEZ. — Le licencié JUAN GOMEZ. — « Devant moi. — ANTONIO MARQUEZ (1). »

Ce fut alors que Perez présenta sa défense dans les derniers jours du mois de juin, devant la cour du justicier d'Aragon. « Il expose (2) qu'on l'a accusé dans un jugement de vi-« site, d'avoir révélé les secrets d'État ; qu'il a reçu l'ordre de « ne pas se défendre ; qu'outre ces faits, deux fois, des minis-« tres de la justice, pénétrèrent dans sa maison, et lui enlevè-« rent tous les papiers qu'il avait, sans en faire l'inventaire ; « que ces papiers contenaient sa justification pour tout et que, « puisqu'on les lui a enlevés sans les inventorier, on doit re-« garder de droit comme prouvés tous les articles de sa re-

(1) *Procès d'Antonio Perez*, p. 206.

(2) *Alteraciones de Aragon*, page 251, tome II de la traduction citée.

« quête ; qu'après avoir obtenu le désistement des enfants « d'Escobedo à l'égard de la mort de leur père, Rodrigo Vasquez, juge récusé, ne lui en avait pas moins donné la torture ; que par crainte de nouvelles rigueurs et pour ne pas « être obligé à découvrir les secrets les plus graves de la Couronne, il s'était enfui en Aragon, afin de se remettre aux « mains des ministres de Sa Majesté ; que de là il avait plusieurs fois supplié Sa Majesté de se rappeler ses moyens de « justification et de ne pas permettre qu'ils fussent publiés ; « qu'il aurait envoyé, à cet effet, à Sa Majesté, le prieur Gotor; que n'ayant pas connu la volonté de Sa Majesté, le « temps de sa défense étant urgent, il était obligé de se défendre en bonne conscience et il se voyait forcé de le « faire (1). »

« La gravité de cette défense, dit Pidal, se trouvait dans les lettres originales du Roi, de son confesseur, et d'autres personnages qui l'accompagnaient et que Perez présentait en preuve de ses assertions. Ces documents font apparaître démontrée la participation du Roi au meurtre d'Escobedo, ses efforts pour éviter la découverte de la vérité du fait et pour mettre en sûreté les meurtriers. En échange, on mettait au jour beaucoup d'autres secrets de cette Cour ténébreuse, si amie de l'obscurité et du mystère. Perez annonçait en outre la présentation d'autres papiers de la plus haute gravité et de la plus grande importance, dont il indiquait avec soin les premiers et les derniers mots, sans doute afin qu'à la Cour on reconnût la certitude de ce qu'il disait (2). »

« Quelques semaines s'écoulèrent ; Antonio Perez eut connaissance de la sentence fulminée contre lui à Madrid, et ayant perdu ses dernières espérances, il présenta sa deuxième cédule de défense. Là, il ne garde aucune espèce de considération, ni

(1) Documents inédits, t. XII, p. 16.

(2) *Alteraciones de Aragon*, par D. J. P. Pidal, traduction déjà citée, t. I, p. 252.

de déguisement; il avoue que Sa Majesté lui donna l'ordre de tuer Escobedo; il soutient que par le billet du Roi, qu'on lui montra pendant qu'on le mettait à la torture, Sa Majesté s'est rendue l'auteur du meurtre : il prétend prouver que, par un billet où Sa Majesté lui dit qu'il convient d'abréger l'affaire du *Verdinègre*, elle lui donne l'ordre d'assassiner Escobedo, comme il pouvait le démontrer, par d'autres billets qu'il avait, que puisqu'on lui a saisi ses papiers, on doit s'en tenir à son serment. Il cherche néanmoins à faire voir que Sa Majesté appelait Escobedo le *Verdinègre*. Puis, il rapporte que Sa Majesté ne croyait pas convenable de saisir judiciairement Escobedo, parce qu'il était secrétaire de son Conseil, mais bien de le punir secrètement ; il donne aussi d'autres détails sur l'empoisonnement de ce secrétaire, attribué à une de ses esclaves, qui fut pour cela publiquement exécutée. Pour preuve de ce qu'il avançait, il présentait non-seulement les billets et les lettres qu'il avait produites dans son précédent écrit, mais il apportait d'autres pièces nouvelles, de la plus grande considération, dans lesquelles il était question et du meurtre d'Escodedo, et des affaires de don Juan d'Autriche, et des sujets de la plus grande gravité et dignes du plus profond secret (1). »

Les ministres de Philippe II cherchèrent à rendre impossible la défense d'Antonio Perez devant le tribunal du justicier d'Aragon, et ils obtinrent qu'il fût livré à l'Inquisition. Le régent de l'Audience Royale de Saragosse, Ximenès, fit transmettre à l'inquisiteur Malo de Molina une communication où il est dit que l'on avait découvert que l'évasion tramée par Perez et Mayorini avait pour but de passer en France où se trouvaient les hérétiques ; ce qui était un acte dont il pouvait résulter un grand dommage pour le service de Dieu et du Roi, notre Seigneur ; il lui paraissait convenable de l'en informer et de lui envoyer copie de ce qui résultait à cet égard.

(1) Pidal déjà cité, pages 253 et 254.

Molina de Medrano commença l'information secrète contre Pérez. Cette information une fois faite, le Roi agit de manière que Fray Diego de Chaves, son confesseur, fut nommé pour qualifier les délits contre la foi qu'il pouvait y avoir dans l'acte d'Antonio Perez. Voici comment ils furent qualifiés :

« Il résultait de l'information, d'après la déposition de Diego Bustamante, que, dans une certaine circonstance, Perez, vexé de ce qu'on lui conseillait de ne jamais dire de mal de don Juan d'Autriche dans ses défenses, avait répliqué : « *Il* « *est bon que, depuis que le Roi m'a reproché de donner une* « *fausse interprétation aux dépêches, je ne ménage l'honneur de* « *personne pour prouver ma justification, et si Dieu le Père* « *venait se mettre en travers, je lui lèverais le nez pour qu'il fît* « *voir quel déloyal chevalier le Roi s'est montré avec moi.* » QUALIFICATION. — « Cette proposition, en tant qu'elle dit « que si Dieu le Père venait se mettre à la traverse, il lui « lèverait le nez, est une proposition blasphématoire, scan- « daleuse, offensante pour des oreilles pieuses et sentant, « dans ses termes, l'hérésie des Vaudois qui prétendent que « Dieu est corporel et qu'il a des membres humains. On ne « peut l'excuser en disant que le Christ a un corps et un nez, « puisqu'il s'est fait homme, parce qu'il est constant qu'on « parle ici de la première personne de la Très-Sainte Trinité, « qui est le Père. »

« Dans une autre occasion, le même Perez avait dit, suivant la déclaration de Juan de Basante : « *Je suis tout à fait* « *à bout de mes croyances, il semble que Dieu dort pour ce qui* « *est de mes affaires; et si Dieu ne fait pas un miracle pour* « *elles, je serai bien près de perdre la foi.* » QUALIFICATION. — « Cette proposition est scandaleuse, offensante pour des « oreilles pieuses, parce qu'elle a dit de Dieu qu'il dort dans « les affaires de Perez ; comme s'il eût été innocent et sans « reproche, lui, un homme juridiquement mis à la torture, « condamné à mort et accusé des plus grands crimes. »

« Antonio Perez, tourmenté par l'inquiétude et le chagrin que lui causaient l'emprisonnement et les souffrances de sa femme et de ses enfants, s'écria : « *Il dort, Dieu, il dort. Ce « doit être une plaisanterie de nous dire qu'il y a un Dieu ; il « ne doit pas y avoir de Dieu.* » QUALIFICATION. — « Cette « proposition, en tant qu'elle dit et répète que Dieu dort, « jointe aux parties suivantes, est suspecte d'hérésie, puis« qu'elle dit que Dieu n'a pas pour les choses humaines ce « soin et cette providence que les Saintes Ecritures et « l'Eglise nous enseignent. Quant aux deux autres parties « de la proposition, la première, *tout ce qu'on vous dit de « l'existence de Dieu doit être une plaisanterie*, et la seconde, « *il ne doit pas y avoir de Dieu*, elles sont des parties héré« tiques. En effet, lors même que nous pourrions les excuser « et dire qu'on les avance en doutant, celui qui doute en » matière de foi est un infidèle, car celui qui doute d'une « chose ne croit ni le oui ni le non. L'homme est obligé de « croire positivement ce qui est dit ; s'il ne le croit pas, il « n'est pas chrétien ; et celui qui doute, comme je l'ai dit, ne « croit pas. »

« Une autre fois, plein d'indignation et de colère, en voyant les traitements, selon lui, injustes qu'on lui faisait subir et la part que prenaient dans sa persécution des personnes qui avaient, supposait-il, des motifs pour agir autrement, et qui n'en jouissaient pas moins d'une bonne réputation, il poussa les exclamations : « *Oh ! je renie le lait que « j'ai sucé ! Et c'est là être catholique ! Je ne croirais plus en « Dieu, si les choses se passaient ainsi !* » QUALIFICATION. — « Cette proposition, en tant qu'elle dit : *Je ne croirais plus « en Dieu, si les choses se passaient ainsi*, est une proposi« tion blasphématoire, offensant les oreilles pieuses, et, « réunie à la précédente, elle n'est pas exempte du soupçon « d'hérésie (1). »

(1) Llorente, *Histoire de l'Inquisition*, édit. de Barcelonne, t. VI, p. 231.

Cette qualification fut envoyée au tribunal, et lorsque ces pièces furent reçues, on lança le mandat pour s'emparer des accusés. Les inquisiteurs transmirent leurs ordres aux lieutenants de la Cour du justicier d'Aragon, pour que, dans le terme péremptoire de trois jours, les personnes d'Antonio Perez et de Francisco Mayorini fussent livrées à l'alguazil du Saint-Office pour les transférer aux prisons secrètes de l'Inquisition, les menaçant, s'ils contrevenaient, d'excommunication, de pertes de biens et autres persécutions subséquentes.

En conséquence de cette réquisition, les deux prisonniers furent livrés à l'alguazil du Saint-Office, qui les conduisit à l'Aljaferia, où se trouvait la prison de l'Inquisition.

Jusqu'ici j'ai traité de l'affaire d'Antonio Perez, pour démontrer comment Philippe II fulminait ses haines, même contre ses serviteurs, et quel était son système en matière de justice, lorsqu'il devait s'y attacher ; quels moyens il employait pour la destruction des personnes dont il avait résolu la ruine ou la mort.

Je ne donne pas tous les détails ni la fin de cet épisode où, après tant de luttes, Antonio Perez se sauva, s'enfuit à l'étranger, après le soulèvement de l'Aragon ; ce que j'en ai dit jusqu'ici suffit pour le but que je me suis proposé. Mais pour démontrer encore que les histoires que je viens de raconter ne sont pas les seules et uniques mauvaises actions de ce roi, je vais citer la lettre que ce monarque écrivit à Alonso Vargas à la suite de la révolte occasionnée en Aragon par l'affaire d'Antonio Perez. Dans une lettre écrite de sa main, sans contresignature d'aucun ministre, Philippe II dit à ce général : « A la réception de ce pli, vous vous saisirez de don Juan de « Lanuza, justicier d'Aragon, et que j'apprenne sa mort en « même temps que son arrestation. Vous lui ferez immédia« tement couper la tête, et le crieur public dira : Telle est la

« justice que le Roi Notre Seigneur a ordonné de faire de ce « chevalier, comme traître, pour avoir convoqué le Royaume « et pour avoir levé l'étendard contre son Roi ; Sa Majesté « ordonne que sa tête soit coupée, ses biens confisqués, ses « châteaux et ses maisons démolies. Quiconque ainsi agira, « ainsi payera (1). »

Le justicier, entrait dans l'église de Saint-Jean avant de commencer l'audience, entouré des personnes de son tribunal; c'était onze heures, quand le capitaine Velazquez se dirige vers lui et lui intime l'ordre du Roi de se rendre prisonnier, et en même temps les soldats de Velazquez l'entourent. Le lendemain, à sept heures du matin, ce noble, ce vaillant et beau chevalier, à genoux sur l'échafaud, les yeux fixés sur la terre et invoquant la Vierge Marie, eut la tête tranchée par la main du bourreau. Il mourait martyr, pour avoir rempli son devoir, défendu les fueros d'Aragon, auxquels il avait juré d'obéir.

Le sang des Lanuza, ainsi versé, leur acquit une noblesse qui brilla de plus en plus sur la terre de la liberté et de la justice. Je n'hésite pas à mettre sous les yeux du lecteur la lettre qui lui coûta la vie.

Lettre du justicier d'Aragon à Philippe II, lui annonçant qu'il avait convoqué le Royaume pour résister à l'armée royale, commandée par don Alonso de Vargas.

« S. C. R. M.

« Dans une autre lettre, j'ai déjà écrit à Votre Majesté l'état de trouble et d'agitation où se trouve cette Cité, suppliant votre royale clémence de prendre en considération ce Royaume, puisque ses habitants ont toujours été si fidèles à Votre Majesté et à ses prédécesseurs, de bonne mémoire, et puisque le vice-roi a rendu compte à Votre Majesté de la réquisition que les députés m'ont adressée, pour que, conjointe-

(1) Perez. *Relations*, p. 159; *Procès de Perez*, p. 274, où la même chose est dite un peu différemment.

ment avec eux, je convoque la population du Royaume, afin d'en expulser don Alonso de Vargas et son associée, parce qu'il vient dans cette ville pour en punir les habitants, ce qui est si contraire aux fueros et lois que Votre Majesté et vos prédécesseurs avez juré dans votre royale clémence. Je dirai seulement que, comme celui qui désire réussir à servir Votre Majesté et remplir les obligations de ma charge, j'ai communiqué ce que je devais faire à un grand nombre d'avocats des plus lettrés et approuvés qui se sont trouvés dans cette ville, et que eux et mes lieutenants m'ont, d'un commun accord, conseillé que je devais ordonner de convoquer, conjointement avec les députés du Royaume, les troupes nécessaires à cet effet, ce que j'ai dû faire hier. Pour moi, je regrette, dans cette extrémité, que les lois et les fueros que j'ai jurés m'obligent à cette mesure. Je supplie Votre Majesté, par sa royale clémence, de prendre pitié de ce Royaume, de nous regarder avec des yeux de miséricorde et que Notre-Seigneur conserve la S. C. R. personne de Votre Majesté, avec augmentation de plus grands Royaumes et Seigneuries, comme nous le désirons et le nécessitons nous, les sujets et vassaux de Votre Majesté. — Saragosse, le premier de novembre 1591. — De Votre Majesté, le très humble vassal qui baise vos mains royales. — Le Justicier d'Aragon. — A la S. C. R. M. le Roi Notre Seigneur. »

Quelle différence d'une lettre à l'autre. Dans l'une, quelle cruelle férocité, quel despotisme, quelle absence de toute humanité et de respect pour les lois ! Dans l'autre, que de dévouement, que de patriotisme et de fidélité ! quel grand respect pour son roi!

Quelle est, des deux figures, la plus belle à travers les siècles? Auquel des deux les poëtes dédient-ils leurs hymnes héroïques? lequel des deux vantent les politiques? lequel des deux vénère le patriotisme? quel est celui dont le peuple espagnol a gravé le nom en lettres d'or dans le temple de ses lois?

C'est en vain que les courtisans des rois, les fanatiques et les hypocrites voudront voir une grande figure dans celui qui fut le bourreau de son propre fils, don Cárlos, et de Florès de Montmorency; qui fit martyriser doña Anne de Mendoza et doña Anna de Austria; qui fut l'assassin d'Escobedo et de Lanuza, et le persécuteur d'Antonio Perez, celui qui arrosa de tant de sang la terre des Flandres et fit verser tant de larmes à ses malheureuses populations.

L'histoire est un continuel remords pour ceux qui n'ont pas bien agi, remords qui finit par anéantir la mémoire des méchants. C'est que la conscience de l'humanité ne fléchit jamais, parce qu'elle est la justice. Voilà pourquoi un jour viendra où Philippe II, ce roi de bronze doré au feu, à genoux devant le grand autel de l'Escurial, mausolée des Rois et monument de tristes souvenirs, sera jugé comme il le mérite.

Et les dires de tel ou tel écrivain, qui prétendra pour disculper ses crimes, qu'ils étaient dans l'esprit de son époque, ces dires ne sauront prévaloir.

A l'époque de Philippe II, l'Espagne avait déjà les lois d'Alphonse le Sage : le Fuero real; le Fuero juzgo et d'autres lois respectables qui s'appliquaient et s'exécutaient dans les jugements, comme dans toute société civilisée.

L'Espagne n'était pas alors un peuple barbare. Ses tribunaux étaient des modèles de dignité. Après les règnes d'Isabelle la Catholique et de Charles-Quint, sa civilisation était arrivée à une grande hauteur, et la justice de ses lois et de ses tribunaux était reconnue dans le monde. Il faut être aveugle ou très ignorant pour vouloir se faire une idée de sa civilisation sur la théorie de ce mauvais confesseur, instrument de crimes qui, d'après sa théorie, écrivait à Perez une lettre pour lui donner du courage et le poussait à commettre un assassinat préparé par le Roi, pendant qu'il écrivait à ce même Roi, à qui il conseillait ce procédé, la lettre suivante, le menaçant de ne pas lui donner l'absolution, s'il ne s'occupait pas de la justice des peuples : « Votre Majesté a l'obligation immédiate de se pourvoir de personnes qui traitent les affaires, puisque Votre Majesté ne peut les expédier, étant bien portante, à plus forte raison quand elle est malade; la République accourt après Votre Majesté, bien portante ou malade, comme l'on voit : Si Votre Majesté ne la pourvoit pas de justice, et au plus tôt, semble-t-il à Votre Majesté que Dieu Notre Seigneur ait besoin d'être un si grand théologien pour juger ce qu'il y a dans ce cas? J'ai dit autrefois à Votre Majesté cette chose si certaine, que Votre Majesté, sous peine de sa condamnation éternelle, est obligée, à l'égard de ses vassaux, de leur rendre justice, et en peu de temps; que si elle ne peut pas par elle-même (comme elle ne le peut ni ne le fait), elle est obligée, par la même raison, à les en pourvoir par des tiers. En effet, il y a moins d'inconvénient à ce que, dans quelques affaires, il y ait erreur et qu'elles se corrigent ensuite, que de les voir subir de si graves retards. Pour moi, comme confesseur de Votre Majesté, je ne peux, ni ne sais en dire davantage, et Dieu ne m'oblige pas à plus, parce que je ne dois pas réfuter Votre Majesté devant l'alcalde de cour Armenteros ; mais ce même Dieu m'oblige à n'administrer aucun sacrement à Votre Majesté, si elle ne fait pas les choses dites, parce que Votre Majesté ne peut les recevoir, et j'agirai infailliblement ainsi, jusqu'à ce que Votre Majesté le fasse, parce que Dieu l'ordonne ainsi; et qu'en ne le faisant pas, je tiens pour chose constante, conformément à la sainte loi que nous professons, que Votre Majesté est dans l'état le plus dangereux où ne peut se trouver aucun autre chrétien catholique. — Que Dieu garde la catholique et royale personne de Votre Majesté, comme je le demande, et comme en a besoin la chrétienté. — De notre cellule, le 19 mars 1592 (1). »

Malgré cette lettre, ce même confesseur permit à Philippe II de faire mourir sans défense son fils don Carlos, et Florès de Montmorency, d'assassiner Escobedo, d'intenter, à Lisbonne, le procès d'Antonio Perez, pendant que ce dernier était en pri-

(1) Manuscrits de la Biblioteca nacional. — Coleccion encuadernada de papeles varios, tome 1, page 195.

son à Madrid, de changer en emprisonnement définitif la détention de la princesse d'Eboli ; de négliger toutes les formalités de procédure et même l'instruction régulière des procès secrets, sans entendre l'accusé dans ses moyens de défense et ses décharges, sans permettre aux tribunaux de prononcer leur arrêt.

Aussi la princesse d'Eboli disait-elle, dans une lettre écrite à son fils, don Diègo de Silva, duc de Francavila : « Pour ce qui est de mendier la justice, comme accusée et délinquante, cela non ; je n'en ai jamais fait le pourquoi et je ne connaîtrai jamais la faute (1). »

De sorte qu'une inimitié entre Mateo Vazquez et Antonio Perez, coûta à la princesse d'Eboli treize années de prison et la vie. C'est l'histoire de cette princesse qui fait écrire les lignes suivantes au sage Gaspar Muro, aussi recommandable par sa modestie que par son savoir : « Le règne de Philippe II fut fatal pour l'Espagne : ce monarque avait hérité du trône le plus puissant de l'Europe, et, après l'avoir occupé pendant près d'un demi-siècle, il le laissa dans une décadence complète. Les guerres continuelles et les complications à l'étranger, soutenues pour des intérêts qui n'étaient pas exclusivement espagnols, et par conséquent l'appauvrissement du trésor public, en même temps que l'absorption par la couronne de tous les pouvoirs et la compréhension constante de toute liberté matérielle et morale des sujets, préparèrent l'immense ruine consommée dans le siècle suivant. Sa responsabilité est évidente, parce que son pouvoir était absolu et qu'il fit toujours des efforts particuliers pour l'augmenter ; ses détracteurs ont malheureusement des motifs fondés pour condamner sa mémoire. »

De sorte que, si tel est le jugement de ses propres défenseurs, combien ne sera-t-elle plus terrible, l'impartialité de la justice ? Qu'importe qu'il ait élevé l'Escurial sur les décombres d'une des nations les plus puissantes du monde, en sou-

(1) Collection de Salva, tome 16, page 79.

venir d'une bataille qu'il vit de loin et dont il fit décapiter les héros, confondus parmi les victimes du duc d'Albe ?

Philippe II, avec toute sa grandeur n'apparaît dans l'histoire de son siècle que comme une grande tache d'absolutisme, de tyrannie et de fanatisme.

J'avais terminé ce livre quand j'ai reçu un ouvrage qui venait de s'imprimer à Madrid, intitulé : *la Vie de la princesse d'Eboli*, par don Gaspar Muro. Le Président du Conseil des Ministres de S. M. Alphonse XII, don Antonio Canovas del Castillo, l'a fait précéder d'une préface des plus érudites, où il défend avec enthousiasme le Roi Philippe II. Il dit dans l'une de ses phrases : « Que l'on sache dès à présent que les tyrans comme « Philippe II doivent se compter par milliers dans les siècles « futurs... Si tous les grands hommes d'Etat de ce siècle par- « viennent à être aussi bien connus à l'intérieur que Phi- « lippe II ; si, comme lui, ils gardent soigneusement, s'ils « réunissent et laissent pour héritage à la postérité tous leurs « papiers sans en brûler aucun ; s'ils aiment autant que lui à « les écrire, des jours viendront où éclatera beaucoup plus que « je ne peux la faire éclater maintenant l'erreur de ceux qui « prétendent que Philippe II fut un homme exceptionnelle- « ment dissimulé ou faux, vacillant ou cruel. »

Je crois avoir offert à mes lecteurs les preuves nécessaires pour pouvoir juger ce Roi ; mais je veux encore répondre au savant Président du Conseil des Ministres, en citant le paragraphe du codicile apposé par Philippe II à Saint-Laurent, en 1597, devant le secrétaire Geronimo Guzol, où il est dit :

« Et parce qu'il est juste de mettre en sûreté de nombreux « papiers que je voudrais pouvoir reconnaître, si mon indispo- « sition et mes occupations me le permettaient ; j'ordonne, et « telle est ma volonté, pour qu'on le fasse après ma mort, si « l'on ne l'a pas fait pendant ma vie, qu'on livre à don Cristo- « bal de Mora, comte de Castel-Rodrigo, toutes les clefs que « je possède, tant les grosses clefs et les passe-partout que « celles de bureau ; les premières afin qu'il les transmette au

« prince (don Philippe), mon fils, quand il faudra, et qu'il en « fasse ce que je lui ordonnerai; et les autres, celles des bu- « reaux, afin que le même don Cristobal et don Juan de « Idiaquez se réunissent à Fray Diego de Yepes, mon confes- « seur, dans le plus bref délai, et qu'en présence de Ruiz de « Velasco, qui pourra les informer de l'endroit où se trouvent « certains papiers, ils ouvrent et visitent, eux trois, tous les « bureaux que je possède. S'ils trouvent, tant dans le lieu où « je mourrai que dans la ville de Madrid, si ma mort arrive « hors d'elle, des papiers ouverts ou fermés du défunt Fray « Diego de Chaves, qui fut mon confesseur, comme l'on sait, « écrits de lui à moi, ou de moi à lui, je veux qu'on les brûle « tous immédiatement en leur présence, après avoir reconnu « d'abord, sans les lire, si parmi eux il n'y aurait pas quelque « *bref* ou autre papier intéressant qu'il importerait de conser- « ver, papier que l'on mettrait de côté dans ce cas. Quant aux « autres papiers, traitant de choses diverses et d'affaires pas- « sées, qui ne seraient pas nécessaires, spécialement *de défunts*, « et quant aux lettres fermées, on les brûlera aussi en pré- « sence des mêmes personnes. »

Si tout ce que contenaient ces papiers avait été de nobles résolutions, des actes vertueux, Philippe II n'aurait pas ordonné de les brûler.

Ce paragraphe du codicille renferme toute ma réponse au président du conseil des ministres, à don Antonio Canovas del Castillo. Dans la même préface, nous lisons l'appréciation suivante du rôle de l'historien : « L'historien n'est pas un avocat, un fiscal, mais un juge, ce qui suffit, plus qu'il ne faut, pour que cette profession soit très difficile et très propre à des hommes impartiaux et honnêtes. » Oui, j'en conviens avec ce grand politique, avec cet éminent écrivain, dans son esprit de tolérance et de concorde, mais je ne puis lui concéder les limites dans lesquelles il veut enfermer les historiens. Celui qui étudie les événements, celui qui recherche impartialement la vérité dans les faits, doit les raconter avec exactitude; il doit être l'ardent défenseur de l'innocence, victime de la calomnie; il doit être le fiscal sévère des criminels cachés sous le manteau de l'hypocrisie et sous le masque du pouvoir; il doit avoir du courage contre les préjugés du siècle, sans craindre la persécution de la calomnie, ni les rigueurs matérielles de la tyrannie, alors même que cette tyrannie domine sur toute la terre. Les historiens doivent être les martyrs de la vérité, et ne pas se servir de leur plume, comme d'un encensoir, pour enorgueillir l'ignorance des puissants. Ce serait la plus grande des dégradations. Le livre de l'histoire du passé doit servir à instruire les temps futurs; il est donc nécessaire que l'historien soit un critique qui plaide pour les idées bienfaisantes et justes, pour toute action où se révèle la charité la plus pure, pour tout ce qui sert au bien-être de l'humanité. Son rôle de fiscal consiste à poursuivre les coupables, pour enseigner le chemin du bien à ceux qui doivent gouverner le monde. Quand l'historien est un fiscal et se propose ce but, son œuvre est sainte. Sans l'esprit de l'avocat et du fiscal, il est impossible de bien écrire l'histoire. Plût à Dieu que don Alonso Canovas del Castillo ne se fût pas changé en avocat de Philippe II, en oubliant l'impartialité du juge, si nécessaire pour raconter la vie de cet esprit le plus téméraire, le plus dissimulé, le plus cruel qui ait existé en Espagne. J'ai voulu le présenter, lui et son fils don Carlos, devant l'histoire, et j'espère que l'histoire rendra justice à mon impartialité.

APPENDICE N° II.

—

Jugement porté sur la Maison d'Autriche par M. Antonio Canovas del Castillo, dans son discours du « Dictionnaire de Politique et d'Administration », publié à Madrid, par MM. Barca y Suarez Inclan.

« Ce fut la lutte contre le protestantisme, direct et principal héritage de son auguste père, — comme il a été dit, — qui absorba la meilleure partie de la vie de Philippe II, et lui attira les plus graves désastres, les douleurs les plus grandes. Même les événements les plus intimes et qui lui ont valu le plus de censures, sont directement ou indirectement en rapport avec cette lutte implacable. C'est à l'ardeur aveugle avec laquelle il la soutint, en Espagne, au moyen de l'Inquisition; dans les Flandres, l'Angleterre et la France, par les armes, des intrigues ou des expédients parfois légitimes, *souvent infâmes, justement flétris aujourd'hui par la conscience publique, que l'on doit assurément les pages les plus sombres de son histoire, et tant d'autres événements ténébreux de son temps.*

« En échange, il ne fut pas tout à fait étranger à l'assassinat du prince d'Orange, son ancien sujet, car, d'après l'habitude légale de ces temps et de ceux qui suivirent, il mit sa tête à prix pour le crime de rébellion. Il est certain que l'intervention du duc de Parme dans ce tragique événement, de même que le meurtre du frère du comte de Hornes, M. Montigny, agent et complice des Flamands, exécuté *secrètement* à Simancas, et réputé trépassé de mort naturelle; comme encore *l'assassinat* du secrétaire Escobedo, commis plus tard à Madrid, sont des faits *justement réprouvés aujourd'hui par la conscience humaine*. Quoiqu'il soit notoire qu'il n'y eût alors, en Europe, aucun prince dont on ne puisse citer des faits semblables, la multiplicité des cas ne constitue guère une excuse. »

. . . .

« Il n'en pouvait d'ailleurs être autrement, puisque le confesseur de Philippe II, le frère Diego de Chaves, osa lui dire, dans certaine lettre insérée par Antonio Perez dans ses *Relaciones*, que « le prince séculier, qui a puissance sur la vie de « ses subordonnés ou sujets, de même qu'il peut la leur ôter « pour juste cause et par jugement en forme, peut aussi le « faire sans tout cela, puisque le surplus des formes et toute « la suite d'un procès ne sont rien comme lois pour lui, qui « peut en dispenser. »

« Ce personnage, (Antonio Perez), qui fit tant parler de lui et finit par trahir sciemment son pays, en vint à représenter à Philippe, comme indispensable, la mort du secrétaire de Don Juan, qui se trouvait alors à Madrid avec une mission de son maître. Après ses hésitations habituelles, *le Roi l'autorisa à le faire tuer, n'importe comment*. En vertu de quoi, et après plusieurs tentatives inutiles et *très odieuses, Escovedo fut assassiné* près les murs de l'église en ruines de Sainte-Marie de l'Almudena, à Madrid, ce meurtre étant considéré, en apparence, comme une vengeance privée. Quelques mois après, son secrétaire, Don Juan d'Autriche, mourut, à son camp, près de Namur, pendant le mois d'octobre 1578, à l'âge de 33 ans.

. . . .

. . . .

« Ces rumeurs finirent par arriver aux oreilles du monarque, appuyées de preuves suffisantes pour les accréditer : il se considéra trahi, (et il l'était apparemment sous les deux premiers points), *comme amant, comme ami et comme juge ;* et, mû par une sourde colère, il fit arrêter, sous des *prétextes frivoles,* la princesse d'Eboli et Perez, au mois de juillet 1579. Il se contenta d'humilier la grande dame, la tenant enfermée à Pinto, jusqu'en 1581, époque où il lui permit de se retirer dans sa ville de Pastrana, pour y rester prisonnière jusqu'à sa mort. Quant à Perez, après l'avoir tenu captif pendant cinq années, sans cause apparente, il consentit à ce qu'on lui formât un procès pour concussion ; et, par la suite, un autre plus rigoureux encore, afin de découvrir le motif véritable de la mort d'Escovedo. On ne saurait censurer la justice avec laquelle Philippe put et dut procurer l'éclaircissement de ce sujet. Il est même digne d'éloge, — (l'historien doit vouloir dire de blâme), — pour s'être prêté à rendre publique la part qu'il y avait prise, en ordonnant à Perez de raconter ponctuellement tout ce qui était arrivé, avec tous les préliminaires du jugement secrètement exécuté. Si l'ancien ministre fut traité, depuis le commencement, comme la haine traite toujours les favoris en disgrâce, l'assujettissant, entre autres choses, *au très dur tourment de la question,* on ne saurait dire que le Roi y prit d'autre part que de l'abandonner à la merci de ses rivaux. Mais c'était déjà assez ! La longue durée de la persécution montra bien *la rancune que le Roi lui gardait,* laissant percer grandement *la passion personnelle qui le faisait agir en cette occurrence.* Ranke a beau mettre en doute son amour pour la princesse, il paraît impossible de nier aujourd'hui que les *occulti rispetti* qui, d'après Thomas Contarini, lui valurent la haine du Roi, eussent trait à autre chose; plusieurs diplomates le confirment encore, et très particulièrement le français Brantôme, qui séjournait à Madrid, au moment de la rupture, et dont l'avis est plutôt favorable que contraire à Philippe II. Il n'y a, d'ailleurs, aucune raison pour refuser crédit à ce caprice amoureux, lorsqu'on connaît les dires des ambassadeurs vénitiens sur l'amour de Philippe pour les femmes, lesquels s'accordent tous pour affirmer *qu'il fut très désordonné de mœurs sous ce rapport.* »

« Philippe II ne laissa d'être admiré des Espagnols, surtout après sa mort, car il représentait mieux que tout autre leur idéal religieux et politique; *mais, il n'en fut pas aimé,* comme Bukle l'affirme erronément et avec une certaine surprise. Il était, au contraire, *abhorré* des grands, d'après le vénitien Sigismond Tavalli; ses mêmes serviteurs, comme le duc d'Albe, qui conquit le Portugal, déploraient, quelque temps avant cette conquête, que les deux royaumes vinssent à être unis, car c'était perdre un lieu sûr et proche, *ou fuir sa rigueur en cas nécessaire.* Le clergé, qui ne fut jamais aussi dûrement dominé par le pouvoir temporel, *ne l'aima pas davantage personnellement,* quoiqu'il approuvât le sens général de sa politique. Et quant à *la bourgeoisie, accablée plus que jamais de nouvelles charges, amoindrie, ruinée, elle passa tout son règne dans des lamentations incessantes,* comme on peut le voir dans de nombreux documents authentiques. Il ne faut point confondre le profond respect et *même la crainte qu'il inspira à ses propres sujets,* pas plus que l'admiration de ceux de son fils et de son petit-fils, avec *l'affection que Philippe II ne pouvait inspirer* à ceux qui ne le connaissaient que par ses faits et gestes.

« Prenant, tout d'abord, la population, on peut soutenir hardiment aujourd'hui, malgré beaucoup de calculs erronés faits à d'autres époques, et que nous avons rectifiés déjà tant soit peu, — qu'elle ne dépassait pas le nombre de dix millions d'habitants au temps des Rois Catholiques, et qu'elle *diminua encore assez sous Philippe II, car elle ne s'élevait, en* 1594, *qu'à un peu plus de huit millions.*

« Il fut donc nécessaire de procéder à un règlement de la dette en 1575. Un décret du conseil des finances ordonna que les contrats passés pour des emprunts métalliques, depuis 1560 jusqu'à ce jour, seraient réformés ; « on arrêterait les comptes, en déduisant les intérêts, et *l'on en paierait le montant en vassaux et en marchandises*, à de tels prix que le Roi sortît d'ennuis et de dettes. » C'est Cabrera qui s'exprime ainsi, et il ajoute que ce décret alarma les négociants de Gênes et de Flandres, qui avaient prêté de l'argent à l'Espagne ; ils ne laissaient pas d'avoir raison, puisqu'on les forçait à échanger leurs valeurs fiduciaires contre d'autres territoriales, au prix que le fisc voulut bien fixer. » . . . .

. . . .

. . . . « Nonobstant, on vérifia la transformation des valeurs, donnant aux créanciers, en échange des titres qu'ils possédaient, ceux que produisit la vente des biens ecclésiastiques de l'archevêché de Tolède, faite avec autorisation du Saint-Père, et les revenus des finances royales. On ne donna pas de suite au projet conçu par Philippe II de demander aux nobles « qu'ils rendissent compte de la possession de leurs majorats et revenus, car il se proposait d'incorporer à l'Etat tous ceux dont la possession ne serait pas formellement justifiée. Mais, le mécontentement produit par ce projet fut si vif, qu'il n'alla guère au-delà d'une intention. »

... « Voyez-vous, lui disait-il, entre autres choses, — je le « regretterai avec raison, ayant quarante-huit ans et laissant « au prince, qui n'en a que trois, les finances dans un si grand « désordre ; au surplus, quelle sera ma vieillesse ? On pourrait « dire qu'elle commence déjà, si je continuais à ne savoir au- « jourd'hui comment je vivrai demain, ni de quoi se nourrira « mon corps ; je ne comprends même pas comment je vis, avec « la douleur que j'éprouve à cause de ceci et d'autres choses « non moins affligeantes. » Les Cortès de Castille savaient cela aussi bien que lui et en éprouvaient le même chagrin, supportant principalement les charges publiques ; car, sans compter les provinces encore exemptées, la Couronne d'Aragon y contribuait par de très minces subsides. Dans la proposition royale, ou discours de la Couronne de 1563, Philippe II dit déjà aux Cortès que les revenus ordinaires étaient *presque entièrement vendus ou engagés* ; dans le discours de 1566, il dit que *le patrimoine royal était presque de tout point épuisé, tari ; et il ne laissa de tenir pareil langage dans toutes les sessions qui se célébrèrent jusqu'à sa mort.*

... « Il est nécessaire d'ajouter, d'un autre côté, que, malgré cela, les Cortès n'oublièrent point *de censurer souvent le dérèglement économique du Roi,* de même que la politique préjudiciable qui l'enfantait. Les Cortès de 1566 lui exprimèrent déjà combien elles regrettaient « que les forces du royaume ne pussent répondre au besoin, aux obligations, à la volonté et au désir qu'elles avaient de le servir » : celles de 1570-71, assemblées d'abord à Cordoue et après à Madrid, suscitèrent de graves difficultés pour voter le service qu'il leur demandait ; et lorsque se réunirent celles de 1573 à 75, il dut autoriser les procureurs à consulter les municipalités des villes qu'ils représentaient, sur le dégagement du trésor, ceux-ci ne croyant pas leurs pouvoirs suffisants pour voter pareille chose ; on motiva l'ajournement des Cortès jusqu'en 1575. Philippe II ne se lassait pas d'avoir recours à elles, car, quoique les écrivains politiques de son temps arrivassent *à soutenir qu'il n'y avait pas de véritable propriété individuelle et que toutes celles du royaume appartenaient essentiellement au monarque,* comme aussi que la Couronne pouvait décréter les impôts nécessaires sans l'appui des procureurs, jamais le Roi, ni ses théologiens familiers, n'admirent semblable doctrine ; l'idée ne pouvait donc lui venir de vaincre par la force toute sorte de résistance. D'ailleurs, les Cortès finissaient toujours par céder, tout en faisant de douloureuses protestations : *celles de 1579, entre autres, dirent qu'il manquait déjà jusqu'à l'espoir du remède, « parce que les capitaux des négociants étaient dépensés ; bouleversé de fond en comble le commerce général et particulier ; amoindris les profits des terres ; élevé le prix des denrées et très rare l'argent.* » Les choses en arrivèrent à un tel point, que, pour obtenir des Cortès de 1588 le vote des propositions royales, il fallut avoir recours aux prélats afin qu'ils amenassent les chapîtres municipaux à donner à leurs procureurs des pouvoirs pleins et entiers. Enfin, les Cortès de 1592, déclarèrent « *qu'il n'y avait et ne pouvait y avoir aucun doute sur ce point : que tout était épuisé et tari dans le royaume.* » Il n'est donc pas extraordinaire que dans des moments qui inspiraient de si lamentables jugements, les impôts et les désordres financiers portassent la ruine dans la richesse publique, ni que, comme il est dit plus haut, *la population tombât en peu de temps de dix millions à huit millions d'habitants.*

Jugement d'Alamos Barrientos sur la situation de l'Espagne sous le règne de Philippe II.

« Par les continuelles maladies de ce Roi, disait-il, ou « par nos péchés, ou par les secrets desseins de Dieu, rien n'a « suffi pour empêcher que Votre Majesté trouve l'Eglise « plus entourée qu'elle ne le fut jamais, d'hérétiques et d'en- « nemis qui la persécutent. Les royaumes ne sont pas seule- « ment peu sûrs, mais sans défense, infestés, envahis ; l'Océan « et la Méditerranée sont presque entièrement au pouvoir « des ennemis ; la nation espagnole, qui, pour avoir assujéti « toutes les autres et gagné les royaumes annexés à cette cou- « ronne, se tint toujours pour invincible, se trouve lasse et « découragée, à force d'être mécontente et peu favorisée ; la « justice corrompue et déchue ; le patrimoine royal épuisé ; « la réputation amoindrie ; le crédit ruiné ; les grands hommes « de l'Etat, autant soldats que diplomates, qui furent nom- « breux dans ce pays, et le firent craindre par leurs talents

« autant qu'il le fût par sa puissance, sont disparus. De tout « ceci il est résulté que Votre Majesté trouve une profonde « désolation et un mécontentement général parmi les grands, « la bourgeoisie et le peuple, sans compter la méfiance et « d'autres sentiments semblables qui naissent de cet état vé- « ritable où sont les choses et dans lequel elles restent. »

Il serait inutile d'ajouter un seul mot à ce jugement de l'un des plus grands politiques de son temps, qui, en parlant ainsi, ne s'adressait pas au premier venu, mais au fils de Philippe II lui-même.

.....La pragmatique royale du 7 décembre 1558, contre les écrits, citée plus d'une fois, fut sévère à un tel point qu'elle défendit aux libraires et à toute autre personne de tenir, vendre, introduire ou rapporter de l'étranger aucun ouvrage imprimé ou manuscrit de ceux qui avaient été mis à l'index par le Saint-Office, sous peine de mort et confiscation de tous leurs biens. Au surplus, ils étaient obligés de soumettre à la censure du Conseil royal tout ouvrage devant se publier en Espagne. Comme si cela n'était pas assez, *le 21 août 1572, on fit visiter, le même jour et à la même heure, toutes les librairies du royaume, avec ordre de poser les scellés et de s'emparer de tous les livres, pour reconnaître ceux qui étaient défendus* et pouvoir appliquer cette rigoureuse pragmatique à quiconque l'eût enfreinte.

Qui furent les assassins d'Escovedo et comment on les récompensa.

Le 31 mars 1578, Escovedo fut assassiné, près l'église de Sainte-Marie, par ordre du roi Philippe II. Les assassins furent un majordome de Perez, un page de sa maison et son frère Juan Rubio, marmiton de la cuisine du roi, et deux coupe-jarrets ; ce fut l'un de ces derniers, Insausti, qui tua Escovedo. Miguel Bosque reçut cent écus d'or ; Mesa, l'autre sicaire, une chaîne d'or, cinquante doublons, une tasse d'argent fin, de plus, la princesse d'Eboli le nomma intendant de ses biens. Insausti, le page Enrique et le marmiton furent nommés *porta estandartes* ou enseignes au service du Roi, au traitement annuel de vingt écus d'or. Les brevets furent signés par Philippe II, le 19 avril 1578.

Opinion de Mottley et de Fray Luis de Léon sur Philippe II et don Carlos.

L'histoire sur « La Fondation des Républiques des Provinces-Unies, » de M. Lothrop Mottley, écrivain de l'Amérique du Nord, est un ouvrage empreint d'une haute philosophie et d'un sentiment juste et libéral ; mais la partie relative au prince don Carlos n'est pas suffisamment réfléchie ; l'auteur se laisse entraîner par les jugements de Cabrera et par le témoignage des cruels ennemis de don Carlos ; s'il avait suivi les avis et les idées des créatures de Philippe II pour envisager les autres faits de son « Histoire, » il aurait été forcé de porter pareil jugement sur Berghen, Egmont, de Hornes, Montigny, le prince d'Orange et les autres.

Don Carlos n'était point un misérable, tant s'en faut. Les témoignages des ambassadeurs vénitiens, de celui de France, du nonce du Pape, ses contemporains ; le deuil et la tristesse que sa mort produisit en Espagne ; surtout le jugement porté sur lui, dans l'Ode de Fray Luis de Leon, religieux austère, un des plus savants humanistes de son temps et l'un des meilleurs poètes classiques de l'Espagne, viennent attester du bon naturel de don Carlos, qui était alors un espoir pour tout homme aimant la justice et la liberté.

Il ne faut point arguer que l'Ode de Fray Luis de Leon soit l'œuvre excessive d'un poète ; si le Prince eût été un criminel, il l'eût flétri avec semblable élévation d'idées, faisant ainsi plaisir à Espinosa, à Ruy Gomez, au duc d'Albe, et donnant ainsi satisfaction au Roi, qui souhaitait que tout le monde trouvât, dans la conduite de son fils, des motifs pour excuser la façon criminelle dont il l'avait traité. L'Inquisition, qui maintint longtemps sous les verrous, à Valladolid, Fray Luis de Leon, n'eût pas été moins satisfaite. Il n'est pas exact d'affirmer, en haine de la race de Philippe II, que, s'il eût vécu, don Carlos eût été pire que son père, car, si l'Inquisition et les ministres du Roi eussent soupçonné ces qualités chez le Prince, ils auraient protégé ses jours, et il ne serait pas mort d'une façon aussi obscure, aussi mystérieuse et aussi tragique.

Jugement de Paul IV sur Philippe II.

Paul IV l'appela *hérétique et schismatique.* Il n'est pas croyable ni possible qu'un Pape, représentant de saint Pierre et premier ministre de Jésus-Christ ici-bas, pût inventer malignement un délit et, à l'encontre de la vérité, instruire un procès, comme celui que Paul IV intenta à Charles V et à Philippe II. Si cela avait été, il faudrait regarder à jamais avec mépris une si haute et si providentielle institution. Canovas del Castillo dit à ce sujet, dans son livre sur la Maison d'Autriche, que le pape Paul IV « instruisit un procès ou, pour mieux dire, plusieurs, contre le roi Philippe et ses complices, parmi lesquels figurait l'Empereur son père, les accusant tous, non-seulement de conspirer contre l'indépendance du Saint-Siége, mais de tentatives d'empoisonnement et d'autres actes, dont le but était la mort de son premier ministre, le cardinal Carrafa. Le procès spécial, intenté à Charles V et à Philippe II, par le pape Paul IV, suspendu à cause de la paix, fut, plus tard, en consistoire public, déclaré nul et non avenu par Pie IV, son successeur, précisément le même jour où il condamnait à mort le cardinal Carrafa et son frère, qui avaient eu une si grande part dans les altercations précédentes. La première de ces décisions fut rendue publique par une bulle du 9 mai 1561, publiée à Rome. Et comme l'ambassadeur espagnol réclamait les pièces du procès pour les brûler, Sa Sainteté ordonna qu'on les envoyât au monarque pour qu'il en usât à sa guise. Les pièces furent donc portées en Espagne, au palais du nonce, qui mourut avant de les avoir livrées ; on les en retira et on les plaça dans un coffret déposé aux archives de Simancas, où elles se trouvent encore aujourd'hui.

Critique de l'opinion de A. Canovas del Castillo sur Philippe II.

L'horreur logique qu'inspirent les événements du règne de Philippe II ne saurait être atténuée ni obscurcie par aucune comparaison tirée des annales historiques, où il y a souvent des crimes supérieurs à tout ce que la raison humaine peut concevoir ; d'ailleurs, les comparaisons ont beau être bonnes, elles ne dérobent pas les coupables au jugement de la philosophie, qui ne permet plus à la civilisation le droit féroce de la barbarie.

M. Antonio Canovas del Castillo, qui, avec un soin et une sagacité admirables, s'efforce d'adoucir la personnalité et le règne de Philippe II, ne peut, malgré lui, s'empêcher de dire : « Des machinations cruelles et peu scrupuleuses pour se débarrasser de ses plus dangereux adversaires publics ou secrets ; des exécutions irrégulières ; des sujets *sacrifiés* à la raison d'Etat, avec plus ou moins de justice ; des soupçons sombres et mal éclaircis sur des résolutions terribles, difficiles à justifier (fussent-elles vraies), lorsqu'on les juge avec un cœur humain ; tout cela concourt à répandre sur ce règne des nuages lugubres. »

Je suis plus explicite, moi, et je dis : tout concourt à démontrer, par des faits avérés, que ce Roi fut un fils peu affectueux, comme le prouvent les documents de Gachard ; un époux indifférent ; un père très cruel ; un politique astucieux ; un fanatique ignorant, sans respect ni bonne foi envers le chef supérieur de l'Eglise ; timide, comme soldat ; sans intelligence pour mesurer la portée des idées de son temps, que son père avait saisies, mais que lui voulait lâchement maîtriser et anéantir par la main du bourreau, avec la hache et par les bûchers de l'Inquisition.

Ce ne sont point là des rêveries, mais des choses prouvées, auxquelles il faut ajouter encore la confiscation des biens des victimes. Tout cela condamnera éternellement ce monstre taciturne qui jamais ne regardait en face, et qui vivait abusant les uns ici-bas et s'abusant lui-même pour se rendre digne de la béatitude éternelle, qu'il ne dut jamais goûter, quel que fût le nombre de ses prières.

Façon dont Philippe II respectait l'autorité papale.

Les abus commis dans l'exaction du subside de la quatrième croisade que le Saint-Siége octroyait à Charles V, le firent retrancher par le pape Paul IV. L'évêque de Lugo et Melchior Cano contestèrent au Saint-Père le droit d'agir de la sorte ; aussi refusèrent-ils de se rendre à Rome où les appelait un bref du Pontife.

Don Juan Martinez Silicio, archevêque de Tolède, prit la défense du Pape. Celui-ci, voyant que l'Espagne conspirait contre lui, fit emprisonner l'ambassadeur Garcilaso de la Vega qui conspirait à Rome.

Philippe II fit étudier, par l'assemblée de théologiens réunie à Valladolid, la question de savoir si l'on pouvait déclarer nulle l'élection du pape Paul IV; l'on examina si les conciles nationaux avaient autorité pour régler des affaires de discipline ecclésiastique de la péninsule, sans soumettre leurs décisions à la ratification du Saint-Siége; on discuta aussi s'il était possible de défendre les envois d'argent au Pape, en échange de ses grâces spirituelles, et s'il était permis d'employer les armes pour vaincre ses résistances et exiger de lui les conditions temporelles et spirituelles dont on avait besoin.

L'avis de l'assemblée convoquée à cet effet, par ordre de Philippe II, lui causa un grand plaisir. Des ordres rigoureux furent expédiés aux frontières et aux côtes, afin qu'on arrêtât tout porteur de lettres apostoliques, pour éviter la publication, en Espagne, de l'excommunication que l'on redoutait; tous les Espagnols se trouvant alors à Rome furent rappelés; on décréta la prohibition de tout envoi d'argent au Saint-Siége; enfin, on résolut que le duc d'Albe, nommé déjà lieutenant-général du Roi, en Italie, envahirait les Etats-Pontificaux, à partir de Naples. Le duc écrivit d'abord au Pape une lettre altière afin qu'il se rendît à la raison, *le menaçant de faire trembler Rome par la rigueur des armes;* il s'empara sans scrupule des revenus ecclésiastiques du royaume pour former son armée, et des cloches de la ville pontificale de Benevento pour en fondre des canons. Loin de se décourager, voyant ses Etats envahis, le Pape excommunia cette année-là, dans *la Bulle de la Cène,* le Roi catholique, pour avoir occupé à main armée des villes pontificales, lui intenta, en outre, le procès mémorable dans lequel fut compris l'empereur Charles V (1).

Telles étaient la piété et la vénération de Philippe II pour le Vicaire de Jésus-Christ.

(1) *Dictionnaire général de Politique & d'administration,* Madrid 1869, p. 860.

Opinion de Guizot sur Philippe II et son règne.

La paix à peine signée, Philippe II mourut mutilé dans ses possessions, déjoué dans son ambition religieuse et politique, humilié dans son orgueil, laissant l'Espagne faible et triste devant des voisins, naguère ses alliés empressés ou ses ennemis timides, maintenant ses vainqueurs, et n'ayant à montrer que l'acquisition contestée de la couronne de Portugal pour toute compensation à tant de pertes et de revers. C'était là ce que Philippe avait fait, après quarante-deux années de règne, de la monarchie de Charles-Quint (1).

« Quand on entre dans l'âme de Philippe II, on assiste à un spectacle plus étrange et plus triste encore que celui de son règne ; la moralité de l'homme est faussée et pervertie au moins autant que la politique du souverain. Sincère dans sa foi et dévoué sans limite à ce qu'il regardait comme l'intérêt de sa foi, Philippe, en accomplissant ce devoir, semblait ne se souvenir et ne se soucier d'aucun autre : dans sa vie publique et dans sa vie privée, la cruauté, le mensonge, l'assassinat, les faux, les rivalités honteuses dans l'adultère, l'égoïsme ingrat, la vengeance perfide ou atroce, toutes sortes d'actes vicieux et odieux se rencontrent, accomplis avec une sécurité d'esprit effroyable, en homme persuadé que sa religion permet ou couvre tout, pourvu qu'il soit prêt à lui tout sacrifier. »

M. Guizot est un des plus savants et des plus honnêtes écrivains du XIXe siècle. N'aurait-on que son jugement, il suffirait pour se former une idée de Philippe II.

GUIZOT, ib., t. I, Introduction, p. 54.

(1) Mottley, *Historia de la fundacion de la Republica de las Provincias Unidas,* traduite par Guizot. Introduccion page 21, tomo I.

Opinion de Mottley sur le caractère et les actes de Philippe II.

Il avait le goût des grossières débauches. Un de ses plus grands plaisirs consistait à sortir la nuit, déguisé, afin de pouvoir visiter librement les lieux de rendez-vous ordinaires du vice. C'était là sa distraction à Bruxelles, au milieu des plus graves affaires de l'Etat (1). Il n'était pas avare : on pensait même qu'il eût été généreux, s'il n'eût manqué d'argent au début de sa carrière.

MOTTLEY, t. I, pp. 182 et 183.

—

Les infortunés envoyés, le marquis de Berghen et le baron de Montigny, étaient restés en Espagne, où ils étaient surveillés de près. Ils s'étaient malheureusement aventurés dans l'antre du lion, en dépit des remontrances de leurs amis et des plus solennels avertissements ; ils ne pouvaient retourner sur leurs pas. Leur sort sembla fixé par le départ du duc d'Albe pour les Pays-Bas, et le marquis de Berghen, acceptant ce funeste présage, tomba bientôt gravement malade. On ne saura peut-être jamais si l'espérance déçue porta le désespoir et la mort dans le cœur du malheureux gentilhomme, *ou si un poison plus puissant et plus sûr* (2) ne vint à son aide. Les secrets des prisons espagnoles ne seront probablement connus *qu'au jour où le sépulcre rendra ses morts, et où les crimes ensevelis depuis des siècles seront révélés à la lumière.*

. . . .

...On a quelque peine à croire *à la cruelle hypocrisie de Philippe* et à la *servile perfidie du prince d'Eboli* dans cette occasion. Le favori était venu serrer la main et fermer les yeux

(1) Badovaro, Ms.

(2) Strada, t. I, p. 290. Hoofdt, t. IV, p. 146.

de l'homme qui l'appelait son ami, après avoir soigneusement étudié un billet de son maître, contenant des instructions secrètes et détaillées sur la conduite qu'il devait tenir dans ce moment solennel et après la mort du marquis. Cette lettre, écrite de la main de Philippe, avait été remise au prince d'Eboli, le jour même de sa visite à Berghen, et portait sur l'adresse l'ordre de ne briser le cachet qu'après le départ du messager. Le Roi ordonnait à Ruy Gomez, *dans le cas où le marquis serait à l'agonie*, de lui promettre la permission de retourner dans les Pays-Bas.

. . . .

...Enfin, dans le cas de la mort du marquis, le prince devait envoyer un courrier spécial à la duchesse de Parme pour l'informer de l'événement, en apparence de son propre mouvement, en l'absence et sans la connaissance du Roi, et pour la presser *de prendre possession de la ville de Berg-op-Zoom, et autres propriétés du marquis*, jusqu'à ce qu'on pût s'assurer s'il ne serait pas possible de le convaincre de trahison, après sa mort, et en *conséquence de confisquer ses biens* (1).

Telles furent les instructions de Philippe II, d'après lesquelles le prince d'Eboli *joua si habilement la comédie à côté du lit de mort de son ami. Trois jours après cette entrevue, le marquis mourut* (2) ; avant que le froid de la mort eût glacé ses membres, un courrier était en route pour Bruxelles, portant à la Régente l'ordre *de séquestrer ses biens*, et d'arrêter, comme suspects d'hérésie, le jeune cousin et la nièce de Berghen, qui, *d'après le testament du marquis, devaient s'unir en mariage et partager son héritage* (3). La scène commencée près du lit de mort fut jouée selon le plan indiqué. Avant l'arrivée du duc d'Albe dans les Pays-Bas, les propriétés du

(1) *Corresp. de Philippe II*, t. II, p. 572.

(2) Strada, t. I, p. 290.

(3) *Correspondancia de Philippe II*, t. I, p. 547-590. Strada, t. I, p. 291.

marquis étaient entre les mains du gouvernement, attendant la confiscation qui ne tarda pas longtemps (1), et le baron de Montigny, compagnon de l'exil de Berghen, mais qui ne devait pas succomber si aisément à ses souffrances, était enfermé dans l'Alcazar de Ségovie, pour ne jamais sortir vivant des prisons espagnoles (2).

. . . .

Dans la dépêche du 9 septembre, qui apprit au Roi l'arrestation des comtes d'Egmont et de Hornes, le duc annonçait le parti qu'il avait pris de fonder un nouveau tribunal pour juger les crimes commis durant les troubles récents (3). Cette cour étrange fut instituée sans aucun délai ; on lui donna le nom de *Conseil des troubles,* mais elle acquit bientôt le titre célèbre, qui lui restera toujours dans l'histoire, de *Conseil de sang.* (4). Cette cour prit la place de toutes les autres institutions.

MOTTLEY, t. II, pp. 369 et 370.

—

Le 16 février 1568, une sentence du Saint-Office condamna à mort tous les habitants des Pays-Bas en qualité d'hérétiques. Quelques personnes qu'on désignait devaient seules être exceptées (5). Une proclamation du Roi, du 26 février, confirma le décret de l'Inquisition et donna l'ordre de le mettre aussitôt à exécution, sans distinction de sexe, d'âge, ni de rang (6). On n'a peut-être jamais rédigé une sentence de mort plus laconique. Trois millions de créatures humaines, hommes, femmes et enfants, étaient voués à l'échafaud par

(1) V. D. Vynckt. t. II, p. 77.

(2) Hoofdt, t. IV, p. 172, 173. *Corresp. de Philippe II*, p, 648-666.

(3) *Corresp. de Philippe II*, t. I, p. 637.

(4) Hoofdt, t. IV, p. 153. Meteren, p. 49. Bor, t. IV, p. 185, 186. Reidan. *Ann. Belg.*, p. 5.

(5) Bor, t. IV, p. 226. Hoofdt, t. IV, p. 158. Meteren, p. 49.

(6) Ibid.

ces trois lignes ; on savait bien qu'il ne s'agissait pas de foudres impuissantes, comme l'étaient parfois les bulles du Vatican, mais que les mesures décrétées étaient sérieuses ; on peut donc imaginer quelle fut la terreur dans les Provinces.

MOTTLEY, t. II, p. 400.

—

Afin de sauver les apparences, cependant, l'ordre fut secrètement exécuté. Don Carlos *fut empoisonné dans une tasse de bouillon et mourut au bout de quelques heures*. Il venait d'avoir vingt-deux ans. On cacha sa mort pendant quelques mois et elle ne devint publique qu'après la victoire du duc d'Albe à Jemmingen (1).

T. II, p. 482.

—

Dix jours après avoir écrit ces lettres si pathétiques, don Juan se mourait. Depuis l'assassinat d'Escovedo, il était tombé dans une profonde mélancolie. Au mois de septembre, une fièvre vint anéantir sa force physique. La maison où il dépérissait rapidement était un taudis, son unique chambre servait jadis de pigeonnier. On nettoya, aussi bien qu'on put, cette misérable petite pièce, qu'on tendit de tapisseries aux armes de don Juan. C'était là que le héros de Lépante devait expirer. Pendant les derniers jours de sa maladie, il eut le délire. Dans sa fiévreuse agitation, il combinait des batailles, donnait des ordres aux escadrons qui allaient combattre, et, le regard étincelant, il semblait entendre la trompette qui lui annonçait la victoire. La raison lui revint, et il put prendre les dispositions nécessaires. Il choisit son neveu, Alexandre de Parme, qui ne quittait pas son chevet, pour le remplacer provisoirement dans le commandement de l'armée et dans ses autres dignités ; puis il reçut avec calme les derniers sacrements, et

(1) Van der Hammen y Leon, t. VI, p. 334. Bor, t. XIII, p. 1005. Cabrera, t XII, p. 1008. Strada, t. X, p. 503-506. Hoofdt, p. 591.

rendit tranquillement le dernier soupir le 1er octobre : c'était, depuis la bataille de Lépante, un mois qu'il regardait comme particulièrement heureux (1).

On devait nécessairement croire au poison : ces soupçons n'ont jamais été abandonnés ni prouvés. Deux Anglais, nommés Ratcliff et Gray, avaient été arrêtés et exécutés, comme coupables d'avoir voulu assassiner le gouverneur, sur l'ordre de Walsingham (2). C'était, sans aucun doute, une infâme fausseté ; mais, si Philippe, qu'on regarde comme le vrai criminel, projetait réellement la mort de son frère, il semble probable que, pour sauver les apparences, il dut faire exécuter une ou deux victimes innocentes. Maintenant que le temps nous a révélé bien des mystères, et que nous avons appris de Philippe et de ses complices comment Montigny et Escovedo furent mis à mort, le monde ne sera peut-être pas très charitable en ce qui touche d'autres imputations. On a fortement soupçonné que *don Juan avait été empoisonné par l'ordre de Philippe* ; mais le fait n'a jamais été prouvé.

Lorsqu'on procéda à l'ouverture du corps pour l'embaumer, on prétendit avoir découvert des traces de poison. Le cœur et les autres organes intérieurs étaient tellement desséchés qu'ils tombaient en poussière, et tout l'intérieur du corps était d'un brun noirâtre, comme s'il avait été roussi. Les soupçons tombèrent sur différentes personnes, et on leur attribua les motifs les plus divers. Cependant il faut admettre qu'il y avait, pour expliquer la mort de don Juan, des raisons suffisantes, et qu'il était inutile d'y chercher des causes mystérieuses. La peste ravageait le camp ; en quelques jours, mille de ses soldats y avaient succombé, et ses longues souffrances morales l'avaient prodigieusement affaibli. Désappointé, tourmenté par ses amis et par ses ennemis, soupçonné, insulté, abandonné, il n'était pas de force à lutter contre un mal qui

(1) De Thou, t. VII, p. 699. Cabrera, t. XII, p. 1006.

(2) De Thou, t. V, liv. XLII, p. 433-437.

enlevait chaque jour des hommes bien plus vigoureux que lui.

MOTTLEY, t. IV, pp. 256-258.

—

Ban pour l'assassinat du prince d'Orange.

« Pour les causes ci-dessus énoncées, » disait en finissant l'auteur du ban, « nous le déclarons traître et mécréant, ennemi de notre personne et de ce pays. Comme tel, nous le bannissons à perpétuité de notre royaume, interdisant à tous nos sujets, quelle que soit leur qualité, de communiquer avec lui, soit ouvertement, soit en secret, et de lui donner à manger, à boire, ou toute autre nécessité de la vie. Nous permettons à tous de lui nuire soit dans ses biens, soit dans sa personne. Nous dénonçons ledit Guillaume de Nassau comme un ennemi de l'espèce humaine, et nous donnons ses biens à tous ceux qui pourront s'en emparer. Et si un de nos sujets ou quelque étranger a le cœur assez généreux pour nous débarrasser de ce fléau, nous le livrer mort ou vif, ou le tuer, nous lui ferons remettre, aussitôt que la chose sera faite, *vingt-cinq mille couronnes en or. S'il a commis un crime, quelque odieux qu'il puisse être, nous promettons de lui pardonner, et s'il n'est pas déjà noble, nous l'anoblirons en récompense de sa valeur.* »

Le ban lancé contre le prince d'Orange commença bientôt à porter ses fruits. Le dimanche 18 mars 1582, était l'anniversaire du duc d'Anjou; on devait le célébrer le soir, au palais Saint-Michel, où Guillaume et tous les nobles français étaient naturellement invités. Le prince dînait suivant sa coutume chez lui, dans une maison qu'il occupait près de la citadelle ; il avait auprès de lui les comtes de Hohenlohe et de Laval, et les deux commissaires français, gens de beaucoup d'esprit, Bonnivet et Des Pruneaux. Le jeune Maurice de Nassau et deux neveux du prince étaient également présents. Pendant le dîner, la conversation fut fort animée; on raconta les cruautés auxquelles s'étaient livrés les Espagnols dans les provinces. En se levant de table, le prince d'Orange passa dans son appartement; il s'arrêta pour montrer aux seigneurs qui l'accompagnaient, une tapisserie où étaient représentés des soldats espagnols. Comme il entrait dans l'antichambre, un jeune homme, de petite taille, à l'apparence vulgaire, et au teint brun, se mêla aux serviteurs du prince pour lui présenter une pétition. Au moment où Guillaume avançait la main pour prendre la lettre, l'inconnu sortit vivement de son manteau un pistolet qu'il déchargea aussitôt contre le prince. La balle pénétra sous l'oreille droite, traversa le palais, et sortit au-dessous de la mâchoire gauche, en brisant deux dents (1). Le coup avait été tiré de si près que les cheveux et la barbe du prince prirent feu. Il resta debout, mais étourdi et aveuglé, sans se rendre compte de ce qui venait d'arriver. Il dit ensuite qu'au premier moment, il avait cru que la maison s'était écroulée. Mais dès qu'il s'aperçut que ses cheveux et sa barbe brûlaient, il comprit de quoi il s'agissait, et s'écria : « Ne le tuez pas, je lui pardonne ma mort. » Puis, se tournant vers les seigneurs français qui l'entouraient, il ajouta : « Hélas ! Son Altesse perd en moi un bien fidèle serviteur ! (2) »

Il fut établi que le crime était de la part d'Anastro, une spéculation purement commerciale. Ce négociant, se voyant sur le point de faire banqueroute, avait conclu avec le Roi un engagement mutuel, que le roi Philippe II avait signé et scellé de son sceau; il y était convenu que, dans un certain laps de temps, Anastro mettrait à mort Guillaume d'Orange, et qu'en récompense, il recevrait quatre-vingt mille ducats

(1) Bor, t. XVII, p. 313. Meteren, t. XI, p. 194 Tassis, t. VI, p 431. Straden, t. IV, p. 219 Hoofdt, t. XIX, p. 804. *Archives,* t. VIII.

(2) *Korte Verhaal,* etc. Plantin, Anvers. Bor, t. XVII, p. 312. Hoofdt, t. XIX, p. 804. Meteren, t. XI, p. 194.

et la croix de Santiago (1). La somme promise par le Roi au meurtrier, s'il réussissait dans sa tentative, était bien peu de chose en comparaison de l'espoir d'être admis au nombre des chevaliers de Santiago, ordre réputé le plus noble de tous les ordres espagnols. Anastro était trop prudent pour risquer sa propre vie, et trop avare pour vouloir donner une grosse part de la récompense. Il vint tout en larmes trouver son fidèle caissier, et lui représenta l'état en disant : « Voyez ce banqueroutier! (2) » puis il ajouta qu'il était résolu à tuer le prince d'Orange ou à périr en le tentant. Et il se mit à pleurer. A la vue du désespoir de son maître, Venero commença d'abord par sangloter, en le priant de ne pas risquer une vie aussi précieuse que la sienne (3). Après s'être ainsi abandonnés à leur douleur, Anastro et son caissier finirent par se calmer, et décidèrent qu'on chargerait Jean Jauregui de faire le coup. Anastro écrivait, dans une lettre qui fut interceptée, qu'il avait eu l'intention de se charger personnellement de l'affaire, mais que, comme Dieu le réservait probablement pour d'autres desseins, et surtout pour servir ses excellents amis, il avait cru préférable de confier à l'un de ses serviteurs l'exécution de ce projet (4). Jauregui ne reçut, à ce qu'il paraît, de son maître, que deux mille huit cent soixante-dix-sept couronnes. Le lâche négociant eut la précaution de s'enfuir. Il se dirigea en toute hâte sur Dunkerque, sous prétexte que la mort subite de son correspondant de Calais nécessitait sa présence immédiate dans cette ville. Le gouverneur de Dunkerque, Sweveseel, fit demander pour lui un passe-port à La Motte, qui commandait à Gravelines. Anastro tremblait à l'idée que la nouvelle de l'attentat arrivât à Dunkerque avant qu'il eût passé la fron-

(1) *Korte Verhaal*. Bor. t. XVII, p. 313. Hoofdt, t. XIX, p. 802. Meteren, t. XI, p. 194.

(2) *Bref recueil de l'assassinat*.

(3) *Ibid.*

(4) Bor. t. XVII, p. 315.

tière : il donna trente pistoles au messager qui lui apporta son passe-port, et manifesta sa joie d'une façon extravagante. Sa conduite excita un vague soupçon dans l'esprit du gouverneur, mais le négociant avait bonne réputation, et il avait apporté des lettres très pressantes de l'amiral Treslong. Sweveseel n'osa pas l'arrêter sans motif : il ignorait absolument qu'un crime avait été commis et que l'homme qui se trouvait devant lui était le criminel. Deux heures après le départ du voyageur, il reçut la nouvelle de l'attentat, et l'ordre d'arrêter Anastro ; mais il était trop tard. Le négociant s'était réfugié auprès du prince de Parme.

MOTTLEY, t. IV, p. 398, 399.

—

Second attentat.

Il posait (le prince d'Orange) le pied sur la seconde marche, lorsqu'un homme sortit de la voûte, et s'élançant vers lui, lui tira un coup de pistolèt en pleine poitrine. Trois balles l'atteignirent; l'une d'entre elles le traversa de part en part, et alla violemment rebondir contre le mur. Le prince s'écria en français : « O mon Dieu, ayez pitié de mon âme! Mon Dieu, ayez pitié de ce pauvre peuple (1). »

Ce furent à peu près ses dernières paroles ; cependant lorsque sa sœur, Catherine de Schwarzburg, lui demanda un instant après s'il recommandait son âme à Jésus-Christ, il répondit faiblement : « Oui ». Le maître de sa cavalerie, Jacob Van Maldere, l'avait reçu dans ses bras, au moment où il avait été blessé. On étendit le prince d'Orange sur l'escalier, et il fut aussitôt pris de syncopes. On le porta sur un canapé dans la salle à manger, où il rendit, quelques minutes après, le dernier soupir, dans les bras de sa femme et de sa sœur (2).

(1) Verhaal van de Moordt, Bor, Meteren, Hoofdt, Wagenaer, t. VII, p. 542, Note. *Ordin.* Dep. Boek, Ms , p. 162, et alias.

(2) Bor, Meteren, Hoofdt, *ubi sup. Historié B. Geraerts.*

Le meurtrier réussit à s'échapper par une porte latérale et gagna rapidement le sentier qui menait aux remparts. Il allait les atteindre, lorsqu'il trébucha sur un tas de décombres. En se relevant, il se sentit saisir par plusieurs pages hallebardiers qui le poursuivaient. Il avait jeté ses pistolets à l'endroit où il avait commis le crime. On trouva sur lui des vessies, au moyen desquelles il comptait franchir le fossé; un cheval l'attendait de l'autre côté des fortifications. Il ne chercha pas à nier son identité, et avoua hardiment ce qu'il venait de faire. On le ramena à la maison, où les magistrats de la ville lui firent aussitôt subir un examen préliminaire. On lui infligea es plus cruelles tortures, car rien ne pouvait apaiser la fureur contre le misérable qui avait assassiné le père de la nation, et Guillaume le Taciturne n'était plus là pour intercéder, comme il l'avait fait tant de fois, en faveur de ceux qui attentaient à sa vie.

MOTTLEY, t. IV, p. 524.

Le 10 juillet 1584, Baltasar Gérard se présenta dans la maison du prince d'Orange et lui demanda à lui-même un passeport. Le prince lui en fit expédier un à l'instant. Le prince ayant fini de dîner, sur les deux heures, se leva de table pour aller dans sa chambre. Il commençait à monter l'escalier quand Gérard, qui était caché au coin d'une voûte donnant sur cet escalier, lui tira un coup de pistolet chargé de trois balles empoisonnées, suivant sa déclaration, et qui lui traversèrent la poitrine. Le prince n'eut que le temps de s'écrier : « Mon Dieu ! prenez pitié du pauvre peuple. »

Philippe II paya aux héritiers de Gérard la récompense qu'il avait promise à celui *qui assassinerait Guillaume d'Orange.* Les parents de l'assassin reçurent en outre des lettres de *noblesse :* les seigneuries de Lievremont, d'Hostal et de Dampmartin ; de sorte que, avec les biens de l'assassiné il payait les assassins, et, pour comble de perversité, vingt ans plus tard, Philippe II offrit au fils du prince d'Orange de lui rendre ses terres, à la condition d'en payer les rentes à la famille de l'assassin de son père (1).

MOTTLEY, t. IV, p. 527, 528.

Relation du duc de Parme au roi Philippe II.

La récompense promise par Philippe à l'homme qui assassinerait Guillaume d'Orange fut payée aux héritiers de Gérard. Le prince de Parme écrivit à son souverain que le « pauvre homme » avait été exécuté, mais que son père et sa mère étaient encore vivants, et qu'il suppliait Sa Majesté de leur accorder la récompense que méritait sa généreuse résolution (2). Philippe tint sa parole : les excellents parents, anoblis et enrichis par le crime de leur fils, reçurent au lieu des *vingt-cinq mille* couronnes promises dans le ban, les trois seigneuries de Lievremont, d'Hostal et de Dampmartin, en Franche-Comté, et ils furent mis au rang de l'aristocratie territoriale (3). Ainsi la générosité du prince fournit l'arme qui servit à l'assassiner, et ses biens servirent à payer le prix de son sang à la famille de l'assassin. Plus tard, lorsque le malheureux fils du prince d'Orange revint d'Espagne, après vingt-sept ans d'absence, devenu Espagnol et quasi idiot, Philippe II lui offrit de lui rendre ces terres, à condition qu'il continuât *à en payer le revenu à la famille du meurtrier de son père.* Mais l'éducation qu'avait reçue, sous les auspices du Roi, Philippe-Guillaume de Nassau, n'avait pas entièrement détruit en lui tout sentiment naturel, il rejeta avec mépris cette proposition (4). Les terres restèrent entre les mains de la famille de Gérard, et les

(1) Van Kampent, t. I, p. 545.

(2) *Relation du duc de Parme au roi Philippe II* (12 août 1584). Ms. déjà cité.

(3) Ms. déjà cité.

(4) Van Kampent, t. I, p. 545.

lettres de noblesse qu'elle avait reçues servirent à l'exempter de certaines taxes, jusqu'au jour de la réunion de la Franche-Comté à la France, où un gouverneur français mit en pièces les documents et les foula aux pieds (1).

MOTTLEY, t. IV, p. 527, 528.

Note espagnole à la suite d'un texte en français.

Il n'en faut pas davantage pour estimer à sa juste valeur le roi Philippe II, qui trouve encore beaucoup de défenseurs enthousiastes parmi les écrivains espagnols, et quelques-uns parmi les étrangers ; il est vrai que ces auteurs laissent surprendre leur bonne foi par la grandeur de l'Escurial, par les récits des favoris et des créatures du monarque, et qu'ils ignorent la vie réelle de ce tyran hypocrite et pétri de vices, qui mourut aussi pourri de corps que d'âme.

Opinion de M. Alexis Dumesnil et de Sixte V sur Philippe II.

Depuis longtemps Philippe menaçait d'un concile le Souverain-Pontife ; à la fin il chargea son ambassadeur d'en demander la convocation. Le comte d'Olivarès, qui craignait d'être jeté par les fenêtres du Vatican, résolut d'attendre l'occasion d'une solennité publique pour déclarer les intentions de son maître. Sixte en fut averti ; et le jour de l'Ascension on le vit aller en grande pompe célébrer la messe, précédé de deux cents sbires, et du bourreau tenant une corde à la main, tout prêt à étrangler celui qui oserait rompre le cortége pour s'approcher de Sa Sainteté.

Les menaces du Pape et l'appréhension continuelle où il

(1) Van der Vynckt, t. III. Notes de Tarte et de Reiffenberg.

tenait Philippe pour ses états d'Italie, firent prendre enfin à ce monarque une résolution extrême. Il avait juré de ne point attaquer Rome par les armes ; sa piété ne devait point souffrir, non plus, qu'il causât un schisme dans l'Eglise ; on peut dès lors prévoir quelle fut sa dernière ressource. Sixte mourut dans les derniers jours du mois d'août, répétant à tous ceux qui l'entouraient, que le poison de Philippe était parvenu jusqu'à lui. En apprenant sa fin soudaine, Henri IV ne put s'empêcher de dire que c'était un coup de la politique espagnole, et l'Europe entière pensa de même. Philippe, dans ses instructions secrètes, avait coutume d'appeler le poison un *requiescat in pace*. Quelque temps avant sa mort, Sixte, qui n'ignorait point cette circonstance, disait au comte d'Olivarès, dont les paroles lui semblaient plus menaçantes qu'à l'ordinaire : « Sachez, monsieur l'ambassadeur, que nous ne craignons de votre maître, que quelqu'un de ses *requiescat in pace* » (1).

Philippe, dans le moment où il obtenait à Rome un si beau triomphe sur la France, cherchait encore par d'autres moyens à se venger de la protection que l'Angleterre accordait à ses ennemis. Elisabeth dénonça, dans toutes les Cours, une nouvelle entreprise que les Espagnols avaient formée contre sa vie ; elle en accusait hautement Philippe, et rejetait sur lui toute l'horreur du complot. Un certain Emmanuel d'Andrada, et un autre espagnol appelé Lopez, depuis longtemps établi à Londres, furent convaincus d'avoir reçu du comte de Fuentès une somme d'argent pour empoisonner la reine. Les pièces du procès prouvent que d'Andrada avait en partie cédé aux sollicitations des jésuites, qui, dans cet assassinat, lui faisaient entrevoir non-seulement l'avantage de l'Espagne, mais celui de l'Eglise entière (2).

(1) *Histoire de Philippe II, roi d'Espagne*, par Alexis Dumesnil. — Paris, 1835, pages 272, 273 et 274.

(2) *Histoire de Philippe II, roi d'Espagne*, par Alexis Dumesnil. — Paris, 1835, pages 311 et 312.

M. Pascual Gayangos, l'un des plus savants bibliophiles espagnols, qui fournit de nombreux documents à Prescott et à Gachard pour leurs ouvrages sur don Philippe et don Carlos, s'exprime ainsi dans son prologue au « voyage de Philippe II en Angleterre, » œuvre de don Andrès Muñoz, imprimée à Saragosse en 1554 :

« Les appréciations de nos auteurs s'accordent toutes, quant à la description de l'entrevue et de la célébration du mariage du Prince avec la Reine ; l'accord n'est plus si complet dans les détails des voyages et de la translation de la cour d'une ville dans une autre ; quant à la vie privée du Prince ils gardent tous un silence absolu, car, il n'était guère possible de parler légèrement d'un prince, héritier de si vastes et de si nombreux royaumes, dans des correspondances semi-officielles destinées à la publicité. On trouve pourtant, dans des lettres particulières de l'époque, que la conduite du Prince en Angleterre ne fut point exemplaire, mais au contraire dissolue et licencieuse au plus haut degré, jusqu'à déroger à des amours vulgaires et vivre en concubinage, (d'autres disent marié), avec une dame Isabel Osorio qui lui donna trois enfants » (1).

Bien que cet illustre bibliophile ne désigne pas les lettres où il a puisé ces faits, je tiens en si haute estime sa scrupuleuse véracité que je reproduis ses paroles bien moins pour leur propre valeur que parce qu'elles appartiennent au prologue de ce curieux ouvrage : le « Voyage de Philippe II eñ Angleterre. »

Jugement du capitaine général don Evaristo San Miguel dans sa très curieuse histoire sur Philippe II.

« Il fut, comme presque tous les personnages distingués de

(1) *Viage de Felipe II à Inglaterra,* par Andrès Muñoz. Zaragoza, 1554. — Page 27 et 28.

son siècle, tenace dans ses croyances, intolérant pour les autres, persécuteur des ennemis de son église, ardent pour l'extirpation des soi-disant hérésies; on dut à son caractère sombre, à son manque naturel d'indulgence, à la sévérité dont ses actes étaient empreints, l'opiniâtreté, l'énergie, la rancune avec laquelle il provoquait les mesures favorables qu'il croyait indispensables pour faire réussir ses projets. La suprématie royale était toute puissante, lors de son avénement au trône, mais jamais roi ne porta si haut les prétentions de ce principe, et n'érigea plus complètement en système le servage politique du peuple. L'unité royale et l'unité dogmatique furent les deux principes favoris auxquels il voua toute sa vie. Il commença à commander les espagnols, lorsque ceux-ci étaient bien pliés au despotisme de leurs rois; mais, pendant son règne, ils s'habituèrent peu à peu à considérer la majesté divine et la majesté humaine comme étant presque de la même essence, avec cette différence, toutefois, que l'une tenait de l'autre son suprême pouvoir. La dureté avec laquelle Philippe II soutint ses principes fut extrême, comme furent terribles les moyens qu'il mit en jeu pour les faire triompher dans les moments de conflits. Ce monarque n'avait point de qualités pour être aimé; il fut abhorré et craint presque de tous; d'autres l'estimèrent et le respectèrent sincèrement. Des faits avérés par tous les historiens témoignent de sa sévérité, de sa cruauté, de son besoin de vengeance, et il est fort inutile que ses panégyristes s'efforcent d'effacer les actes atroces que l'on trouve dans certaines pages de son règne. » (1).

« Il est admis que, s'il surpassa son père par application au travail et son zèle dans les affaires, il ne le valut point en intelligence, en clairvoyance, dans la connaissance des hommes, dans le tact et l'habileté qu'il déployait pour mettre en branle ce qui favorisait sa politique. Il lui était de beaucoup inférieur

(1) *Historia de Felipe II, rey de España*, par don Evaristo San Miguel. Madrid 1847. Tome IV, page 177 et 178.

dans toutes ces qualités extérieures qui méritent la bienveillance et attirent la popularité, malgré l'étiquette sévère dont s'entourent les rois. Sous le rapport militaire on ne saurait établir aucune comparaison entre le père qui aimait à se montrer, dans toute la pompe des armes, à la tête des soldats qu'il conduisait au combat, et le fils, dont l'épée vierge contribua à détruire son prestige, dans une époque guerrière où tous se faisaient honneur de briller dans la carrière des armes. Il est au moins étrange qu'un monarque engagé, presque pendant toute sa vie, dans des guerres importantes, ne se présente que deux fois devant ses armées : la première, après la bataille de Saint-Quentin, d'où il resta éloigné de quatre lieues pendant la lutte ; la deuxième à Badajoz, où il se contenta de voir défiler l'armée qui, sous les ordres du duc d'Albe, allait lui conquérir un royaume. On peut penser que cette répugnance à quitter l'Espagne et l'idée où il était qu'il pouvait voir et régler fort bien de l'Escurial les affaires européennes, contribuèrent à ses fautes politiques ; car, on a beau louer sa prudence, ce roi commit de grandes fautes. » (1).

D'après Llorente même, il y a lieu de croire que le roi ayant exprimé le désir de voir terminer les jours de Don Carlos, on glissa quelques mots au docteur, qui consentit à se faire l'instrument de la volonté royale, en administrant le médicament dont il a été question. D'après quelques phrases et certains sous-entendus de l'historien Cabrera, on peut supposer qu'il y eut quelque mystère dans le purgatif ; mais tout ceci ne saurait aller au-delà d'une hypothèse, plus ou moins forte, suivant la façon de voir, suivant les idées ou le parti auquel appartient le lecteur. Il est possible que le remède fut administré dans une intention mauvaise ; il est possible aussi que, malgré son vif désir de sauver le prince, le médecin se trompa, comme il arrive malheureusement souvent ; il est encore probable que,

(1) *Historia de Felipe II, rey de Espana*, par don Evaristo San Miguel. Madrid 1874. Tome IV, page 179 et 180.

même sans purgatif, le malade fût mort, car il souffrait d'une grande irritation, son estomac était ruiné par de nombreux excès, et il souffrait d'une fièvre ardente, au plus fort de l'été. Il paraît toutefois notoire, quelle que soit l'hypothèse à laquelle on s'arrête, que Don Carlos était condamné à ne jamais quitter sa prison, et que l'auteur de sa mort (violente ou non), fut celui-là même qui avait été l'auteur de ses jours.

ERRATA

Page 249, ligne 9, au lieu de : *deux voiles*, lisez : *deux cierges.*

Page 257, ligne 9, supprimez : *à lui faire.*

Page 258, ligne 29, au lieu de : *de Philippe II*, lisez : *de Charles V.*

Page 259, ligne 6, au lieu de : *petite fille*, lisez : *petite nièce.*

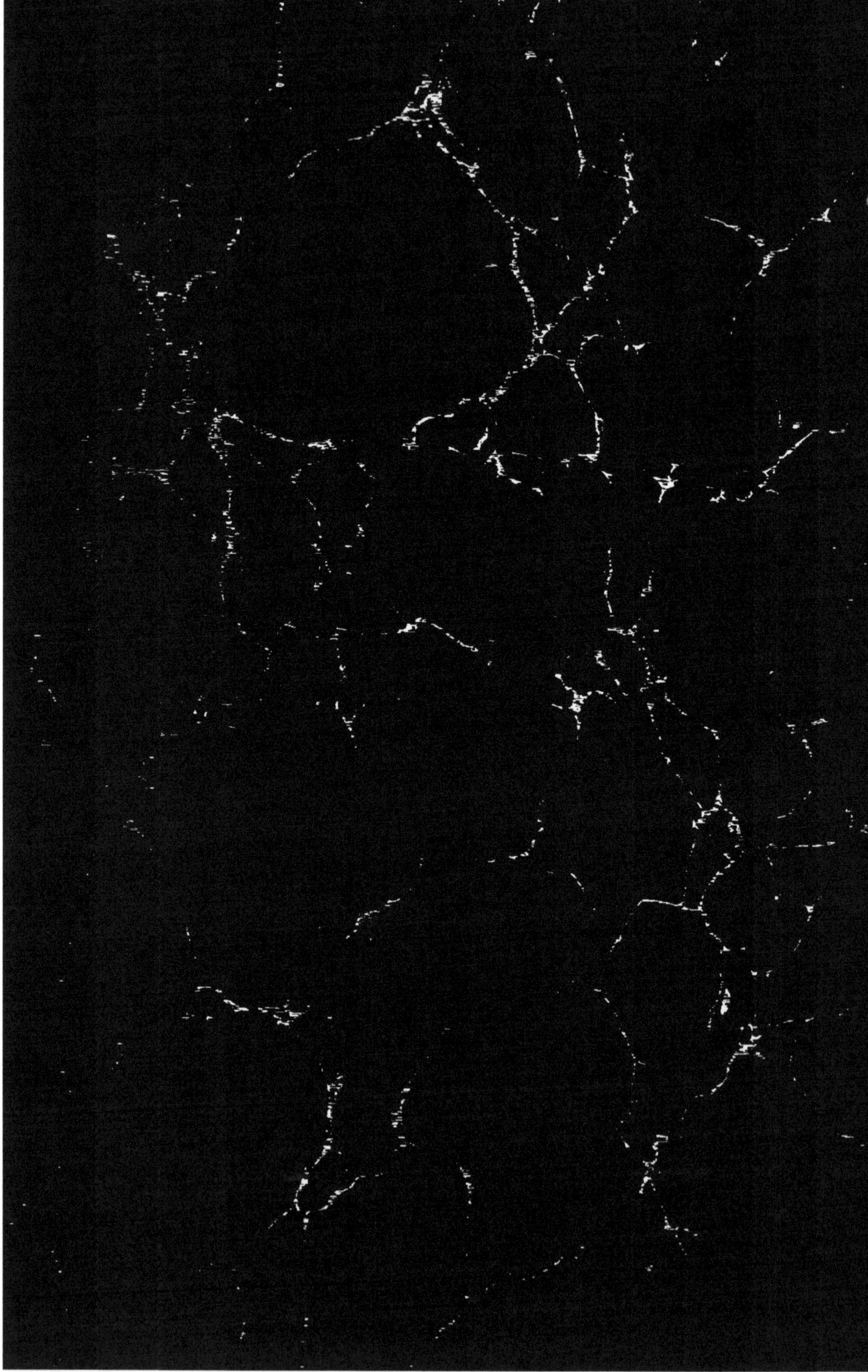